语言学话语分析教程

[瑞士] 希尔薇娅·本德尔·拉尔谢 | 著
贾文键 陆娇娇 | 译

外语教学与研究出版社
北京

京权图字：01-2023-3099

图书在版编目（CIP）数据

语言学话语分析教程 /（瑞士）希尔薇娅 · 本德尔 · 拉尔谢著 ；贾文键，陆娇娇译. -- 北京 ：外语教学与研究出版社，2023.6
ISBN 978-7-5213-4607-7

I. ①语… II. ①希… ②贾… ③陆… III. ①话语语言学－教材 IV. ①H0

中国国家版本馆 CIP 数据核字 (2023) 第 118803 号

出 版 人　王　芳
策划编辑　崔　岚　安宇光
责任编辑　王远萌
责任校对　李梦安
封面设计　水长流文化
出版发行　外语教学与研究出版社
社　　址　北京市西三环北路 19 号（100089）
网　　址　https://www.fltrp.com
印　　刷　北京捷迅佳彩印刷有限公司
开　　本　710×1000　1/16
印　　张　19
版　　次　2023 年 7 月第 1 版　2023 年 7 月第 1 次印刷
书　　号　ISBN 978-7-5213-4607-7
定　　价　100.00 元

如有图书采购需求，图书内容或印刷装订等问题，侵权、盗版书籍等线索，请拨打以下电话或关注官方服务号：
客服电话：400 898 7008
官方服务号：微信搜索并关注公众号“外研社官方服务号”
外研社购书网址：https://fltrp.tmall.com

物料号：346070001

序

二月中旬收到贾文键教授和陆娇娇博士赠送的译著《话语语言学：跨篇章语言分析理论和方法导论》（于尔根·施皮茨米勒和英戈·瓦恩克著），接着文键教授又告诉我他们的下一部有关话语研究的译著《语言学话语分析教程》（希尔薇娅·本德尔·拉尔谢著）也将由外语教学与研究出版社出版，并邀我写序，我欣然接受了邀请。

我是抱着学习的目的为该译著写序的，我可以借机细读这本译著，以便了解德语世界的（批评）话语研究现状。德国孕育了马克思主义和法兰克福学派，有着社会批判和意识形态批判的深厚传统，是现代话语研究尤其是批评话语分析的主要理论源泉。20世纪60年代德语世界就社会科学中的行为主义和实证主义影响、社会科学的主题和基本方法等所展开的大辩论是上世纪70和80年代诞生于英国的批评语言学和批评话语分析的直接背景之一。正如田海龙教授在《话语语言学：跨篇章语言分析理论和方法导论》的序中所表示的，迄今我国英语界庞大的话语研究群体读到或听到的国外非英语世界的声音并不多。因此，贾文键教授和陆娇娇博士的两部译著在当下恰逢其时、弥足珍贵。

阅读《语言学话语分析教程》这部译稿是一个很愉悦的过程，这当然首先要归功于原著，但也必须要感谢两位译者扎实的话语研究功底和高超的翻译能力，举重若轻地为我扫除了语言障碍。我喜欢《语言学话语分析教程》的另一个理由或许与自己的教学经历有关。我曾在苏州大学和南京师范大学开设“（批评）话语分析”这门课多年，数次更换教材，最后放弃使用任何教材，只用PPT，深切体会到一部好教材的必要性。我认为《语言学话语分析教程》名副其实，是一部难得的（批评）话语分析的好教材。该书是在德国纳尔出版社核心系列丛书之一的大学教材系列中出版的，主要根据大学课程的学习要求设计，既适合自学也适合作为大学研讨课的基本读物。该书前4章关于写作目标、章节结构、话语理论和话语研究流派的介绍言简意赅，总共不过60多页，而5至9章关于话语研究方法的介绍、阐释和应用则占据了全书的绝大部分篇幅，总计200多页。作者的目的就“是为了让大家掌握话语分析视角下篇章、对话和图像的具体分析方法，并提供实用的练习和参考答案。……旨在使读者学习后能够独立进行话语分析。”

作为一本“教程”，该书在理论思想和研究方法上自然是守成传承较多，但也不乏创新的闪光点。首先，正如作者所说的“我们尽量使用易于理解的语言。因为我们不想显摆自己，而是想让人理解，还因为导论书本身不应该成为挑选学生的工具，从而成为一种权力的配置”，该书在内容编排和理论概念的阐释上深入浅出，通俗易懂，十分适合用于课堂教学：在整体内容的编排上从具体到一般，让读者从微观的语言事实分析描写入手，逐渐走向更加宏观抽象的意识形态和权力关系的阐释批评，第5至9章的顺序清楚地体现了这一点；各章的内容则是从理论到实践再到理论的不断往复，其组成部分均包括理论阐述、实例分析、研究重点、实操练习、项目实施、问题讨论、深度阅读等。这样的内容编排在我看来非常适合目前比较流行的“项目式学习”的课堂教学。其次，作者特别重视对日常生活工作话语的分析讨论，其分析举例和实操练习来自学习者日常生活的方方面面，例如科学论文、新闻报道、教科书、菜谱、广告、博客、表格、招聘广告、求职申请书、商业对话、培训对话等等，令读者能在学习话语分析的理论方法之余对德国的社会生活也有一个比较全面的了解。第三，虽然近年来国内有关多模态话语分析的理论讨论和分析实践如雨后春笋，但我个人感觉其所依据的理论和采取的视角比较单一，同质化较为明显。该书第8章中有关跨篇章“视觉定型”的讨论以及作者列出的话语分析视角下视觉定型研究应该首先回答的三个问题，对国内的多模态批评话语分析具有很好的启发意义。最后，该书提出的一些有关话语分析的宏观问题和主张也十分值得我们思考和重视。例如“实际进行的话语分析从理论上讲应该将没有说出的内容作为话语的一个方面一并考虑进去”；“在当今的大众传媒中，节目单规划和评估方案的唯一标准是配额。科学和政治在以往是一种修辞活动；在缺乏基本共识的时代，这种情况比以往任何时候都更甚”；“我们有理由不把知识概念过于狭隘地定义为‘事实知识’，而是界定为一种全面的‘导向知识’，其中也包括基本信念、价值观、愿望和意图等”。

很高兴这部译著即将问世，它必将有力促进国内（批评）话语研究的进一步发展。感谢该书译者贾文键教授和陆娇娇博士邀请我作序，使我有能机会对德语世界当下话语研究的主要理论与方法有了比较深入系统的了解。以上所言准确地说只是我的一点读书心得，仅供读者参考。

辛斌

南京师范大学

2023年3月10日

译者的话

2022年12月，我们翻译的德国学者于尔根·施皮茨米勒（Jürgen Spitzmüller）和英戈·瓦恩克（Ingo H. Warnke）合作撰写的《话语语言学：跨篇章语言分析理论和方法导论》在外语教学与研究出版社出版。这是德语区第一本系统全面的话语语言学导论，理论性极强，适合专业研究者参考使用。

在将译稿提交出版社之时，我们就萌生了翻译一本实操性强、适合具有相关语言学知识的高阶学习者的著作的想法，觉得这样才实现了理论与实践、思辨与实操的合璧。众里寻她千百度，我们选中了瑞士学者希尔薇娅·本德尔·拉尔谢（Sylvia Bendel Larcher）的《语言学话语分析教程》。我们非常高兴能将《语言学话语分析教程》作为《话语语言学：跨篇章语言分析的理论和方法导论》的姊妹篇引介到国内。

《语言学话语分析教程》是一本更侧重于实际操作的教材。作者拉尔谢对复杂晦涩的话语理论和纷繁芜杂的话语流派进行了精简处理，把重点放在了对话语语言学研究方法的全面介绍。书中所展现的话语分析框架涉及篇章、话语和社会三个层面：（1）篇章层面涵括了篇章分析、对话分析和图像分析等多种分析路径；（2）话语层面指向跨篇章模式，其中包括论证模式、阐释模式、篇章模式、对话模式和视觉定型等；（3）社会层面涉及知识和权力分析，主要介绍如何在批判性视角下探析话语与真理、正常性、意识形态和霸权等社会现象的相互关联。方法部分的介绍遵循的是研究的逻辑：作者循序展现了如何从建立语料库到单个篇章的分析，再到跨篇章话语模式的识别，最后从话语分析扩展到社会分析。

与《话语语言学：跨篇章语言分析理论和方法导论》的不同之处在于，《语言学话语分析教程》试图提出一套全面的话语语言学分析方法，使其同时适用于书面篇章、口头篇章和视觉数据的综合分析。因此，作者在兼顾篇章分析方法的同时，用较大的篇幅更为详细地介绍了对话分析和图像分析等方法。作者拉尔谢以她敏锐的话语意识和丰富的话语研究经验，在理论和方法介绍的过程中穿插了大量生动有趣、直观形象的例子，并在每个部分精心配以相应的实操练习、项目实施和问题讨论等环节。这些实例和练习材料既有出自作者本人自建的企业经济学话语语料，也有来自于日常生活话语的鲜活素材。它们简明易懂，贴近日常世界，有助于激发读者的学习兴趣。配套练习和最后的参考答案为学习者提供了学以致用和检验知识的机会，并可为拟使用这本教材进行话语分析教学的教师提供有益的教学材料。最后，这些丰富和鲜活的实例还告诉我们，意识形态和权力关系会出现在我们司空见惯的话语中，人们往往对它们习以为常，以至于视而不见。这也就更加凸显了话语分析对于我们社会公共领域的重要意义。

作为外语专业教学和研究者，我们希望通过这本译著为有兴趣学习话语分析的学生以及广大读者们提供更丰富的教材选择，帮助大家在学习话语分析的过程中更好地激发话语意识，熟悉话语分析程序，进一步发展起自身的话语能力和素养，从而为在未来更好地实现全球话语参与打下坚实基础。

在译著出版之际，我们感谢作者拉尔谢教授的配合和支持。每当在翻译过程中触及自己知识和能力的极限，而且任何字典都无以相助的时候，与拉尔谢教授的电邮沟通都能迅速地澄清问题，使我们走出迷雾，带着愉快的心情一步步接近本书的最后一个句号。

我们也要感谢外语教学与研究出版社的各位同仁，外研集团王芳董事长、综合语种分社崔岚社长、德语部安宇光主任和责任编辑王远萌博士。她们既是外研集团的领导或业务骨干，又是我国德语专业的同道中人。她们熟悉德国学者惯有的理论体系之严谨、方法论证之扎实，积极支持译著的出版，使我们深受鼓舞。

最后，我们向关注这本译著的读者表示衷心感谢。我们深知，尽管在翻译过程中我们尽了最大努力，但一定会有诸多疏漏之处。敬请读者批评指正，不吝赐教，我们将认真领会，充分吸纳，在译著再版之时以更好的面貌和大家再见。

本译著得到“北京外国语大学北京高校高精尖学科外语教育学建设项目”的支持。

贾文键　陆娇娇

2023年6月于北京

目录

5 单个篇章层面（一）：篇章分析

6 单个篇章层面（二）：对话分析

7 单个篇章层面（三）：图像分析

1

绪论

1.1 本书目标和结构

近年来出版了不少关于话语分析的导论和论文集，本书的新意何在？

首先，现有的话语分析导论主要是面向那些已经有了一定话语研究基础的读者，特别是那些论文集，它们突出的是这个领域的异质性（【德】Heterogenität）和复杂性，而不是共同的内核。它们经常是用英语写成，把重点放在了话语理论方面，却不够重视研究方法。它们还往往只关注对书面篇章的分析，几乎不把口头和视觉数据考虑在内。

这样导致的结果是，当前的各种话语分析导论给入门者带来的更多是困惑，使他们在这个复杂的话题面前望而却步，而不是焕发兴趣去独立学习。本教材面向的是具有篇章语言学和会话语言学知识的高阶学习者，但并不要求大家有做过话语研究的经验知识。

本书关于话语理论以及话语研究各个流派的篇幅较短，而关于话语研究方法的篇幅较大，目的是为了让大家掌握话语分析视角下篇章、对话和图像的具体分析方法，并提供实用的练习和参考答案。迄今为止，在德语学界还没有一本详细指导如何全面分析书面、口头和视觉数据的导论。本书旨在使读者学习后能够独立进行话语分析，完成硕士或博士论文。为降低入门的难度，本书对内容进行了大幅精简，并为拟做深入探究的读者提供了相关文献信息。

本书结构如下：

绪论部分论述了什么是话语分析、话语分析的认识旨趣是什么以及如何定义话语等问题；第2章和第3章概括介绍了话语研究的滥觞和流派，同时为话语分析的实际操作奠定理论基础。第4章告诉大家如何建立话语分析的语料库。第5到7章是本书的重点，具体展示如何从话语分析的视角出发分析篇章、对话和图像，并配有生动直观的分析实例。第8章说明如何识别和分析跨篇章模式，进而溯构（【德】rekonstruieren）[1]某一话题的社会话语。在第9章中我们探讨话语和社会的关系，并分析话语如何塑造社会的知识和权力

1 德文rekonstruieren一词在杜登线上词典中的解释有三条，其中与本文直接相关的解释是：den Ablauf von etwas, was sich in der Vergangenheit ereignet hat, in seinen Einzelheiten erschließen und genau wiedergeben, darstellen。意思是说：对过去发生的某事的过程进行具体推断并做详细复述、描述。中文中找不到现成的与杜登词典的释义完全对应的词语。因此，译者试创“溯构”一词，意为“回溯构建”。——译者注。

关系。

本书各章均包括以下组成部分：

理论阐述；

实例分析；

研究重点；

实操练习；

项目实施；

问题讨论；

深度阅读

实例分析部分使用的是从企业经济学教科书以及其它经济类篇章中节选的材料。企业经济学话语具有重要的社会意义，它影响着未来的经营管理者和决策者，却至今仍几乎没有机会进入话语分析的视野。实操练习内容来自学习者的日常生活，例如菜谱、广告、博客、表格、招聘广告、新闻报道等等。学习者借此可探究日常话语的作用，而不必去触碰种族主义或基因技术这样的宏大主题。后者完全可以留给更大的项目去探索。练习的参考答案会在书后给出。

1.2 话语分析的认识旨趣和方法

在瑞士的一个市镇，父母要在孩子入幼儿园前填写一个表格，其中包括以下栏目：

- 父母的座机号和手机号
- 父亲的职业
- 母亲现在的职业
- 母亲由于职业原因上、下午不在的时间
- 办公电话

这个表格对于单亲家庭等一些群体来说是不易填写的，它也使我们得以一窥表格制作者的世界观（【德】Weltbild）。

显然，当地的学校管理机构默认的是：每个孩子都与父母住在一起；母亲在孩子出生后经常变换职业身份，所以才有了“母亲现在的职业”一栏，职业“家庭主妇”估计也可以填入此处；而父亲却不用填写“现在的”职业。此外，学校管理机构还默认，母亲现今仍部分地从事职业活动（大多以半职的形式）。尽管如此，学校仍把从事职业活动视为脱离原本的家庭位置，并要求母亲们填写办公电话号码，以便在工作时间内也能找得到她们。而父亲们则不需要填写办公电话。

这个表格以及对它的解读以一种简单明了的方式向我们展示了，语言学话语分析所要做的事情，那就是：依托具体篇章去尝试溯构一个社会的成员在特定时间内的思想状况、他们对世界的阐释与解读、指导他们行为的信念和规范、他们自己相信的以及希望说服同时代人相信的事物。简言之，话语分析旨在把握和研究某一时间的集体知识以及与此相关的真理权诉（【德】Anspruch）和利益追求。在一种批评的范式中，话语分析还探究和批判社会歧视的各种形式，如仇外、性别歧视等。

上面提到的表格宣扬的是一种保守的家庭观（【德】Familienbild），它使以其他方式生活的父亲、母亲以及照顾孩子的祖父母等群体受到了歧视，因为表格没有把这些人当作联系人。作为官方文件，这个表格发挥着重要的规范作用。

语言学话语分析主要采用篇章语言学和会话语言学的方法。但与这些学科方法所追求的认识旨趣不同，它的目的不是为了获取对语言作用方式或篇章结构的认识，而是要对生产篇章、同时又被篇章形塑的社会提出见解。为此，语言学话语分析对语言有着自己特殊的理解：它不把语言视为一种围绕语言外世界进行交流取得理解的工具，而是看作一种旨在采取行动和塑造世界的方式。话语分析的认知旨趣就在于，探究人们如何塑造世界以及这是通过哪些语言手段来实现的。

因此，话语分析研究项目的出发点不是待研究的篇章，而是当前的社会问题，例如关于基因技术使用、金融危机等的辩论。我们的目的是要对社会话语提出自己的见解，是要去认识有关争论的关键所在，是谁在使用哪些论据来推行自己的思想，以及对相关人群而言结果是什么，篇章分析只是服务于以上目的的手段。

这些研究从来就不是中立的，因为研究者会出于自身的社会化经历和社会立场采取特定的视角，并基于个人的态度和信念做出特定的权重分配和评价。所以，作为作者我们在此要做的正是（批评）话语分析多次要求、但大多没有得到落实的一项工作，即介绍本人情况，并清楚说明我们的动机和态度。

我——希尔薇娅·本德尔·拉尔谢，出身于一个生活富裕、政治上思想自由的中产阶层家庭。我在瑞士卢塞恩市读完了高级文理中学，在苏黎世和班贝格学习日耳曼语言文学和历史学专业，博士论文研究的是十七和十八世纪的广告史。我在伯尔尼大学完成了教授资格论文，主题是关于机构交流中个性问题的会话分析。多年来，我一直在卢塞恩应用经济大学担任传播学讲师，并曾在萨尔布吕肯大学、因斯布鲁克大学和伯尔尼大学授课。

我从广告研究走到了话语研究。因为仅用语言学的方式分析广告，而不对通过广告所传播的意识形态表明立场，这样的做法不再使我感到满足。诺曼·费尔克劳（Norman Fairclough）的理论使我得以用科学的方式进行广告批评。其间，那些宣扬自由市场、“所有人对所有人的竞争”（【德】Konkurrenz aller gegen alle）以及永续增长等意识形态的篇章都是我感兴趣的对象。

我批评这些意识形态，因为我坚信，只有彻底改变我们的思想和行为，才能挽救这个星球的生物圈，从而挽救人类。我们需要做的不是对现行制度进行修修补补，而是要引入全新的共生形式和全新的价值观体系。

1.3 话语：研究对象与范围的确定

对于话语概念就如同许多其它学术概念一样，不存在一个普遍有效的、为全部研究者所接受的定义。其概念所涉及范围之广，可以从以下四个例子清楚地看出：

1）“话语是一个原则上开放的、由主题相关、彼此相联的表达组成的集合。”（Adamzik 2004：254）

2）“在实际研究工作中，我们将话语理解为以最广义的内容（或语义）标准来确定的虚拟篇章语料库。属于同一个话语的篇章具有以下特征：

• 涉及同一个被选定为研究对象的事物、主题、知识体系或概念，它们彼此间具有语义关系，并（或）处于一种共同的陈述关联、交际关联、功能关联或目的关联中［……］

• 通过显性或隐性［……］的引用相互联系，形成一种互文关联。”（Busse/Teubert 1994：14）

3）“话语是对一个主题的讨论，

• 表现在各种不同形式的表达和篇章中，

• 由数量或多或少的社会群体来展开，

• 既反映了这些群体关于这一主题的知识和态度，

• 又积极地对这些知识和态度施加影响，并对未来关于这个主题的社会现实的塑造发挥着引导性作用。”（Gardt 2007：30）

4）我们认为话语是

• 在特定社会行动领域中依赖于语境的一系列符号学实践，

• 由社会构建，并且构建社会，

• 涉及一个宏观主题（【英】macro-topic），

• 与关于真理和规范等有效性权诉的论辩相联系，涉及多个持有不同观点的社会主体（【英】actor）。”（Wodak/Reisigl 2009：89）

这些以及其它定义的共同点在于，话语涉及的是具有社会意义的主题，并表现在篇章中，但它的作用范围远超出这些篇章。例如，关于职场欺凌（【英/德】Mobbing）这一主题的话语反映在报纸文章、网络论坛和企业内部的行为准则等篇章中，研究者可以通过阅读和分析这些篇章来探讨这一话语。然而，职场欺凌话语不仅包括这些篇章，而是一个社会的成员关于这个主题的所有观点、认识和想法。

在上文引述的四种话语概念定义中，头两种定义限缩于话语概念的核心内涵。第三种定义展示了话语概念中为大多数话语研究者所公认的另一个方面：实施话语的社会给话语打上烙印，而话语又对社会具有反作用。我们还是以职场欺凌话语为例。我们社会当下的工作条件和我们的心态会对职场欺凌的讨论产生重要影响（大多数人不会接受这种社会交往形式）；反过来，不久前在全社会范围内被引入话语的名词表述“职场欺凌”又可使人们更多地感知到这一现象。或许哪一天会使一部反职场欺凌的法律得以通过。

第三种定义还涉及不是在所有话语定义中都会出现的另外一个方面，即承载话语的“社会群体”，其他研究者也称为话语中的“主体”（【德】Akteur）。这在我们的例子中就是雇员协会、人事负责人、记者和相关人员。在这一定义下，话语不仅包括社会生产的篇章，而且还包括以言说或者书写方式参与到话语中的人。

第四种定义涵盖范围最广，它不仅把话语与篇章相关联，还将其称为“符号学实践”。通过这一名称使用所强调的是，篇章不是仅再现话语，它本身就是社会行为的一种形式，对社会有着直接的影响。概言之，话语再现并建构世界（Warnke 2013：103）。一份企业内部制定的反职场欺凌的行为准则不仅再现了职场欺凌话语，还会带来相当具体的行为改变，因为受害者在现实中会向人力资源部门举报违规行为，这可能会对相关人员带来严重后果。此外，第四种定义最为清晰地表明了，真理权诉和规范是在话语中得以协商的。

在以上引用的四种定义中，还有一个问题没有得到说明。它是话语概念的一个重要方面，即在一个特定社会的特定时间内，围绕一个争议性主题有哪些内容由于缺乏社会合法性或受到集体排斥而没能表达出来。话语研究的创始人之一米歇尔·福柯（Michel Foucault）着重强调了话语的限制性力量。据此，话语不仅决定着就一个主题说什么和想什么，而且它还拥有一种将某些思想逐出话语的排斥机制。

然而，要证明这种排斥机制和哪些表达受到了阻碍，从研究方法上来看要比指出在现有的篇章中实际上说了什么和写了什么难得多。因此，实际进行的话语分析大都对这个方面完全不予考虑，尽管从理论上讲应该将没有说出的内容作为话语的一个方面一并考虑进去。

我们认为，在具体分析一个社会话语时，要关注它通过哪些语言手段将某些思想排除在外，逐入了不可言说的范围，这一点非常重要。因为一个社会所无视、否定、排斥和担心的一切都暗藏在这个潜在的思想空间。举一个例子：如果十年前有人宣称股市是按照非理性原则运行，股市行情并不能反映企业的真实价值，我们会觉得这是不可想象的；但时至今日，股市上许多非理性行为的形式，例如“羊群效应”或者“维持不变”（“more of the same”）原则已经为人熟知，“行为金融学”也已成为独立学科。

话语排斥机制的有效性尤为清楚地体现在科学话语中。科学话语只承认研究工作的少数几种形式，而把其它获取认识的形式排除在外——这当然也适用于话语分析本身。当下，如果一个研究者说自己是在梦中或者幻觉中获得某一认识，他一定得不到承认。就算没有遭到公开嘲笑，他至少也会被学术共同体无视。然而在古希腊罗马时期和中世纪，梦境和幻觉是认识的形式之一，可以毫无问题地得到承认，《圣经》中流传下来的解梦或圣徒传记都证明了这一点。

不同的话语概念涉及的范围不同。下图以气候变暖主题为例来说明不同的概念范围（见图1）。如果人们研究一个具体的篇章语料库，很可能会得出以下结论：在过去的20年间，以往曾有争议的观点在逐渐获得认可，即气候变暖不仅是事实，而且人类活动是其原因之一。那些认为气候变暖并没有发生或是属于自然波动的观点越来越被排挤出话语，但还没有完全消失。1907年，阿伦尼乌斯曾表达过一种观点，即气候变暖是值得欢迎的现象，因为它可以带来欧洲地区气候条件的改善（Arrhenius 1907，转引自Braun-Thürmann 2013：173）。然而，这一观点在近20年几乎不再被提起，这不是因为观点本身的错误，而是出于气候变暖在世界许多地区带来的不可预知的后果，因此不再允许这么说了，它也就被逐入了不可言说的空间。

1）潜在的思想空间
围绕一个社会性主题所有可能想到的和表达的内容。
关于气候变化这个主题所有可能的思想，包括“这或许是上帝的惩罚”这样的想法。

2）广义的话语
在一个特定的历史时期围绕一个社会性主题所有可能表达的和想到的内容，因为符合现有的知识和思维图式。
关于气候变化这个主题所有可能的表达，包括“气候变化根本没有发生”这样的说法。

3）狭义的话语
在一个特定的历史时期围绕一个社会性主题所有具体说出或写出的东西。
所有关于气候变化这个主题的科学或科普类文章、电视节目、宣传活动、博客、会议等。

4）语料库
正在被研究的篇章的集合。
1985 至 2015 年间所有关于气候变化这个主题的学术篇章。

图1：“话语”——一个涉及不同范围的概念

尽管它们倾向于限制可能的观点的范围，但话语不是只允许一种世界观存在的铁板一块儿的体系。即使是在极端压制性的条件下，也存在质疑主流观点并提出另类思想的反话语（【德】Gegendiskurs）。对于话语这种存在着多种声音的现象，有着不同的话语理论观点：它们要么将其视之为一个话语中的不同声音，要么视之为关于一个主题的不同话语。比如，关于是否设立职场欺凌受害者申诉办公室，我们可以将赞同者和反对者理解为一个话语中相互竞争的声音。然而，我们也可以将法律人士、社会心理学工作者和人力资源管理者的言说视为围绕同一主题的不同专业话语。每一个专业话语（法学、心理学、企业经济学等）都有着自己观察世界的视角，这也与言说者的不同身份有关（Fairclough 2005：124）。

总而言之，本书对话语的理解如下：

话语是一个就如何阐释和塑造世界进行沟通取得理解的社会过程。话语被打下物质世界的烙印，并通过社会实践对物质世界发挥反作用。话语表现在具体的篇章中，这些篇章呈现了特定时期的知识和思想。

为方便记忆，下面这一示意图对定义进行了可视化处理：

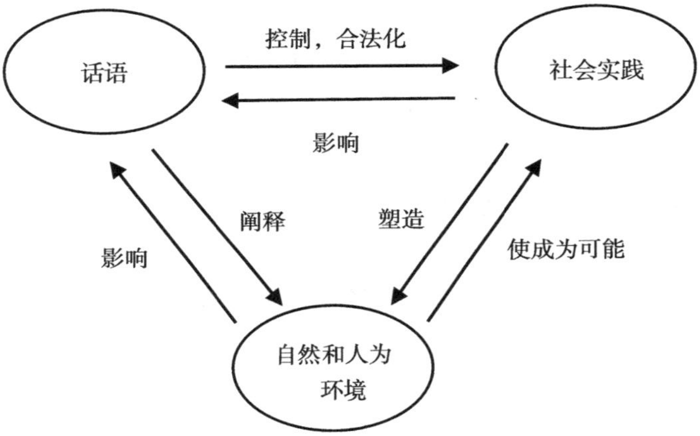

图2：话语、社会实践和环境的相互关系

话语也可由物质性实践承载，表现在纹身、服装、建筑或城市规划等事物中。例如在企业中，办公室的位置和大小（“上层”相对于地下室的储藏间）、衣着（西装相对于蓝领）和企业用车等标志清楚地表示出了雇员的等级高低。贡特·克雷斯（Gunter Kress）在他的社会符号学中发展出一种方法，借此将交流的所有模态（【德】Modalität）一并纳入了研究范围，包括从口头语、书面语到手势和声音，再到图像、影片和版式（【德】Layout）（参见3.3节）。现今的话语分析在理论上，特别是在实践中离这种多模态方法仍相距甚远。实证研究通常仅限于对书面篇章的分析，在少数情况下也分析口头语篇，而图像、影片、音乐等其它交流模态几乎没有被研究过。一种系统连贯的多模态话语分析是值得努力的方向。我们希望在本书朝着这个方向迈出一步，不仅要研究书面篇章，还要提出分析口语篇章和图像的方法体系。但诸如服装、建筑等话语的物质表现仍然不属于我们考虑的范围。

话语这个概念并不仅仅为话语分析者所使用。功能语用的话语分析属于对话分析（【德】Gesprächsanalyse）的一种形式，这一流派的学者也使用“话语”概念（参见2.2节）。英语术语discourse的范围更广，常出现在discourse analysis和discourse studies的组合之中。前者常译成“会话分析”（【德】Konversationsanalyse），后者则包括来自对话语言学（【德】Gesprächslinguistik）和篇章语言学（【德】Textlinguistik）领域的研究成果。在本书中，我们使用的话语概念以上文详细讨论的定义为准。

实操练习：

练习1：烹饪食谱通常不仅是烹饪指南，也是当代生活方式话语的一部分。请尝试从下面的食谱中解读出，作者在编写这份食谱时以哪一类典型家庭为出发点，以及预设了读者具备的哪些知识和态度。

> 夏季时蔬配团子（Le Menu 6/2013）
> 4人份
> 500克白芦笋，竖着切成两半，并横切成4厘米长的小段
> 200克胡萝卜，切片
> 用于蒸制的黄油
> ¼茶匙盐，胡椒，糖
> 0.1升肉汤
> 90克奶油酱
> 荷兰豆和豌豆各150克
> 2-3根柠檬香脂草，摘下叶子，切碎
> 750克冷藏土豆团子
> 少量黄油
> 第1步：用黄油炒芦笋和胡萝卜，调味。用肉汤浇汁，煮沸。蒸10分钟。加入奶油酱，煮沸。加入荷兰豆和豌豆，炖5分钟直到变软。
> 第2步：用黄油将2个土豆团子煎至金黄色。
> 第3步：在蔬菜上撒上柠檬香脂草，与团子一起食用。
> 提示：烹制约30分钟

快速 素食 简单
每份营养价值：能量457千卡，蛋白质13克，脂肪10克，碳水化合物77克

项目实施：

- 请思考当前有哪些社会热点话题：转基因？核能？移民？东西方冲突？新自由主义？网络欺凌？……
- 如果您准备对其中一个主题进行话语分析，那么请您开始搜集相关材料，例如电视里的有关讨论、博文、报纸文章、长篇小说、政党纲领、企业手册，等等，这里不用追求系统完整。
- 您还可以与熟人交谈，交流相关主题内容，或参加相关公共活动。通过这种方式丰富自己的相关知识，提高对相关话题的关注。

深度阅读：

Niehr（2004）是一本关于话语分析的导论书，内容易懂，但方法视野较窄。Ulrich（2008）对话语研究做了非常简洁、易于理解的概述。Wodak/Krzyzanowski（2008）中的文章对入门者同样有益。Warnke（2007a）这本论文集对各种话语研究方法进行了介绍。目前最为知名、但对读者要求相对较高的话语语言学导论是Spitzmüller/Warnke（2011）[1]。

1 该导论已由本书译者合译成中文，并于2022年12月由外语教学与研究出版社出版，译名为《话语语言学：跨篇章语言分析理论和方法导论》。——译者注。

2

话语分析的滥觞

话语分析最初并不是来自语言学学科的探险。在这一章中我们将有选择地介绍几位先行者和语言学话语分析的一些邻近学科，以便大家更好地理解话语分析的理论基础和它的学科史定位。

2.1 米歇尔·福柯

——此节由马塞尔·埃格乐（Marcel Eggler）撰写

在语言学话语分析最重要的铺路人中有一位哲学家，但他既不认为自己是哲学家，也不想被看作是语言学家，这就是米歇尔·福柯（1926-1984）。他自1970年起在巴黎著名的法兰西学院担任“思想系统史”教授。有的话语分析者在研究中与他划清界限，有的明确与他建立紧密关联，还有的只是“在需要时”提及他，但不管怎样，任何从事话语语言学研究的人都几乎绕不过他，直到今天也是如此。他的作品内容丰富，建立在渊博的历史知识基础之上，他发展起的好几个概念至今仍被话语语言学一直使用。福柯对自己提出的包括“话语”在内的核心概念不断探究、一再改动，还在创作过程中提出了其他更为广泛的概念（参见本节后面部分的“配置”），而使先前的概念退居后台。到最后，福柯甚至或多或少地放弃了“话语”概念。

简而言之，福柯的蜿蜒发展的各种话语概念有以下共同点：话语是关于一个主题的陈述网络，这些陈述是在一个社会的某一历史时间点上根据特定的“秩序结构”（Sarasin 2005：99）做出的。这些秩序结构是一种管理环节，以无形的、隐含的方式规定着，在一个特定的时期，在学术界和公共生活的各领域，人们以何种方式谈论、可以谈论、允许谈论以及不允许谈论的“世间诸事”。首先在涉及爆炸性和禁忌性主题的语境中，这个管理环节会划定红线。福柯认为，这个环节具有“一些程序，其任务是抑制话语带来的危险，祛除不可预知的事件特点，规避沉重的、具有威胁的物质性”（Foucault 1991：11）。

我们以一定的方式方法谈论“事物”，而其它的方式方法则遭到“禁止”，这导致了对可言说性的某种限制，但也对人们发挥着导向作用，并由此规定了一种秩序。用福柯一部主要著作的题目来说就是“事物的秩序”（*Die Ordnung der Dinge*），即生活在某一时期的同时代人可能遵守，也可能不遵守的秩序。“事物的秩序”是在话语和历史中形成的，是一个浮动的、不断变化的量，人们可以本着类似考古学那样的兴趣来研究它（参见《知识考古学》[Foucault 1981]），可以把它的片段放入“话语档案”（今天我们称为“语料库”）。

虽然事物的秩序是话语规则性（【德】dikursive Regelmäßigkeit）的产物，但福柯也承认，事物之间存在着“基本的或者真实的关系”（Foucault 1981：69）。为了说明这种关系，我们举一个例子。1600年，伽利略·伽利雷说出了“它在动啊！”（*Eppur si muove*）这句著名的话，他表述的是一个不依托任何话语、从天文学上看是正确的自然规律，即地球围着太阳转。从话语分析的角度看有趣的是，在伽利略那个时代，在教会占统治地位的话语中没有让这样一个自然规律立足的地方。握有新知批准权的精英们还不愿意接受伽利略开启的范式转变。

知识和权力之间的关系是使福柯终生为之思虑的题目。他指出，谁掌握某一主题的话语权，并借此可以支配这一时间点上获得许可的知识，这个问题具有核心意义。最迟在关于《监狱的诞生》这本论著面世后，福柯就清楚地认识到：“权力制造（而不仅仅是促进、应用和利用）知识；权力和知识相互包含；不存在没有相应构建起特定知识领域的权力关系，也不存在不以权力关系为前提并同时构建权力关系的知识”（Foucault 1994：39）。如果把福柯指出的这种权力与知识的关系等同于“知识就是权力”这样的俗语，那就考虑得太简单了。福柯的逻辑正好反过来：权力就是（且产生）知识。权力决定着人们可以知道什么、不可以知道什么。根据这一理论，关于展开认知活动的、“带有兴趣”（Foucault 1994：40）的主体的思想多少失去了意义。权力和知识的机制“通过使之成为知识客体来占据并征服人的身体”（Foucault 1994：40）。

论述至此我们可以看出来，福柯的话语理论从根本上讲是与哲学、历史学、社会学等语言学之外的学科联系在一起的。话语或者说话语的一部分是不是语言学的研究对象，对这个问题话语研究还没有给出答案，或许也无法给出最终答案。福柯也探讨过这一问题（参见Busse/Teubert 1994，3.1节），但并不总是得出相同的结论，有一点是肯定的：对福柯来说，语言至少是话语分析的出发点。福柯感兴趣的是，有哪些规则机制、哪些话语力量使某一语境中的某一表达正好是以这样、而不是任何别的方式做出。根据这一思路，陈述不是偶然性的产物，而是遵循着“话语的秩序”（Foucault 1991）。具体而言就是：话语准备好了一些现成的词汇、固定词组乃至固化成俗语的句子等，它们适用于某一类事件。假如年轻人在火车上不脱鞋就把脚放在对面的座位上，这时候其他乘客很可能会说“要是每个人都这么做的话！”或者说“你们没有上过幼儿园吗？”在美国国家安全局2013年之后的窃听丑闻背景下，时不时就会在一些墙上看到“Yes, we scan”的涂鸦口号，这些字符不是偶然的语言产物。美国总统奥巴马2008年的竞选话语中有句名言是“Yes, we can”，关于窃听丑闻的话语是对这句话的改动。

语言的活动布景（【德】sprachliches Versatzstück）在语言表层上把话语聚拢在一起（Foucault 1981），福柯是最早关注到这一点的研究者之一。这里涉及到的基本问题是：从统计学角度上看，哪些词汇、哪些固定词组、哪些句子甚至是篇章活动布景在特定语境中具有显著较高的出现频率。或者反过来说：特定短语在某一语境中（可能是意料之外）的出现能为我们认识相应篇章的话语定位带来什么。福柯当时不可能知道，语料库语言学会带来一个语言学分支的产生，使话语语言学可以借助计算机支持的定量分析为研究语言表层结构提供有力支持（参见第4章）。

我们把话语首先看作是一种语言学单位，我们在这本书中大部分情况下也是这么做的。但是，我们要在这里指出一种概念上的拓展，福柯称之为“配置”（【德】Dispositiv）（Foucault 1977）。如果简单地看，可以把“配置”想象为一系列语言的和语言外的措施，它们把存储在话语中的“权力知识”转化为“现实”（【德】Wirklichkeit）。具体而言，这可能是社会、行政、建筑等方面的措施，比如校服、法律、关税壁垒、心理诊所。下面的例子说明了配置分析的具体做法。

实例分析：通过司法使个体正常化

福柯在他的著作《规训与惩罚：监狱的诞生》（1994；法语原著出版年份为1975）中，把“单纯的”话语分析视角拓展到对社会情况的关注，并在对尼采进行细致研究后转向了关于这些情况的谱系学，即对其诞生史的探索。他对剖析权力结构的兴趣体现在对法国暴力机关的产生的研究，这一成果在当时来看属于极左思想。《规训与惩罚》开篇就呈现了关于巴黎在过去几个世纪中实施刑罚的两段原文摘录，其对比极为强烈：

- “1757年3月2日，达米安（Damiens）因谋刺国王而被判处‘在巴黎教堂大门前公开认罪［……］他应乘坐囚车到格列夫广场，在那里的行刑架上用烧红的铁钳撕开他的胸膛和四肢上的肉，用硫磺烧灼他持着弑君凶器的右手，再将融化的铅汁、沸滚的油、燃烧的树脂浇入撕裂的伤口，然后四马分尸’”（同上：9）。

• “75年后，列昂·福歇（Léon Faucher）制定了‘巴黎少年犯监管所’规章：

‘第17条：犯人作息日冬天从早上6点开始，夏天从早上5点开始。每天劳动9小时，上课学习2小时。作息日冬天晚上9点结束，夏天晚上8点结束’”（同上：14）。

从这两篇摘录已经可以感觉到，大约在1750年到1830年间，关于在巴黎实施刑罚的话语发生了显著变化。但不仅仅是话语！刑罚的整个具体配置也发生了变化：作为处罚手段的对身体的折磨换位为“时间表”（同上），“惩罚示众”（同上：17）被改为通过禁欲来进行规训：通过“不再那么直接的肉体惩罚，通过在制造肉体痛苦的艺术方面的慎重，以及一种更微妙、更安静和更低调的痛苦的游戏”（同上：15）。

然而这还不够。具有监管功能、旨在对囚犯进行规训、“正常化”和“改造”的监狱的诞生带来了一系列相互关联的其他机构。对社会进行规训的整个机构网络在增长：“医学、心理学、教育、社会救济和社会工作等越来越多地承担了监管和惩罚的权力”（同上：395）。福柯认为，所有这些机构都参与到了使现代社会“正常化”的过程中来。个体的“正常化”，即医学、心理学和教育学领域对统计学意义上显著之处的“抹平”，是占据着统治地位的话语原则，它也体现在社会仪式或城市建筑（医院、孤儿院、老人院）等言语性话语之外的方面。整个城市在建筑方面的配置都具有强烈的“正常化话语”色彩。

深度阅读

如果您要进一步研究福柯的著作，我们从话语分析视角出发，向您推荐他的两部主要作品：《事物的秩序》（1974）和《知识考古学》（1981）。福柯1970年12月2日在法兰西学院的就职演说也属于“福柯学者”的必备读物（《话语的秩序》；德译：1991）。您如果对配置分析感兴趣的话，可以读《规训与惩罚》（1994），这是这位哲学家给人印象最为深刻、在政治上最为投入的作品之一。苏黎世的历史学学者菲利普·萨拉辛撰写的福柯作品导读（Sarasin 2005）是一本很好的入门书籍。

2.2 语言语用学

语言语用学（【德】linguistische Pragmatik）本身是一个语言学理论，它在上世纪七十年代由德国语言学学者创立，目标是研究机构中语言的具体使用情况。这一理论也被称为“功能语用话语分析”（【德】funktional-pragmatische Diskursanalyse），属于对话研究（【德】Gesprächsforschung）的分支，直到今天在基础研究和应用性的对话分析中仍得到积极应用。

在功能语用话语分析中，“话语”（【德】Diskurs）就是“会话”（【德】Gespräch）或者“口头互动”（【德】mündliche Interaktion）的意思，请不要与本书中所理解的话语相混淆。

语言语用学根植于马克思的历史唯物主义传统。历史唯物主义认为，个体的行为与其说是由个体的愿望和需求决定的，不如说是由物质性和制度性的生活条件决定的，这些条件先于个体存在，并作为“社会事实”出现在人们面前。当今人们的日常生活大多是在学校、企业、行政机关或者医院等机构语境中度过的。语言语用学的核心问题是，这些机构如何影响个体的语言行为（Ehlich/Rehbein 1986），以及反过来机构又是如何通过语言得以构建的（Searle 2015）。

言说和书写是人的行为的一种形式，且总是具有目的性，即指向特定目的。在机构中的言说和书写的特殊之处在于，语言行为的目的在一般情况下不是由个体决定的，而是由机构给定的。法官在审判开始时之所以询问被告的姓名，并不是出于个人的兴趣（法官早就知道被告的姓名了），而是因为诉讼程序就是这么规定的，目的是验明正身。

顾名思义，功能语用话语分析要研究的是，单个语言行为在机构语境中具有什么功能，而不考虑其语法形式。形式本身往往无法说明一个表达的功能。就像提问本身绝非总是为了填补知识的空白，而是也可以用来检验知识（如传统的考题），用来操控注意力（如“你还看到什么？”），或者用来使对方感到没有把握（如“你肯定吗？”）。

对具体的互动行为进行研究后很快就会发现，为了解决语言共同体中一再出现的社会问题，人们发展出了所谓的“行为模式”（【德】Handlungsmuster），借助这些模式，个体得以运用社会可接受的、语言共同体中每一位具有相应能力的成员都可以理解的形式处理待办任务（Bendel 2007）。我们举一个例子。教师在课堂上用以检查学习进度的提问的典型形式是：教师提出问题——学生回答——教师评判对错（Ehlich/Rehbein 1986）。

行为模式是用于解决经常性的社会任务的集体程序，它们体现了形式与功能的关系，构成了语言行为的深层结构。在语言表层，它们表现为不同文体风格的变体，具体措辞各有不同。即使在这里，也可以找到反复出现的“惯用表达”（【德】Routineformel）（Coulmas 1981），即把行为模式转化为语言时的定型表达。我们可以想一下在面包店里购物时的惯用表达：“您还要别的吗？”——“不要了，谢谢，就这些。”

各个行为模式很少孤立地出现，而是被嵌入范围更大的互动关联之中。所以，功能语用话语分析经常研究完整的对话，探究作为其基础的任务轮廓（【德】Aufgabenkontur）（Kallmeyer/Schütze 1976）。这一任务轮廓不依赖于个体的意图或者互动者的能力，而是出自事情的目的本身。

今天我们一般称之为任务程式（【德】Aufgabenschema），指的是在一个机构对话的框架中、按照典型的顺序、由必做和选做任务组成的一个集成系列。功能语用话语分析追求的目标是，揭示一个机构的典型任务程式。这些任务程式以对话模式（【德】Gesprächsmuster）的形式表现出来，可以被理解为各个行为模式的典型序列（Becker-Mrotzek/Meier 1999，Spiegel/Spranz-Fogasy 2003）。了解机构的对话模式，互动者就可以（按照机构的意愿）正确、有效地处理待办事务，然而我们需要知道的是，一般情况下只有代理人完全掌握了有关模式，而当事人对法庭诉讼或者应聘面谈只有模糊的了解。

下表是“提供账户信息”这一对话类型（【德】Gesprächstyp）的一个例子，取自于对一家银行呼叫中心的电话对话的分析（Bendel 2007）。正常字体表示的是必做任务，斜体字表示的是选做的任务。左边是顾客的对话序列，右边是办事员的对话序列，位于中间位置的是双方都可以发起的行为模式。

表1：任务程式“账户信息问询”（Bendel 2007：70）

	顾客		代理人
开始	打电话		接电话
	介绍		介绍
		再次询问姓名	
	问候		问候
		澄清业务范围	
主要部分	表明关切		确认关切/请求
		澄清关切	
	说明账号		调出账户
	提供身份说明		确认顾客身份
			提供顾客所需信息
		解决声音带来的理解问题	
		解决语言上的理解问题	
		解决内容方面的理解问题	
	提出附加问题		*提供顾客所需信息*
			与其它部门协商
	确认得到的信息		
结束	结束对话的信号		结束对话的信号
	致谢		致谢
	祝愿		祝愿
	告辞		告辞

在此需要强调指出的是，在功能语用学中，这样的对话模式原则上都是在真实的录音录像和细致入微的转写基础上获取的，通过实证研究得到了证实。在过去的四十年里，功能语用学的代表性学者研究了大量不同机构的对话类型，提取出其中使用的任务程式和对话模式，例如研究了学校里的对话（课堂对话、考试对话、和家长的对话），在行政机构的对话（外国人管理局、失业金发放部门），在医院（在急救中心的对话、关于病史或术前准备

的对话、医生查房对话），在经济领域（企业内部谈话、服务、销售、投诉对话、自文化和跨文化语境中的谈判），在政治领域（联邦议会辩论、电视辩论），等等（参见Redder 2008）。

这些研究的效用是使机构交流中行为者没有认识到的常态和问题暴露出来。比如关于医患对话的研究表明，许多医生关于病史的对话方式系统性地阻碍了患者从自己的角度讲述内容连贯的病史。原因不（只）是个人在对话时的能力缺陷，还包括在接受专业培训过程中流传下来的、有害的惯常流程，例如在对话一开始就固定地询问曾患过的儿科疾病、医学专业的世界观以及巨大的时间压力，最后这一因素尤其使得医生急着去寻找“刺痛”这样的关键词，而不是去掌握患者的总体情况。

这些研究一方面构成了从语言学角度对机构交流进行批评的出发点，另一方面也奠定了基于对话分析进行交际培训的基础（Becker-Mrotzek/Brünner 2004）。后者的目标不是对语言行为简单地做出规定，而是为机构成员揭示在机构的任务框架内语言行为的空间（Bungarten 1994，Fiehler/Kindt 1994）。

最初，功能语用学认为，对话模式是通过重复和习惯做法（【德】Routine）在语言共同体中自己发展起来的。现在看来，在一些社会领域中情况不是这样。销售、电话客服和市场研究部门如今大量使用书面形式的对话模式，甚至还有拟定了具体措辞的对话指南，这些都给雇员规定了僵硬的、须按照脚本进行的行为（Hirschfeld/Neuber 2011）。我们可以把对话指南理解为福柯意义上的“配置”，它强有力地塑造了参与者的行动可能性和身份。

(!) 任务程式和对话模式在启发学上的价值是无可争议的，然而，它们的理论地位还不明确：它们到底是参与者的范畴标准，还是观察者的范畴标准？它们是在真正的对话发生之前就已经存在于互动者的脑海中了呢，还是事后由研究者赋予他们的？许多互动者提供了自己语言行为的信息，还能够表演、模仿机构对话，这都充分表明他们确实是以对话模式为导向（Bendel 2007：60）。然而，机构对话模式也导致了有损其功能的、参与者自身无法看透的行为方式（参见上文）。就这点而言，可以说参与者和研究者的范畴是混合并存的。

(!) 功能语用学第二个没有解决的问题是，个体的意图在以往的行为模块（【德】Praxeogramm）中被明确呈现为“心理操作”（【德】mentale

Operation），实际上被等同于机构目的。然而，个体的作用和意愿与机构预先的规定相一致的情况只是出现在戈夫曼（Goffmann）所说的“全控机构”（【德】totale Institution）之中，不能被假定为普遍情况。既然我们只能观察到语言行为，而对其背后的个体意图只能通过推断得出，所以，涉及到具体事例，我们很难判定语言行为、机构目的和个体意图的关系。

语言语用学不属于福柯的学术传统，也不认为自己是本书所呈现的语言学话语分析的一部分，但是，语言语用学的方法和成果对于话语分析有着难以估量的价值。虽然没有依托一个真正的话语理论，但语言语用学很早就认识到机构和交流之间的相互构建特点：机构影响着在它内部发生的互动，反之，恰恰是互动者本身在通过模式化的语言行为反复地一再生产，并维持了社会秩序。

对真实对话的分析揭示出，机构对当事人和代理人施加着什么样的权力，在多大程度上决定着互动者行动的可能性以及与此相联结的身份。关于话语作用的理论思考主要源自社会学学者的笔端，但只有功能语用话语分析提供了方法工具，从而使我们可以通过实证研究证明话语在具体的互动中的权力效果。

实例分析：消除服务缺陷

企业经济学学者出过许多建议手册，描述遇到投诉后应该做什么，以使顾客满意。其中提到，企业应就造成的不便表示歉意，并提供补偿。然而，投诉在现场是怎么进行的呢？对此本德尔在一个四星级宾馆进行了一项研究（Bendel 2001）。在两周时间里对服务台的对话进行了录音，对部分对话进行了转写，然后运用功能语言学的方法进行了分析。

这项研究最重要的发现是：雇员和顾客对于是否出现了投诉绝非都有一致的看法。此外，出现服务缺陷的情节须区分为三类：一是雇员发现缺陷并予以纠正，二是顾客指出错误进行投诉，三是在对话过程中服务取消或未提供完整的服务。对第一、二类情况有着可识别的对话模式，而针对第三类情况还没有得出完整的模式。

在出现服务缺陷的情况下结局是好是坏，主要取决于雇员的个人能力和经验。不仅是上岗培训不足、对团体游客的态度有问题、英语水平不够等情况导致对投诉反应笨拙，取消服务本身也会激怒顾客。

深度阅读

谁想追根溯源，那么关于任务程式的论述，可以读Kallmeyer/Schütze（1976）；关于机构对话的分析，可以读 Ehlich/Rehbein（1986）。Brünner/Graefen（1994）和 Spiegel/Spranz-Fogasy（2003）对功能语用话语分析的目的和方法做了简明的概括，Redder（2008）提供了详细的介绍和全面的文献综述。Brünner/Fiehler/Kindt（1999）阐述了应用对话分析的基础。关于最新的应用和发展，可以参阅关于对话研究的线上期刊。

2.3 知识社会学

知识社会学当然不仅是话语分析之根，而且是话语分析的重要分支之一，如果说不是主干的话。之所以称之为根，是因为它比语言学话语分析历史要长一些，并且以多种方式推动了语言学话语分析的发展。

知识社会学探寻的问题是：一个社会认为自己知道什么，如何获得这些知识，社会中的某一知识如何获得现实地位，社会的知识秩序（【德】Wissensordnung）和社会秩序（【德】soziale Ordnung）之间有什么样的相互作用。研究既要溯构专家知识的产生过程，又要溯构日常知识的产生过程，分析日常知识如何反映在建议、生活准则和未经反思的行为知识上。一位家庭主妇打开搅拌器，搅拌奶油使它粘稠，因为她“知道”这么做就可以，尽管她既不了解奶油变粘稠背后的物理学机制，也不懂得搅拌器的制造方式。如果来自另一文化背景的客人问她为什么这么做，她的回答会是：“因为做苹果蛋糕要加奶油。”她知道这一点，也就这么做了，不用说明理由，也不去探问究竟。

开创当今知识社会学的是彼得·路德维希·伯格（Peter Ludwig Berger）和托马斯·卢克曼（Thomas Luckmann）的著作《现实的社会建构》（*Die gesellschaftliche Konstruktion der Wirklichkeit*），该书1966年用英语出版，1969年用德语出版。根据两位作者的观点，知识社会学的任务是“研究现实的社会建构”（Berger/Luckmann 1969/2000：3）。“现实的社会建构”这一说法的意思是，我们生活在其中的社会不是天然如此，而是在历史中发展而来的，因此是我们的先人的行为结果。物质环境和我们的身体迫使我们具有某些行为方式——我们必须吃饭、睡觉、御寒，但我们吃饭、睡觉和穿衣的方式是由我们的规约（【德】Konvention）和社会制度预先设定的。

我们会认为和配偶而不是和兄弟姊妹同床共寝的习俗是正常的，但这是怎么来的呢？为什么我们相信婚姻制度是实际存在的，为什么我们认为隔壁的男女是一对“夫妻”？

伯格和卢克曼以舒茨（Schütz）的现象学（参见Abels 2004）为基础解释社会制度的产生。舒茨假定，人们的行为不是基于自然条件，而是基于他们赋予自然现象的意义。我们在桥头建设收费站，因为我们在此前已经将河流定义为两国之间的边界。河流经常被称为“自然”边界，尽管它们本质上不过是流动的水。只是人们赋予它们边界的意义，从而使它们成为边界。

日常生活中的意义赋予是以类型化（【德】Typisierung）为基础的。我们首先将人视为各种类型，例如母亲、邻居、老师等，而不是首先视为个体。同样，我们还将各种场景类型化，比如：这是花园篱笆边儿的八卦，那是学校的一节课。为了应对这些典型场景，我们形成了习惯做法，例如在花园栅栏边儿闲聊以及在学校上课的行为模式（参见2.2节）。凡是习惯做法反复出现的地方，就会产生社会机构，如社区协会或学校等，这些机构的运作最终会独立于特定的邻居、学生或教师。

因此，诸如婚姻、家庭、学校或公共交通等制度或机构完全是人为建构的现实。然而年轻人在他们的社会化过程中，是在一个为他们准备好了所有的阐释、意义赋予、典型化和制度的现成的社会中成长起来的（Berger/Luckmann 1969/2000：139–147）。从第一天起，他们就学会了将自己视为“家庭”的孩子，将拿着铁锹的女人称为“邻居”，将上学视为不可避免的事情，将公共交通工具和个体的流动性视为理所当然。对于这样成长起来的人来说，现实的社会建构性（【德】Konstruiertheit）不再是可识别的；对他来说，世界就是这样“存在着”的。

随着时间的推移，社会建构基本上会有一种物化（【德】Verdinglichung）的趋势。物化意味着社会建构失去其建构性的特征，在人们的意识中成为自己的现实，人们对此不再有任何影响。当今最有影响力的物化之一是市场的物化。尽管资本主义经济制度明明是人为设计的，甚至还没有那么古老，但今天大家说到“市场”，就好像它是一个可以把自己的意志强加于人的独立的行为体，比如这种说法：“市场要求调整工资”。

社会成员不断将人们建构的秩序稳定下来：从简单的告诫开始（“要这样做”），到有针对性的合法化（“婚姻是每个社会的胚细胞”），直到象征性的意义世界（“婚姻符合上帝的旨意”）和理论建构（“婚姻是一种圣礼”）。其中最有效的是日常对话：即使是在最混乱的梦境之后，办公室同事关于男人和孩子的幸福的问题提醒着我，我是妻子，我的“家庭”是真实的（Berger/Luckmann 1969/2000：第二章）。

此外，社会拥有有效的工具可以让偏离者重回正轨。任何质疑社会现实的人都被视为异端而遭到排斥，作为罪犯受到惩罚，被当作敌人遭到摧毁，或被当作精神失常者接受治疗（Berger/Luckmann 1969/2000：120–124）。

根据伯格和卢克曼的观点，建构、维护和传播社会现实的最重要工具是语言。通过概念、范畴化和叙述，它向学习语言的孩子传递着对世界的某种感知。我们只能在我们的语言的范畴中感知世界，除此之外别无他法，至少我们无法在没有语言的情况下交流对世界的看法。这就是为什么知识社会学对于语言学话语分析变得如此重要的原因——反之亦然。

伯格和卢克曼的书不仅将知识社会学置于新的基础之上，由此激发了许多实证研究，而且还共同促成了许多学科的范式转变，即所谓的“语言转向”（参见Sieben 2015）。许多法学家、哲学家、社会学家、历史学家、经济学家和地理学家意识到，他们的概念和理论并没有描述世界的本来面目，而只是呈现了在历史过程中变化不一的对世界的阐释，而且他们所讲述的关于现实的故事也对现实施加着反作用。法学家的法律评论不是描述判决，而是在塑造它。企业经济学教科书不是在解释市场的运作方式，而是在助力构建市场。科学的概念、模型和理论是社会建构现实的高效手段。当然，这也适用于话语分析。

(!) 迄今为止，遵循建构主义（【德】Konstruktivismus）理论将现实视为人为产物的建构主义者仍处于少数。在公众当中，基调仍然主要是由实证主义者设定的，他们几乎毫不动摇地相信，科学可以对唯一的、真实的世界做出正确的以及可证伪的陈述。实证主义者对建构主义有两个典型的指责：一是质疑现实世界是荒谬的（“这张桌子不是真实的吗？”），二是建构主义为科学的任意性打开了方便之门（“怎么都行”）。这里有一个误解。建构主义并不质疑现实：边界上的栏木和婚姻法是非常真实的——无论是它们的物质存在，还是它们对人们的影响。但就它们形成的过程而言，它们是社会建构的，因而原则上是可以改变的。科学的任意性也同样无从说起。建构主义只是指出，科学家应该反思他们从什么样的现实观念出发，以及他们的科学模型本身对现实的建构有何贡献。

最近，将知识社会学和福柯的话语理论（参见2.1节）结合在一起的各种思想得到了发展，尤为突出的是凯勒（Keller）的知识社会学话语分析，其目标是"溯构"在制度、组织及社会（集体）行为主体层面上的社会建构、客体化、交流和意义结构（即阐释结构和行为结构）的合法化等过程，并分析这些过程的社会作用"（Keller 2007b：57）。研究的对象不仅包括从社会话语中产生的篇章，还包括承载话语的行为主体、他们的社会实践乃至诸如机器或服装等物质客体。

凯勒不仅为知识社会学的话语分析奠定了理论基础，而且提供了成熟的方法论。他主张使用定性方法，因为话语分析是一种阐释学的，即理解和阐释的活动（Keller 2007b：10）。凯勒的理论对语言学家特别有用，因为他高度重视篇章分析。他建议将阐释模式、分类、现象结构和叙事结构等作为分析范畴（Keller 2007a：第3章）。我们在本书中采用了其中的一些术语。

语言学和知识社会学可以相互受益。社会学提供了根基牢固的社会理论和话语理论，并为实证研究的设计（包括语料库建设）提供精细的指导，而语言学则拥有详细分析和解读口头与书面篇章的可靠方法。更令人高兴的是，话语研究是近年来成功建立起跨学科交流的少数学科领域之一，这体现在多学科网络平台、学术会议、手册（例如Keller et al. 2006a, Wrana et al. 2014）和论文集（例如Viehöver et al. 2013）中。

实例分析：奶酪市场的质量规约

迪亚兹—博恩（Diaz-Bone）在论文《作为市场话语秩序的质量规约》中提出了一个问题：在某个市场中的主体如何成功地协调他们的行动。答案是：因为他们有共同的知识概念、类别和评价体系（Diaz-Bone 2015：309）。这些知识概念之一是关于质量的共同观念，即所谓的"质量规约"。

在法国卡蒙贝尔奶酪行业中，传统的手工生产和工业化生产方法并存，我们以这个行业为例来说明质量规约。诺曼底卡蒙贝尔奶酪（【法】Camembert normand）大多由小农场用未经高温消毒的牛奶手工制作，在奶酪店以较高的价格出售，口味因生产商和季节而异。质量由奶酪师的经验保证。标准卡蒙贝尔奶酪（【法】Camembert normé）由大企业用巴氏杀菌牛奶工业化生产，在超市以较低的价格出售，味道保持一致。食品技术人员的专业知识和标准化程序是质量的保证（同上：320-321）。

因此，从立法到生产再到消费，是质量规约调整着整个卡蒙贝尔奶酪市场的结构，并决定了行为主体的自我认知，为他们各自的行为方式提供了合法性依据（同上：322）。关于奶酪的话语并非独立于物质世界而存在，而是与主体及其行为、与建筑和设备以及最终与社会实践紧密交织在一起。

深度阅读

作为知识社会学的入门文献，Berger/Luckmann（1969/2000）的经典著作是必读的，尽管从今天的角度来看书中存在一些性别歧视的例子。作为学习这部经典的预备工作，我们推荐您读Abels（2004），尤其是其中关于舒茨（Schütz）的章节。对当下知识社会学话语分析的经典介绍是Keller（2007b）。关于社会学话语分析中不同学科的研究路径，可以阅读Keller et al.（2006a）的汇总，以及Viehöver et al.（2013）在话语、语言和知识等主题方面的研究。Diaz-Bone/Krell（2015）的论文集聚焦了话语和经济学主题。

3

话语分析的分支

话语分析至今仍不是一个独立的学科，而是一种跨学科类型的研究，在历史、地理、教育学、社会学或性别研究等各个传统学科中都在做有关研究。在我们这本导论中只涉及话语分析的语言学分支。

3.1 话语语言学

话语语言学出现于二十世纪九十年代，当时语言学家开始研究跨篇章问题。最初的推动力来自于历史语义学（【德】historische Semantik）。历史语义学不同于传统的结构主义语义学，因为它拒绝一种词汇具有固定含义和确定所指的想法。相反，它假定意义是由语境决定的，需要溯构的是那些在话语中协商形成的意义及其随时间而发生的历史变化。

在他们的纲领性文章《话语是语言学的研究对象吗？》中，布瑟和托伊贝特主张应超越传统的概念史的界限，不应孤立地描述单个词的含义，而是应该揭示词与词之间的意义关系，从而探究那些超越篇章和时代界限的陈述和知识网络（Busse/Teubert 1994）。

除了词汇在篇章表层的明确含义外，还应考虑到预设（【德】Präsupposition），即词汇中带有的、没有说出来而是作为前提条件的内容，也被称为深层语义（【德】Tiefensemantik）。这背后的思想是，在一个时代的核心概念中存储着一个社会的集体知识。因此，话语语义学旨在溯构一个时代的集体知识。

这一方法在今天仍然以话语语义学的名义存在，在实证研究中多次被投入应用，并在理论上得到了扩展。杜塞尔多夫研究项目分析了二十世纪下半叶的核心话语，其中包括核话语、移民话语或妇女运动。成果已广为人知，并可在多个论文集中读到（Stötzel/Wengeler 1995，Busse/Niehr/Wengeler 2005）。在这些成果中，分析方法也更为精细，例如伯克（Böke）的隐喻分析，温格勒（Wengeler）的证源分析（见8.1节）。施皮斯（Spieß）进一步发展了证源分析，将它整合到多层面分析模型中（见下文）。最后，齐姆（Ziem 2013）运用认知语言学的概念丰富了话语语义学的研究方案，把意义定位在交流与认知之间的张力场中。

第二个推动力来自篇章语言学，其时研究人员开始寻找不同篇章之间——主要是在内容方面，但也包括在形式方面——的关联。因此，话语语言学似乎是语言学内部较早时期发展的逻辑延续。正如篇章语言学在二十世纪七十年代将兴趣从单个句子转移到篇章一样，话语语言学也超越了单个篇章，探究跨篇章现象。

然而，如此看待话语语言学是不够的，因为话语语言学不是篇章语言学往下一个层面的简单延伸，而是在理论上做出了全新的定位。话语语言学致力于建构主义范式（【德】konstruktivistisches Paradigma），也就是说，它将语言理解为一种手段，通过这种手段，世界不（仅仅）是被描绘，而是被共同建构。话语语言学感兴趣的正是这些联系："其认识旨趣瞄准的是由语言构建[1]（【德】konstituieren）的更大的关联"（Spieß 2013a：324）。这一点或多或少明确参考了福柯的话语理论（参见2.1节）。

在所有类型的话语语言学中，研究的对象都是篇章语料库（【德】Korpus），这些篇章同属一个主题，并且出自预先定义好的时间段。关于如何思考语料库和话语之间的关系，至今仍然存在争议（参见1.1节中的图1）。一方面，有人认为由研究者编制的语料库就是话语；另一方面还有人认为，话语独立于研究者而存在，借助所搜集的篇章至少可以部分地把握和理解话语（更多内容请参见4.3节）。我们赞同第二种观点。

因此，创建语料库的核心任务（参见第4章）在于找到对话语具有代表性的篇章；这里的代表性不是统计学意义上的，而是指能够把握典型（Busch 2007）。语料库的编制取决于研究问题和研究对象，并且是话语语言学具有决定性意义的要素之一。我们能否恰当地溯构关于某个主题的社会话语，还是只是生成一些个别观点，或者只是证实研究者原有的看法，这一切都取决于篇章的选择。

在所考察的篇章中，话语语言学首要关注的不是篇章表层的共性——对它们的分析只是达到目的的手段，而是瞄准篇章背后的思维图式、思维模式、知识储备和心态——不同学者那里经常使用不同的概念（Gardt 2007：

1 德文konstituieren一词在杜登线上词典中的释义与本文相关的是：gründen，ins Leben rufen，etwas begründen，意为建立、创建、创立。本书原文作者部分地使用该动词及其名词形式Konstitution/Konstituierung来表示通过语言创造现实的行为。译者为konstituieren选择了"构建"一词，取其在《现代汉语词典》中的"建立（多用于抽象事物）"之意。书中作者还使用了来自建构主义理论和知识社会学的术语Konstruktion及其动词konstruieren，译者将其译为"建构"。（参见中国社会科学院语言研究所词典编辑室编："构建"，《现代汉语词典》（第6版），北京：商务印书馆，2015年，第460页。）——译者注。

33）。一般而言，话语语言学对语言和知识之间的相互构建感兴趣。在这里，它与知识社会学（参见2.3节）相汇，提出的问题是：社会知识是如何从语义斗争中产生的（参见Spitzmüller/Warnke 2011：43-47）。然而，话语语言学大多满足于溯构话语，进而溯构社会所建构的真实性（【德】Wahrheit）。与社会结构的相互作用是知识社会学的核心关切，话语语言学却较少关注。

就理论基础和研究问题而言，话语语言学明显不同于结构语言学（【德】strukturelle Lingusitik）。但在研究方法方面，话语语言学借鉴了成熟的语言学研究方法，例如篇章语言学、对话分析、修辞学、文体学、词汇学、语义学、符号学、论证理论、隐喻理论、象征研究或语料库语言学（Gardt 2007：32）。这份清单的长度已经清楚地表明，在话语语言学的旗帜下各项不同的事业在扬帆前行。在具体工作中，研究者们采取了相当不同的方法路径。但是，这并不是缺点，而是这一年轻的研究方向卓有成就的证明。

然而，话语分析应该超出篇章语言学。既然知识和语言嵌入于社会、历史和文化之中，那么对知识和语言的考察就不能脱离开承载话语的主体和历史语境。因此，话语语言学研究必然要回答的一个问题是：在被研究的场域中存在哪些主体，哪些主体有发言权，哪些没有。同样还应考虑到政治、文化和社会环境。然而，这些要求很少得到兑现，大多数实证研究几乎都没有超出纯篇章分析的范围。

在目前最为知名的施皮茨米勒和瓦恩克的分析模型（Spitzmüller/Warnke 2011）中，主体已被考虑在内，我们在此对该模型做简要介绍，并且更倾向于采用2008年的旧版本。该模型被称为“话语语言学多层面分析”（【德】diskurslinguistische Mehr-Ebenen-Analyse）。顾名思义，它推荐的是一种工作程序，即从单个词和命题构成的最小层面，经由单个篇章和主体上升到跨篇章层面。下表是对瓦恩克（Warnke 2008：51）提出的可能分析范畴的精简汇总。

表2：基于瓦恩克（Warnke 2008：51）的话语语言学多层面分析

跨篇章层面	
话语导向的分析	互文性，图式（框架/脚本），话语语义基本格，证源，社会象征，指示秩序，历史性，意识形态/心态，一般性的社会和政治论争。
主体	
互动角色	作者，预期的接受者。
话语立场	社会分层/权力，话语共同体，意识形态经纪人，声音，垂直地位。
媒介性	媒介，交流形式，交流领域，篇章模式。
篇章内层面	
视觉篇章结构	版式/设计，排印格式，图文关系，物质性/篇章载体。
篇章主题	词场/对立链，隐喻场，主题展开，篇章策略/篇章功能，篇章类型。
命题	句法，修辞格，隐喻，社会意义/情感意义/道义意义，预设，隐涵，言语行为。
词汇	关键词，污名词，名称，应境词。

另一个分析模型来自施皮斯（Spieß 2013a），她也将分析层面划分为词汇层面、单个陈述层面、单个篇章层面和跨篇章层面。这四个层面被整合到一个以语用学为基础的分析模型中，这一模型包含四个篇章描述维度，请见表3。

表3：施皮斯的篇章描述维度（Spieß 2013a：326）。

情景—语境维度[1]	功能维度
行动领域，情景类型，情景角色，交流形式，媒介，目标群体，言说者，事件，地点，交流领域	篇章功能，借助特定的交流程序和言语行为的功能实现，目的
主题维度	**结构维度**
语义连贯性，主题展开的实现，同位素链	语法连贯性，词汇，隐喻，论证模式，表达模式等

该模型的优势在于它依赖于定义明确的、基于语用学的语言和话语理论，并且将被分析的篇章的语境明确纳入分析之中。

时至今日，话语语言学仍然非常倚重篇章。图像被严重忽视，图像分析甚至被明确拒绝，理由是：语言学家既无力去做，也没有做的责任（Warnke 2008：42）。然而，在当今多模态交流的时代，脱离视觉语境（美工、排印格式和图像）地对篇章进行分析是有问题的，并且可能会扭曲结果。

因此，现在提出对图像和图文关系进行话语语言学研究的建议，这是值得欢迎的。克卢格（Klug 2013）介绍了一个用于图像分析的多层面模型，并将其应用于分析宗教改革时期的传单。迈尔（Meier 2008a）提出了一个用于分析多模态网络话语的极其精细的方案，并证明了它在分析国防军展览话语时的适用性。

迄今为止，口语数据很少被用于话语语言学研究；或者就算进行研究，也以与书面篇章相同的方式处理，这在方法论上是不可接受的（第6章对此进行了详细介绍）。到目前，只有罗特（Roth）进行了方法论方面的思考，并提出了他的话语语用学分析方案“参与导向的话语实现”（Roth 2013a）。

与所有研究者一样，话语研究者也需要分析的方法和范畴，因此像上面列出的带有分析范畴的表格非常有帮助。然而，不同的话语语言学家都指出，话语研究更多是一种态度而不是一种方法，因为它“在哲学、宗教、政

1 在本书中，德文词Situation译为“情景”，含义较为具体；Kontext译为“语境、情境”，含义较为抽象。——译者注。

治、社会、经济、技术科学、美学和日常世界的背景下研究语言的关系”（Gardt 2007：39）。归根结底，话语研究关键在于理解，即阐释学（【德】Hermeneutik），这始终也是一门艺术，即认真阅读的艺术（Hermanns 2007）。

大多数话语语言学家使用定性方法进行研究，对含有较少篇章的语料进行全面分析。近年来，越来越多的话语研究者开始使用源自语料库语言学的定量方法。正如毛特纳（Mautner 2009）所建议的，我们认为将这两种方法组合使用非常有意义，尽管我们在本书中不探讨定量方法。布本霍夫（Bubenhofer 2013）展示了只使用定量方法的研究方案，但我们不建议这么做。词汇统计以及社会学内容分析的其它传统方法代替不了对篇章的理解阐释。此外，在计算机辅助的方法中，所有非语言因素，如图像和排印格式，都被忽视了。

话语语言学的出现晚于批评话语分析（【德】kritische Diskursanalyse）（参见3.2节），并且在某些情况下与批评话语分析有着明显区别。大多数话语语言学的代表性学者都强调，他们将自己的学科理解为一门描述性学科，分析但不评价所选定的话语，并避免对研究对象做出带有政治或意识形态色彩的表态。然而，描述性话语分析和批评话语分析的立场其间在不断接近。

假定的描述性科学和批评科学之间的严格区分毕竟是无法维持下去的（Reisigl 2013）。话语研究者本应该清楚，对研究对象的每一次观察都是从特定的立场出发、由兴趣引导进行的，并且用来描述它的概念源自一个受时代制约的科学范式，该范式总是投射出一个特定的看世界的视角。更多信息请参见9.3节。

实例分析：危机的隐喻

作为名为“1973年至今德意志联邦共和国社会福利和经济政策危机的语言建构”的大型研究项目的一部分，德罗姆勒尔和库克研究了与2010年议程和2008年金融危机的辩论相关的隐喻（Drommler/Kuck 2013）。该语料库包含来自主流媒体《法兰克福汇报》《南德意志报》《图片报》《时代》周报和《明镜》周刊的5000多篇文章，其中精选的25篇文章是人工分析的。作者感兴趣的是隐喻引发了关于危机的什么看法，与此相关的是关于危机的原因、承担责任的主体和须采取的措施等问题。

研究结果揭示了有趣的相似和不同之处。在这两种危机话语中都出现了战斗隐喻。然而，尽管各政党在2010年议程问题上相互斗争，但在金融危机中，所有主体都在与共同的敌人作战，即危机。技术隐喻同样也很普遍：经济和福利国家的形象是有缺陷且需要修复的机器或系统。在福利国家逐渐陷入危机的过程中，以及在金融危机问题上，是无能和贪婪的银行家摧毁了这个制度。现在必须通过国家干预重新调整福利国家和金融市场制度，并且必须像“启动”旧引擎一样提振经济。最后，在这两次危机中都出现了与疾病有关的隐喻。当危机被概念化（【德】konzeptualisieren）为一种疾病时，没有人会受到指责；相反，人们染上这种疾病就像感染了某种病毒一样。这样，就像需要为病人采取抢救措施一样，需要为福利国家和金融市场注入资金或者采取其他治疗行动。

研究非常清楚地表明，公共话语中的隐喻有助于在人们头脑中建立某种危机形象，其关键作用在于，借此可以使不同的行动合法化或提出相应要求。

深度阅读

最常被引用的话语语言学导论是Spitzmüller/Warnke（2011）；但对于初学者来说这本书难度较高，我们建议初学者使用Warnke（2008）。Warnke/Spitzmüller（2008a）的论文集对各种方法论提供了富有指导意义的概述；Keller/Hirseland/Schneider/Viehöver（2006）的选集也以易于理解的方式介绍了各种方法。

Warnke（2007a）的论文集理论性较强。Roth/Spiegel（2013）的论文集侧重于实际应用。Meier（2008a）提供了分析互联网话语的完善方法。Reisigl（2006）和Busch（2007）制定了话语分析研究的质量标准。

3.2 批评话语分析

批评话语分析（【英】Critical Discourse Analysis）产生于二十世纪九十年代，源自一个由欧洲各地从事批评性科学项目的研究人员形成的松散组织。参与者们使用不同的理论概念和分析方法，这就是为什么人们长期以来一直在谈论其中不同的“学派”：沃达克（Wodak）周围的“维也纳学派”，耶格尔（Jäger）周围的“杜伊斯堡学派”，费尔克劳（Fairclough）周围的“英国学派”等。这种说法在今天已经过时了，首先是因为创始人已经不再在同一个地方工作或者已经退休，再者是因为批评话语分析现在已经在全球范围内立足，拥有自己的教席、期刊和学术会议。根据耶格尔的说法，批评话语分析在德语区内是在“杜伊斯堡语言与社会研究所”（DISS）中找到了机构的安家之地。

所有批评话语分析方法都有两个共同点：

1. 研究的出发点不是主题或语言问题，而是社会问题，如种族主义、反犹太主义、民族主义、性别歧视或社会不平等。

2. 从一开始就放弃追求纯粹描述性，并因此尽可能保持客观的科学，而是要发展一门为支持社会弱势群体而参与政治的批判性科学。

“批评”一词是出自所谓的法兰克福学派在二十世纪五十年代所提出的批判理论。最初，这是一场以马克思主义为指导思想的运动，其目标是通过研究工作揭示社会中的权力结构和隐藏的意识形态，从而帮助被压迫者实现解放。批评话语分析还旨在教育人们，从而为实现更多的社会平等和正义做出贡献。例如，女性主义对歧视妇女的法律文本的批评从一开始就旨在对这些文本进行具体修订。但批评也意味着要反思自己作为研究者所持有的立场。这一点在今天变得尤为重要，因为批评话语分析拥有自己的教席、课程和出版渠道，本身已成为教育系统中一个强大的机构，这与自己声称支持社会弱势群体的要求处于一定的紧张关系之中（Gasteiger 2008）。

批评话语分析的话语概念不同于话语语言学。对于批评话语分析来说，话语不是篇章的集合或表达的总和，而是一种社会实践，社会性世界通过它得以构建、再生产和维持。话语事件（【德】diskursives Ereignis）与社会制度和社会结构处于一种辩证关系中：话语事件受后者深刻影响，并对它们产生反作用（Wodak/Meyer 2009b：5-6）。在具体的、局部性的互动中，带有不平等和支配地位的更大的社会结构被复制和再生产（van Dijk 2009：63-64）。这里也是研究的切入点。

批评话语分析的意义在于：因为像“不平等”这样的抽象概念是无法直接研究的，我们必须分析具体的篇章、对话和图像——即用于交流和产生社会意义的一切——以便能够确定社会中哪些关系是有效的。批评话语分析的代表性学者们最感兴趣的是社会意识形态和权力关系：社会成员用以激励、调控和使自己的行为合法化的集体信念是什么？哪些支配和服从关系在其中得以体现，它们如何影响参与者的机会和身份认同？

举个例子：如果我们在德国学校上一堂普通的课，观察老师如何朝着标准德语的方向纠正孩子们的发音。在这种简单的互动中，成人和儿童之间或师生之间的权力差距一目了然。受过良好教育的中产阶级的“纯净德语”意识形态也由此清晰可见，这使来自德国南部的或外语家庭背景的孩子处于不利地位。

在探究社会问题时，批评话语分析的研究者几乎完全依赖于自然数据（【德】natürliche Daten），即那些不是出于研究目的而产生的篇章和对话。因此，就像所有话语研究方向一样，它也面临着如何建设语料库的问题，即应该研究多少篇章以及哪些篇章？这个问题至今没有得到令人满意的解决，也是批评话语分析方法上的一个缺陷。批评话语分析的许多代表性学者基本是遵循扎根理论（【英】grounded theory）的理论抽样方法（【英】theoretical sampling）（参见第4章），这意味着他们是从反映所研究的社会问题的个别关键篇章出发，在此基础上寻找补充材料来证实自己的假设。这种探寻方式多少有些任意性，这是无可争辩的事实。

至于对所搜集篇章的分析，批评话语分析的代表性学者主张折衷主义（【德】Eklektizismus），这意味着方法的选择以适合研究资料和研究问题为准。然而，这与话语语言学一样，批评话语分析基本上使用的是语言学的概念和术语。不同之处在于，它更为常见的研究路径是从大到小，而不是相反。也就是说，在研究句子形式、论证、隐喻、名词化等现象之前，首先要对篇章的情景和媒介语境以及大致的主题结构有一定的概括性了解。

对篇章的分析部分上得到了民族志田野调查的补充，即通过对主体的观察或对相关人员的访谈。特别是围绕在沃达克周围的研究者进行了大规模的和跨学科的批评话语分析，这样的研究也只有在跨学科团队中才能完成。

最近，大部分以定性研究为导向的篇章分析越来越多地从定量研究得到补充（参见Mautner 2009）。其中，耶格尔（Jäger 2004a，Jäger/Jäger 2007）的研究方式实现了最大程度的可操作化，他还以福柯为依托，将配置纳入了分析范围。

与话语语义学和话语语言学相反，批评话语分析并没有止步于对话语的溯构，而是探寻由话语塑造并对话语产生反作用的社会结构。为了能够将社会的宏观层面和各个话语片段（【德】Diskursfragment）的微观层面联系起来，还需要一个中观层面的中介性概念。对此，费尔克劳提出了“社会实践”，梵迪克（van Dijk）则提出了“社会认知”（9.2节将对此进行更多介绍）。

最后，就目前所研究的各种主题而言，我们不能忽视其某种程度上的片面性。首先，被研究和遭到批评的是右翼人士及政党、种族主义、性别歧视、反犹太主义、仇视伊斯兰教和仇视外国人的篇章的语言。此外，还有对新自由主义和社会过度经济化的批评。但是，如果把政治左派、犹太人和穆斯林的语言也同样放到批评的放大镜下，这也是值得欢迎的，因为他们的言论也并不是处在一个没有意识形态和歧视的空间里。

批评话语分析在过去和现在都受到这样的一些尖锐批评：研究者们有偏见，假定世界分裂为强者和受压迫者，并以此为出发点，而不是先去证明这一点。篇章的搜集并不系统，带有任意性，所选择的都是那些能够明显证明先前假定的歧视现象的那些篇章。研究者们不加区分地站到弱势群体一边，却不透露自己的政治立场（Spitzmüller/Warnke 2011：112-113）。

我们对此的看法如下：无论如何，一种完全客观、不带意识形态的科学是不可能的（更多内容请参见9.3节）。因此，进行非意识形态中立的科学研究是合法的——但前提是要清楚地表明，自己是从何种政治、伦理或宗教立场出发进行论证的，并不揣冒昧地批评他人及其言论。

批评话语分析的真正问题不是它所谓的偏见，而是它没有兑现自己的主张：在绝大多数情况下，研究者既没有公开也没有反思过自己的立场；没能实现真正帮助弱势群体的政治参与；也没有写出过能让被研究对象自己也能理解的通俗文本。因此，尽管批评话语分析声称自己具有解放性，但直至今天，除了成功地传播了反对性别歧视语言使用的指南外，它在大学之外实际上没有取得任何实效。

实例分析：创业型大学

在一项定量和定性的混合研究中，毛特纳（Mautner 2005a）调查了创业型大学的口号词（【德】Schlagwort）。她的目标是围绕一些已成为高等教育核心的关键词（【德】Schlüsselwort）来溯构话语，包括“像创业者的”（【德】unternehmerisch）和“创业精神”（【德】Unternehmertum）（同上：96）。她认为，这么做的理论根据是，关键词构成了话语中指示社会问题的“节点”，并在社会语境（宏观层面）和各种语言现象（微观层面）之间起着中介作用（同上：99-100）。

社会政治语境的特点是许多社会领域日益“市场化”，学校、医院或教堂等机构越来越以市场原则为导向进行组织（Mautner 2010 对此进行了详细介绍）。在使用索引分析程序（【德】Konkordanzprogramm）进行的一项定量分析中，毛特纳在互联网中检索了上述所提到的关键词出现的频率和搭配（【德】Kollokation）。然后，她对选定的来自三所大学的三个篇章进行了详细的语言学分析。

她的研究结果表明：创业型大学的口号词是一种全球现象（同上：99）。在大多数情况下，“像创业者的”一词具有积极的含义，尤其是在来自大学管理层的篇章中。“像创业者的”意味着大学是创新的，以目标群体的需求为导向，为社会提供产品和服务，并富有效率地工作（同上：103-105）。然而，部分行为主体会与利润最大化的观念保持距离（同上：110）。赋予“像创业者的”一词负面含义的篇章往往来自那些担忧学术自由和研究的独立性的大学成员（同上：105-106）。

毛特纳建议谨慎使用“像创业者的”一词，因为它显然具有商业内涵，并可能导致高等教育的经济化，从而危及大学的核心（同上：113）。毛特纳的论文的优点之一在于，她是批评话语分析中为数不多的明确表达其政治立场的学者之一（同上：97）。

深度阅读

批评话语分析的入门文献主要是英文的。Wodak/Meyer（2009a）和Wodak/Chilton（2005）的论文集是基础性的。Wodak/Krzyzanowski（2008）的论文集也适合作为入门读物。若想更了解各个具体研究方向，可参阅：Jäger（2004a，2006）和Jäger/Jäger（2007）、Reisigl（2006）、Fairclough（1995，2001，2005）、van Dijk（2001，2011a）。范柳文（van Leeuwen）和克雷斯（Kress）采用多模态方法，具体可参阅van Leeuwen（2008）、van Leeuwen/Jewitt（2001）和Kress/van Leeuwen（2006）。

3.3 社会符号学

社会符号学（【德】soziale Semiotik；【英】social semiotics）是分析多模态交流产物的一种形式，它将传统符号学与社会理论相结合，旨在理解产生意义的社会过程及其与社会权力关系的相互作用。虽然最初的重点是对图像的分析，但现下所有的交流模态都被纳入了研究范围。在社会符号学的发展中，克雷斯和范柳文发挥着引领作用（参见本节末尾的文献）。

结构主义符号学研究的是现成的（语言）符号本身，而不考虑其产生和使用的语境。区分符号的形式方面（能指）和内容方面（所指）的做法在今天仍然很普遍，这可以追溯到索绪尔。皮尔斯（Peirce）区分了指索符号[1]（【德】indexikalisches Zeichen）、象似符号（【德】ikonisches Zeichen）和象征符号（【德】symbolisches Zeichen）。象征符号被认为是任意的，而指索符号和图像符号是有理据性的（【德】motiviert）。

巴特（Barthes）主张在分析和阐释中更多地考虑图像的语言和物理语境。他区分出图像的外延（【德】Denotation）和内涵（【德】Konnotation），前者指人们在图像上看到和识别出的内容，后者指图像所传达的思想和价值（van Leeuwen 2001：94）。

社会符号学不再把符号，而是把符号的使用者以及他们使用符号时想要什么或在做什么的问题置于研究观察的中心，其起点是韩礼德（Halliday）的功能语法。与系统语言学不同的是，功能语法探寻的是语言的功能，而不再是语言的结构。韩礼德区分了（语言）符号的三种功能（Kress/van Leeuwen 2006：42-43）：

- 概念功能：符号反映符号使用者所感知的世界各方面情况的能力；
- 人际功能：符号在发送者和接收者之间建立关系，以及创建对所反映事物的特定看法的能力；
- 语篇功能：符号将不同的符号连结成一个连贯整体的能力。

与结构主义符号学相类似，符号被视为形式和意义的结合体，但关键的是，符号不再被视为现成的意义载体，而是作为符号使用者的资源，用于他们非常个性化的意义生产（【英】meaning-making）。互动者有一定的想法、思想、情感以及传送信息的意图。他们从文化中可调用的符号资源中选择那些最适合自己目的（并且自己掌握）的符号，并使用它们来形成当前的信息（见图3）。所以，在交流中符号的使用要少于对它们的生产。

1 译法出自翟丽霞，刘文菊. 皮尔斯符号学理论思想的语言学阐释[J]. 济南大学学报（社会科学版），2005（06）：39-42。——译者注。

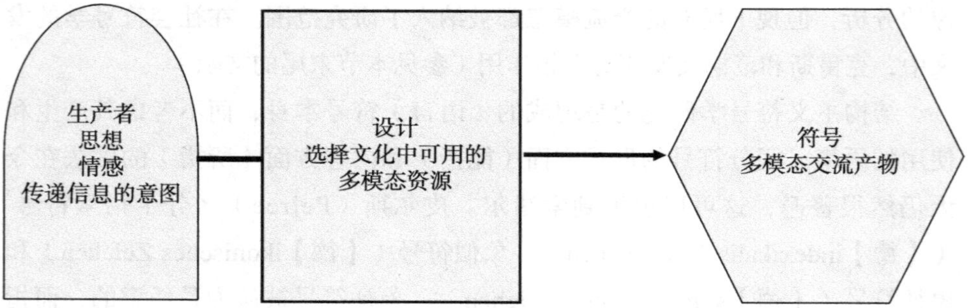

图3：意义生产的过程

互动者不仅可以使用语言符号，还包括所有的交流形式（【德】Modus）：语音、手势、声响、音乐、图像、影片、版式、颜色、服装、产品设计、建筑等。符号使用者选择哪种交流形式以及如何把它们组合成复杂的符号，这是一个设计问题（Kress 2010：49）。

由于符号的生产总是依赖于符号使用者的意图，克雷斯和范柳文认为符号不是任意的，而是在每一种情况下都是有理据性的，是由传达某事的意图所激发的。他们还放弃了区分指索符号、象似符号和象征符号的做法。目前对社会符号学来说有两个核心问题：

1. 哪些交流形式具有什么意义潜势？

2. 符号使用者具体生产了什么意义？

关于第1点：并非所有的符号形式（【德】Zeichenmodus）都具有相同的产生意义的潜力。例如，语言基本上是按照时间先后编制信息，图像则是在空间上排列信息。使用语言篇章很容易建立起逻辑论证，却很难呈现同时性。特别重要的内容最容易通过版式传达，例如使用粗体或大号字体，并在页面上居中放置。用音乐很难传达事实，但可以营造情绪。因此，对于每种交流形式，重要的是要弄清楚它原则上可以用于传达什么，传达不了什么。

关于第2点：社会符号学研究哪些符号在特定社会的特定历史时期被优先生产出来，以及这些符号是如何被接受的。由此可对一个社会的符号库存及其社会偏好做出陈述。例如，直到上世纪五十年代，教科书都高度依赖文字，图像仅作为插图说明来使用；而今天，图像不仅被更频繁地使用，而且还成为信息传递和教学指导的独立形式（Kress 2010：47-48）。最后，还应探询接受者从所提供的符号中生成了什么意义，例如他们从博物馆的展览中获得了哪些信息和印象（同上：177-178）。

当互动者根据自己的意图在此时此地产出符号时，这并不意味着其结果都是个性化的符号。相反，为了获得理解，互动者使用那些他们认为接受者能够理解的、文化中预制好的符号。因此，符号同时具有理据性和规约性。

这些规约不仅具有时代特点，而且具有文化特点。但是，在一个社会和特定历史时期内，它们可以被认为是相对稳定的，因此具有社会约束力。克雷斯和范柳文在他们著作《阅读图像》（2006年）中，设计出一种视觉语法，从中汇编了所谓的西方世界的视觉表现规约（参见第7章）。

随着这些规约一起发挥作用的是社会符号学的社会性方面：互动者在遵守符号规约的同时，也接受了其中包含的社会关系。规约是“社会权力的长期影响”（Kress 2010：63）。例如，当新娘让父亲牵领着自己走到祭坛时，她是在延续一个数百年来的古老做法，即把婚姻表现为女儿从父亲的监护到丈夫的监护之下的移交，即使今天这种移交不具有法律意义，而是仅仅有着象征意义。那些让自己和朋友在埃菲尔铁塔前手挽手合影并把照片发到脸书上的人，也是在依照社会承认的形式来游览巴黎和展示友谊。

符号可以互相组合，进而形成多模态互动的规约化模式，这也可被称为体裁（【德】Genre）。体裁在符号过程与社会实践之间起到中介作用，因而是符号与社会实践的转接处。求职信一方面是一种按照规约设计的篇章，因此是一种复杂的符号；另一方面，它是面向一家企业的真实求职活动，在这个意义上，它是一种社会实践，投射并实现社会关系。例如，通过主页的版面设计可以看出，该网站是被设计用于获取信息，或是用于浏览，甚至是用于与他人互动。

符号具有塑造和描摹世界的双重功能，它们具有构建性（【德】konstitutiv）和表征性（【德】repräsentativ）（Warnke 2013：103）。然而，对世界的所有表征都必然是局部的，它们总是只呈现所选择的信息，并且是从特定的物质和社会状况出发形成的。因此，对世界的任何表征都是含有意识形态的。多模态符号学分析的目的因而是确定表征规约中的意识形态，并做批判性评论。一个被复制了数百次的意识形态的例子是对饥荒时期的非洲人的拍摄，他们总被拍成自然灾难受害者的样子，与此同时被隐去的是后殖民结构以及粮食投机的影响（Lister/Wells 2001：78-79）。

许多社会符号学的代表性学者将他们的工作视为对批评话语分析的贡

献。他们想要揭示社会不平等是如何产生和复制的，这不仅仅是通过语言篇章，而是通过意义建构的模态。将社会符号学与话语分析联系起来的核心问题是：哪些人和对象得以表现（或被忽略），符号使用者在使用这种表现形式时追求实现的利益是什么，以及这种表现形式给相关人员带来什么后果。并且，一旦把多模态交流的产物纳入视野，社会符号学便成为了话语分析不可或缺的方法论资源。

社会符号学将符号视为生产意义的资源，强调符号使用者是在各种描述的可能性中选择最适合自己的那些。布隆梅尔特（Blommaert 2005）批评这种对选择自由的强调具有意识形态特点，并指出：地球上的许多人永远没有机会让别人听取自己的观点，也就是说他们没有“声音”（【英】voice）；由于缺乏智力资源或技术资源，他们在如何表达自己方面几乎没有选择的余地；他们传统的构建意义的形式——例如不使用文字——被有权者忽视或误解。总而言之，各种符号的使用深受社会条件的限制与约束。

实例分析：将移民表现为陌生人

在教科书《话语与实践》（*Discourse and Practice*）的第8章中，范柳文展示了如何对社会主体进行视觉化表现。他指出，语言上的种族主义远比视觉上的种族主义更容易被辨识和遭到批评（van Leeuwen 2008：137）。景别（社会距离）、拍摄角度（社会关系）和目光接触（社会互动）的选择可以使人们被感知为“他者”和陌生人（同上：141）。特定人群看起来是不同的，这取决于他们被展现（即包含在内）或是不被展现（即排除在外），是作为行为的主体（施动者）或是作为行为的对象（受动者），是作为个体（特定的）或是作为某个类别的代表（一般的），作为个人（单独的）还是在一个团体（群组的）中。

含有种族主义或仇外内容的篇章在现今通常配以移民的图像，他们作为“外国人”这一社会类别的非特定代表，被展现在其他移民的“人群”中，被去除个性，消极被动地化为国家政策的目标对象。这样一来，读者对这些移民命运的认同过程就受到了阻碍，取而代之被唤起的是庞大移民群体所带来的威胁性场景（同上：142-152）。

深度阅读

社会符号学的代表性著作是Kress/van Leeuwen（2006）。van Leeuwen（2008）代表了进一步的发展。van Leeuwen/Jewitt（2001）提供了有价值的建议。Kress（2010）在多模态基础上对人际交流进行了系统分析，这在Machin/Mayr（2012）的批评话语分析教科书中也被纳入其中。

项目实施：

请思考一下本章所介绍的哪些理论概念最适合您感兴趣的主题。请阅读本章给出的关于研究方法的书籍。请您也从其他学科，如心理学或政治学中查找有关主题的专业文献。

4

语料库建设

4.1 方法论

每个学科都有一套方法说明，描述如何以系统的、可验证的方式得出关于研究对象的主体间可检验的陈述。方法说明必须建立在学科的理论基础之上。与方法说明不同的是，方法论是关于方法的学说，关注研究特定对象时使用哪些科学方法最为符合研究目标。

在社会科学和人文学科中，原则上有定量方法和定性方法之分。使用定量方法时，对大型语料库进行统计学分析，目的是对社会现象的频率及其相互依存关系做出具有代表性的、统计学意义上可靠的陈述。使用定性方法时，主要运用阐释学方法对小型语料库或个别案例进行研究，目的是对社会现象进行阐释，并在其语境当中理解它们。

大多数语言学话语分析都属于定性研究。研究者们对所选定话语的个别典型篇章进行深入分析和解读，并试图在几个个案分析的基础上溯构整个话语。我们与其他许多话语分析者持相同的观点，即通过少量篇章通常就足以掌握一个社会话语的主线（Jäger 2006）。

其他学者主张，在可能的情况下可使用定量方法来对定性研究的结果进行检验和核实（Mautner 2009）。斯卡瓦列里和策希（Scarvaglieri/Zech 2013）在他们对“移民背景”（【德】Migrationshintergrund）一词的分析中很好地展示了这种定量和定性方法的结合。

最后，有越来越多的语言学研究者使用语料库语言学方法进行话语分析，借此展开一种定量的研究（例如Vogel 2012）。在语料库语言学中，通过索引分析程序可对大型的电子语料库进行提取，快速确定某些词汇或词汇组合在篇章中的出现频率。显著性检验则提供了有关某些词汇组合是否比其他词汇组合出现得更频繁的信息。

尽管这样的词场分析或多或少局限于词汇层面，但它可以提供关于所研究话语中的重要主体、对象、行动和事件的启发式概貌。定量方法在媒体话语分析中特别受欢迎，适用于揭示不同报纸的各种政治立场或历史进程中的话语变迁。然而，索引分析程序无法检索跨词组的语言现象（例如论证等），而且在面对诸如影射或隐喻等具有重要话语意义的文体要素（【德】Stilmittel）时也束手无策，因此只显示了所研究话语的极其有限的一部分。

这本教科书仅限于对定性方法的介绍。我们认为，不存在任何一种唯一的和公认的话语语言学方法说明。相反，有各种各样的方法建议和方法论思考，并且一再被强调的是，方法必须适应具体的研究问题。然而，“每个人都必须找到自己的前进方式”这一说法对初学者毫无助益。因此，我们试图提出一套全面的方法说明，它不仅适用于研究书面篇章，还适用于口头篇章和图像。但是，以下章节中的方法说明并不需要大家亦步亦趋地执行，而是提供一个可以根据自己的项目和数据情况来使用的工具箱。在处理篇章时，除了方法知识外，还始终需要一种觉察能力：尽管有各种工具，阐释学现在是并且仍将是一门理解的艺术。

本章接下来的部分将讨论如何为话语分析和研究建立篇章语料库的问题。然后是实例分析。为使方法更为系统，分析分为三个层面：

1. 单个篇章层面：对选定的篇章进行细致分析和解读，以确定在其中宣扬的世界观（第5-7章）。

2. 话语层面：在多个篇章之间寻找反复出现的论证模式、阐释模式和行为模式，以溯构关于某个主题的“那个”话语（第8章）。

3. 社会层面：搭建从篇章到社会结构的桥梁，以识别当时的知识、意识形态和权力关系（第9章）。

这种划分为三个层面的做法纯粹是出于研究中操作方便的考虑。实际上，每个篇章总是话语的一部分，不应被孤立地看待；每一个话语都嵌入社会之中，不应脱离社会来加以分析。但从实际操作的角度来看，我们必须从某处开始进行分析。事实证明，在将单个篇章放到整个话语和社会中考察之前，先对具体篇章进行细致分析是妥当的。

4.2 数据类型

与所有实证研究一样，话语研究是以数据为基础的。数据的获取基本上有两种不同方式：我们自己生成数据，或者收集现有数据。

有不同的社会科学方法适合用来为话语分析生成数据，特别是访谈、焦点小组和参与观察。然而，在使用此类方法时应考虑到，访谈不是在记录和再现已有的话语，访谈本身就是产生社会现实的一种手段（Abell/Myers 2008）。访谈结果在很大程度上取决于提问的方式，并且还存在着一种风险：您可能会听到受访者在没有采访的情况下永远不会做出的陈述。

在收集数据时，我们会采集最广泛意义上的“篇章”（【德】Text），这些篇章本来已经存在，并且不是为了研究目的而制作的，所以也被称为“自然数据”。这些数据包括各种印刷品和电子文本、图像、视频，以及诸如服装、工具、家具或建筑物等物体。

我们认为数据收集这一方式更适合语言学话语分析，因为只有自然数据才能提供有关人们如何“在自然环境中”谈论某个话题的信息。语言学研究者应重视没有受到数据获取过程影响的语言材料。因此，我们对生成数据这一方式不做进一步探讨，大家可参考相应的社会学方法教科书。在以下两节中，我们将定义我们理解的篇章和视听数据的含义。

篇章

话语分析将篇章视为社会话语的载体。但实际上什么是篇章？最著名的篇章定义来自布林克（Brinker）：“‘篇章’这个术语指的是语言符号的有限序列，其本身是连贯的，并作为一个整体显示出可被识别的交际功能”（Brinker 2010：17）。该定义与一种将篇章视为孤立的语言单位的非常传统的理解相联系，因此必须从话语理论的角度加以扩展和修改。

从话语的角度来看，篇章不是孤立的单位，而是一个更大的话语、一个由表达所构成的总体的片段（【德】Fragment），它们在内容和形式上互相关联。没有人能够自己创造出真正新颖独特的篇章。相反，每个篇章生产者的思想在许多方面都或明或暗地与其他话语主体（【德】Diskursakteur）的思想联系在一起。并且在篇章的形式和语言上，书写者也会使用在实践中已获承认的模式，甚至采用诸如书信中“致以友好的问候”这样的固定措辞。换句话说，以书面和口头形式交流的思想和信息就像一条无止息的河流，每个篇章都只是对其的一张快照。

这同时意味着，一个篇章的“作者”和“合法拥有者”这样的想法在很大程度上是西方虚构的。就其本身而言，每个篇章都是多种声音的话语集群（【德】diskursives Gewimmel）带来的产物。此外，现在大多数篇章实际上是由几个生产者共同制作的。我们想一想新闻篇章，参与其中的就有通讯记者、编辑、摄影师、排版人员和校对员（Adamzik 2004：254及后续数页）。

尽管如此，我们不必放弃篇章的理念，因为作为一个可区分的单位，篇章一直是生产者和接受者用来确定方位的参照点。出于这个原因，篇章被配备有分隔提示和结构提示、连接提示、主题提示和篇章功能提示等（Hausendorf/Kesselheim 2008），以便接收者识别出作者希望让哪一个话语片段被理解为独立的篇章，以及他们将篇章本身归属于谁——例如最终将自己的名字署在文章下面的记者。因此，在组建语料库时，我们可以将参照日常生活中熟悉的传统篇章类型，如“报纸报道”“使用说明”“广告手册”“长篇小说”等。

如何处理多模态篇章和图像的问题仍然存在。长期以来，语言学都忽视图像。直到今天，仍有无数的研究在分析篇章时没有关注它们配套的图像和排印格式。随着计算机支持的语料库语言学的发展，这种趋势甚至再次抬头，因为索引分析程序只能计算词汇，而不能计算其他形式的符号。但是，忽视图像和排印格式的做法不能再继续下去了。图像在二十一世纪的交流中变得不可或缺，没有图像的篇章几乎不存在了，更为常见的是为图像配文字说明，而不是为文字配插图。排印格式作为一种自成一体的交流模式同样不能再继续被忽视：所选择的字体或加粗的标题就已赋予印刷文字额外的含义（Stöckl 2008，Kress 2010）。

一种与时俱进的篇章定义必须包括图像和排印格式。因此，我们根据克雷斯（Kress 2010：148）的观点将篇章定义如下：

篇章是一个在使用中被使用者视为完整的多模态符号统一体，具有可识别的交流功能。篇章的组成单元是在形式上（衔接）和语义上（连贯）结合在一起的模块。每个篇章都是更大的话语的片段，并在内容和形式上与其他篇章相关联。

这个定义也使得在基本上没有边际的互联网中分离和收集篇章或话语单元变得更加容易，因为即使在互联网上，各个可单独点击的页面上的信息分布以及颜色、线条、栏目和标题等都清楚地表明了网页创作者希望哪些图像模块和篇章模块被理解为一个符号统一体。迈尔（Meier 2008a）详细介绍了如何在超文本中定义和收集篇章。

视听数据

在上一节中，我们只限于讨论以印刷形式呈现的篇章，或者可以打印出来的电子篇章。然而，视听数据（【德】audiovisuelle Daten）也适用于话语分析，例如口头对话、访谈、广播和电视节目、电影、视频等。此类视听数据也以具有所有篇章特征的多模态符号统一体的形式出现：分隔和结构提示（例如新闻广播开始和结束时的某些声音或视觉标志）、连接提示、主题提示和有关功能的提示。因此，视听数据也可以称为“篇章”，但是它们在生产和编辑过程中受制于特殊条件，这使得处理它们变得复杂。

口头对话和为研究目的展开的访谈必须首先被录下来，才可被进一步使用。我们应考虑到，录音机或摄像机的存在本身就已改变了场景。广播和电视节目在当今可以很容易地存储起来。但是在分析它们时绝不能忘记大众传媒产品的独特生产条件。这里仅举两个例子，一是节目可以被随意剪辑，二是在电视上你只能看到那些被镜头拍下，并被导演插播的人，而往往看不到对演讲的反应。最后，影片和视频毕竟是高度人为的产品，而不是对影片外现实的描摹。

就视听数据而言，仅仅记录和收集是不够的。为了能够将它们用于研究，通常必须对它们进行转写（【德】transkribieren）或至少进行标注（【德】annotieren）。对于音频文件，更不用说视频，都必须进行这样的处理。这非常耗时，要使用合适的软件，有时需要多年的实践经验以及整个训练有素的团队的合作。转录的精细程度取决于研究问题的需要。

转录文本是次生文本（【德】sekundärer Text），它以另外一种媒介形式选择性地再现了视听原始数据。人们在分析中不能忽略这一点。想要使用视听数据进行话语分析的人需要接受语言学对话研究的基本培训。在本书中，我们仅限于分析静态图像（第7章）和纯音频记录（第6章）。有关视频的话语分析，请参见波拉克（Pollack 2008）。

深度阅读

在众多对篇章语言学的介绍中，对于话语分析有益的首推Hausendorf/Kesselheim（2008）。还应提及的是Janich（2008）的论文集，其中瓦恩克（Warnke）和施托勒尔（Storrer）分别从话语语言学角度和超文本语言学角度探讨了篇章问题。关于如何从互联网收集和分析篇章，Meier（2008a）提供了最为全面的建议。Kress（2010）开发了一种连贯一致的多模态篇章分析方法。

对话分析的经典导论是Brinker/Sager（2010）和Deppermann（2008）。德国语言研究所（Institut für deutsche Sprache）的线上会话分析信息系统详细介绍了相应的技术辅助工具。来自研究实践中的文章可以定期发表在在线期刊《对话研究》（*Gesprächsforschung*）。关于大众媒体数据的分析，可参考Burger（2005）或 Perrin（2011）的媒体语言学导论。

4.3 语料库建设

我们在第1章中看到，话语是一个具有不同范围广度的概念（参见图1）。关于话语和语料库之间关系的不同看法也与对概念的不同理解有关。很明显，那些把话语理解为潜在的思想空间的陈述只能停留在纯粹的推测上（1）。即使是广义上的话语（2）实际上也无法通过实证研究掌握，因为它也包含了一切没说出的内容，而对于缄默未说的内容我们最多只能从说出的内容做间接推断。然而，尽管有着种种方法上的困难，仍然不应完全忽视话语的这个方面。

少数研究者将话语等同于语料库（4）（例如Jung 2006）。我们不同意这种观点。诚然，研究者通过研究问题的选择和语料库的汇编参与了研究对象的构建（Niehr 2014：32），但尽管如此，我们的基本出发点是，话语独立于任何研究活动而存在，至少在理想情况下话语研究者应溯构（【德】rekonstruieren）而不是建构（【德】konstruieren）话语。

大多数研究者遵循话语（3）的狭义定义，因为它最有可能在研究实践中实施。但是这里也出现了一个问题，即一个话语的整体永远无法被完全掌握。首先，许多篇章既没有保存下来也不可能有机会获取——我们只需想想口头表达、私人音像记录或企业和管理部门的内部文件就可以明白。再者，即使是我们可获取的篇章数量也已经足够庞大（比如关于堕胎等主题的篇章），以至于我们不可能予以全面考虑和分析。

因此，话语研究者必须对篇章进行选择，选定的篇章共同构成语料库，语料库则构成话语的一个子集（【德】Teilmenge）（Busch 2007：150）。篇章的选择应以语料库能够代表使我们感兴趣的话语为原则，也就是说，从分析的篇章可以得出关于整个话语的结论，而不会出现以偏概全的情况（Niehr 2014：38）。

语料库的性质也取决于研究问题。问题越窄，选择要研究的篇章就越容易。如果有人想研究"玩具广告中的女孩形象"，那就要收集那些以视觉或语言形式表现女孩的玩具广告，包括纸质的和电视上的广告。另一方面，如果有人对"时代变迁中的理想少女形象"感兴趣，那么搭建语料库就困难得多了。[1]在实践中，一个研究项目可能不是从研究问题，而是从一个吸引研究者目光的具体篇章开始的，这种情况并不少见。然后，该篇章一并决定着研究问题的提出和语料库的建设（Mautner 2008：35）。

有效的语料库获取有两种完全不同的途径：根据预先确定的标准建设一个封闭语料库，或者逐步建设一个含括典型篇章的开放语料库。下面简要概述这两种形式的语料库。

封闭语料库

在封闭语料库中，人们根据预先确定的标准收集篇章，然后进行分析。语料库建成后不再扩展，所以是封闭的。在定量的社会学研究中，封闭语料库被称为样本（【德】Stichprobe），有完善的统计方法可以用来保证样本的代表性（【德】Repräsentativität）。对于话语研究，通常不可能在严格意义上抽取出具有代表性的样本，原因很简单，因为样本总体（【德】Grundgesamtheit）——就某一主题产生的所有表达的总和——是未知的。尽管如此，根据明确的标准设计研究程序这一做法可以确保篇章的选择不完全是主观的，而且最重要的一点是，可以为他人所理解。

建库时可能考虑的标准如下表所示：

表4：封闭语料库的建设标准

主题	该主题对应我们感兴趣的话语——基因技术、美的理想标准、核能、移民等——或者其中的一部分。
地理区域	语料库可以覆盖一个国家或语言区域，也可以由多个国家/语言区域对比构成。
时间范围	共时语料库包括“今天”或短时间内的篇章，例如特定事件之前和之后的篇章。历时语料库包括来自过去不同时期的篇章。

1 历时研究的要求要高得多，因为普遍的语言变迁会叠加在话语的转变上，从而使得在具体的情况中难以确定，哪里是只有事物的名称发生了变化，哪里是所指的内容发生了变化。例如，二十世纪五十年代招聘广告中的“能干的女服务员”（„tüchtige Ladentochter“）与今天的“投入的女售货员”（„engagierte Verkäuferin“）有什么不同吗？

（续表）

媒体	须确定选择哪些媒体：如哪些报纸、杂志、电视节目、议会辩论、互联网论坛等。
主体	须选择要研究的主体，是政治家、移民、读者来信撰写者、医学专家或者非专业人士、主持人、评论员等。
篇章类型	最后，可能有必要将选择限制在一些篇章类型，例如社论、评论、建议专栏、长篇小说、俱乐部节目、电视肥皂剧或粉丝论坛。

毛特纳用一个例子来具体说明如何操作。为了研究过去50年来英国月刊是如何呈现“购物”的，她提出了以下关于语料库的建议（Mautner 2008：36）：

主题：“英国月刊中关于购物的话语表达”

区域：英国

时间范围：1966年、1986年和2006年的所有12期刊物

媒体：聚焦女性生活方式的月刊

主体：月刊主编、编辑

篇章类型：社论和购物建议。

封闭语料库适用于较小的学生项目，因为可以通过相应的严格限制来保持篇章数量的可管理性。但是，封闭语料库也适用于特别大的项目，例如针对1870年至今德国联邦议院关于权利平等的辩论的长期研究。

使用封闭语料库时我们必须交代清楚，在分析完成之后可以就什么方面提出自己的看法。如果我们研究极右政党和新纳粹分子运营的互联网论坛中的反犹太主义，那么最后我们可以针对极右分子活动场所中的反犹太主义做出判断；但我们不能就德国的反犹太主义发表总体性看法，当然也不能就在德国的犹太人与非犹太人之间的一般关系发表见解。在这方面适用以下规则：研究范围越窄，分析就越精确，但结果对整体话语能做出的说明就越少（Jung 2006：37）。

开放语料库

使用开放语料库时，不是先收集篇章然后进行分析。而是从选定的关键篇章（【德】Schlüsseltext）开始工作，对其进行详尽分析。在此基础上寻找

其他篇章，以确认、完善、修正或比对先导性研究的结果。从这个意义上说，这个语料库永远没有完成的时候。不过当分析饱和时，就是说当新数据不再提供新的认识，并且结果出现重复时，研究工作就可以停止了。

开放语料库的质量取决于研究人员能否选取确实代表所研究话语的典型篇章。通常使用少数几个关键篇章就可以溯构论证的主要思路（Jäger 2006：103）。然而，篇章选择过于主观的危险仍然存在。要警惕“挑葡萄干儿”（【德】Rosinenpicken）的做法，也就是不能专门去选哪些可以证明我们一开始就想证明的内容的篇章（Mautner 2008：37）。

本德尔（Bendel）以一个药品广告为例，指出了制药行业的一个典型广告策略：“当下我们都在拼事业，承受着饮食不当、吸烟、压力和缺乏运动带来的负面影响。如果您感觉到有某某症状，请立即服用这种药物”（Bendel 2008：232-234）。通过对其他药品和膳食补充用品广告的分析以及对药店杂志的分析可以表明，这种论证方式就像一条红线一样贯穿于制药行业的公关出版物：因为我们当下压力很大，有时生活不健康，我们应该预防性地吞下这个和那个。至于如何改变令人患病的生活方式，制药行业则不告诉公众——为了自己的利益。

通过医药行业的公关话语，首先得以溯构的是全社会健康话语中的一个话语束（【德】Diskursstrang）。但这项研究还没有回答下面的问题：上面提到的思想传播有多广泛，它在整个健康话语中占多大比例。如果想回答这个问题，就必须寻找对结果进行量化的方法。这意味着要对制药行业之外的篇章进行有针对性的研究，以了解“消除症状而不是原因”这种建议出现的频率。我们可以想到，大多数替代医学（【德】Alternativmedizin）的篇章都会拒绝使用药物来对抗症状，而在关于如何对待学校里多动症儿童的篇章中，药物的使用问题是话语的一个核心战区。从整体上溯构健康话语超出了研究者的一人之力，尽管如此，我们也应至少估测一下所溯构的话语束在整个话语中的重要性。

开放语料库适用于探索话语领域的先导性研究，或用于逐步扩大所研究篇章的种类和分话语范围的大型长期项目。

ⓘ 宣扬使用开放语料库的研究人员经常援引扎根理论（Glaser/Strauss 2010）。社会学家格拉泽和施特劳斯提出了一种从实证数据归纳总结社会学理论的方法。该方法的核心要素在于：在调查一个社会群体时得出的结果须

在其他群体中继续得以调查，其他群体可以与第一群组尽可能相似（最小差异原则）或尽可能不同（最大差异原则）。将这个做法应用到对篇章的研究，这意味着在某一类别篇章（例如议员的演讲）中发现的话语现象，要与尽可能不同的篇章类别（例如餐桌上常客的对话）进行对比。而人们事实上几乎从没有这么做过，所以我们在援引扎根理论时应慎重些。

① 一般来说，把握范围相对较窄的、同质的话语束比把握广度更大和异质的话语来的容易。这不仅是由于语料库建设和需处理的篇章数量等实际问题，而且还有一个心理上的原因：任何想要捕捉话语多样性的人都不得不认真和公正地深入分析所有话语主体的论点，比如堕胎问题或者某个军事干预行动的支持者和反对者的观点。做到这一点要远难于仅仅溯构自己的观点，或者攻击自己的政治对手，并解构（【德】dekonstruieren）他们有问题的论证方式，而不对自己的思维方式进行批评。

电子语料库

到目前为止讨论的语料库建设方法当然可以包括印刷文本和电子文本。然而，从逻辑上讲，封闭语料库和开放语料库是根据搜索条件手动编制的语料库，例如为经典印刷文本开发的语料库。互联网提供了一种根据完全不同的逻辑来创建（和分析）语料库的可能性。通过这种方式，人们可以在很短的时间内收集数量大得多的篇章，并一键复制到自己的数据库中，在那里可以使用索引程序进行定量检索（Vogel 2012，Bubenhofer 2013）。使用这种电子语料库有以下几个原因（Mautner 2005b：257及后续数页）：

- 如今，一部分社会话语主要是发生在互联网上，例如学生对学费高涨的抗议。
- 与传统的精英媒体相比，更多的社会团体在互联网上更有发言的机会，因此可以记录更多样的声音。
- 互联网允许在全球范围内搜索，因此可以进行超越欧洲视野的话语分析。
- 互联网很容易访问，并且允许建立远大于图书馆检索和复制的更大的语料库。

电子语料库在具备以上优点的同时，也有着以下缺点（同上。）：

- 在阅读互联网篇章时，经常不清楚谁在说话以及涉及到什么篇章类型。同样不清楚的是一个（超）文本在哪里开始和在哪里结束。

• 互联网上的篇章可能会不断变化，旧版本消失后不可再得，因此几乎不可能创建历时语料库。

• 将篇章复制到一个（线性排列的）语料库时，超文本结构以及所有的交互设计和动画内容都会丢失。

• 总体而言，确立系统建设电子语料库的标准要困难得多。

在研究实践中，电子语料库通常是围绕在搜索引擎中使用的关键词形成的。毛特纳（Mautner 2005a）的研究就是一个例子（参见3.2节中的示例窗口）。然而，我们不能忽视的一种情况是，尽管一个篇章属于要研究的话语，但是不管出于什么原因搜索引擎所使用的关键词没有出现在这个篇章里，那么在这种情况下，这样的篇章就没有机会进入语料库。

电子语料库的另一个问题是，当篇章被传输到数据库，或最迟到被传输到索引分析程序时，就会大量丢失在互联网上以可视化方式传达的信息。这不仅仅包括照片，还包括带有颜色、链接、按钮、徽标和动画横幅的网站设计。因此，为了溯构篇章的原始外观，除篇章之外，人们至少还需要存储屏幕截图（Mautner 2005b：264）。迈尔（Meier 2008a）有条理地论证了为什么在分析在线篇章时，应该分析包含所有按钮和链接的整个页面，据此绝不应使篇章脱离其视觉语境。这同时也是主张对电子文本进行定性研究的一个呼吁。

实例分析

以下章节中的研究实例涉及管理话语或管理学，其所分析篇章的选择方式较为不同寻常。我们没有去寻找可以特别好地呈现某种话语（例如新自由主义话语）的关键篇章。相反，我们选择这些书籍是因为它们的传播范围以及对培训未来管理者的重要性。我们事先并不知道会在其中找到哪种世界观，而分析结果也令我们自己感到惊讶。该语料库由四本广泛使用的管理教科书组成，因此可被归类为开放式语料库。

第一本书是克劳迪娅·马斯特（Claudia Mast）的《企业沟通》教科书。该书篇幅为500页，第5版于2013年出版，作者做了多次扩充，并对内容进行了大幅度的修订。

第二本书是马尔库斯·埃内（Markus Aerni）和曼弗雷德·布鲁恩（Manfred Bruhn）的《整合性企业沟通》，涉及的也是企业沟通这个主题。该书篇幅为340页，第3版于2013年出版，被推荐为销售和营销专业人员职业资格备考用书。

第三本书是通用管理学的经典之作：《战略管理：愿景、潜力与实施》，由罗曼·隆伯瑞斯（Roman Lombriser）和彼得·阿普拉纳尔普（Peter Abplanalp）撰写。第5版于2010年出版，经过全面修订和扩充，被广泛用于企业经济学专业人员的培训。

第四本书由迪特马尔·瓦斯（Dietmar Vahs）撰写，名为《组织：一本教科书》。它篇幅长达630页，第8版于2012年出版，自称为“德语区组织学理论的领先标杆性著作”。

实操练习：

练习2：如果想研究贵国官方政界对恐怖袭击的反应，例如2015年1月7日对《查理周刊》编辑部的袭击，那么应如何创建一个封闭语料库？请您确定篇章选择的标准。

练习3：请思考如何为“时代变迁中的少女形象”这一研究问题创建一个语料库。什么样的语料库更为合适，封闭的还是开放的？

项目实施：

请为您自己的研究找2-3个关键篇章，并以先导性研究的形式做初步分析。然后确定是否要生成开放、封闭或电子语料库。请思考根据什么标准来建库。当您收集篇章时，请不要忘记清楚地记录篇章的来源。请使用彩色副本和屏幕截图，以确保随时可以查看篇章的原始视觉状态。

深度阅读

语言学研究者关于语料库建设的权威论述比较少，其中Mautner（2005b，2008）、Jung（2006）、Busch（2007）和Niehr（2014）是最好的资料来源。如果您想进行定量研究，可参阅关于语料库语言学的介绍，例如Lemnitzer/Zinzmeister（2010）、Scherer（2006）或诺亚·布本霍夫（Noah Bubenhofer）的相关网站。此外，社会学手册可为创建语料库提供可靠的参考文献，例如Flick（2012）、Przyborski/WohlrabSahr（2013）或Weischer（2007），其中Keller（2007b）对于话语研究尤其具有针对性。

5

单个篇章层面（一）：篇章分析

话语分析始于对所选定篇章的细致研究。为使研究程序简单和系统化，许多话语语言学研究者建议在分析时按从小到大的顺序进行，即首先研究词、多词单位（【德】Mehrworteinheit）和惯用语，然后是句法或单个命题，最后是有关篇章的整体结构（Felder 2013，Spitzmüller/Warnke 2011）。其他人则采取相反的顺序，即从篇章的宏观结构到微观结构（Jäger 2004a，Gruber 2008）。我们在本书中采用另外一种方法，以明确展示话语分析不是语法或篇章语言学的“指法练习”（【德】Fingerübung）。其目标不是对篇章的特性发表看法。相反，话语分析的篇章分析回答的是下面的关键问题：

篇章试图传递什么样的现实图景？
它要使读者相信什么？
它要让读者做什么？

对语言手段的分析本身并不是目的，而是为了回答上面这些问题。因此，以下篇章分析的方法说明是以话语立场为导向的：

- 谁（视角）正在与谁（称名和述谓）谈论什么（主题结构分析）？
- 事物是如何被描述（情态）的？又是如何被评价和论证的？

这个方法系统是专门为这本教科书开发的[1]。

5.1 视角：谁在言说？

每一个篇章都是从特定的角度撰写的，即从一个人或一群人的角度出发[2]，但不必与实际作者是同一人。德国总理安格拉·默克尔的演讲和博客都是从她的角度写的，但大多是由他人代笔完成。两种最常见的视角是第一人称（单数或复数）以及抹除作者（【德】Autorentilgung）。在事实描述和激发与读者的关系方面，这两种视角有着不同的影响力。

第一人称单数形式

对于以第一人称单数形式撰写的篇章，读者倾向于把篇章中的叙述者等同于实际作者。这不一定是错的，但也可能会被误导，因为“我”的角色可

1 明确参考了费尔克劳和沃达克的批评话语分析。

2 与此联系在一起的是关注篇章中所处理的人和物的视角。这一更广义的“视角”概念在下面的章节中详述。

能只是假托的，这在文学研究中被称为“抒情的我”（【德】lyrisches Ich）。第一人称单数形式使篇章具有真实性，但也赋予其主观色彩。因此，在一些重要的社会领域，如学术界和新闻界，长期以来一直避免使用第一人称单数形式。1995年，克雷岑巴赫尔（Kretzenbacher）仍然谈到了学术语言中的“我的禁忌”（【德】Ich-Tabu）。

近年来，这种情况发生了变化，许多（人文）科学文献如今是用第一人称单数形式写的。因此，从语言上看，研究结果不再被框定为无可争议的真理，而是作为个人方法选择、分析和阐释的结果。在新闻行业中，某些篇章类型（如报道、专题或博客）更频繁地以第一人称单数形式出现。在这里，第一人称单数的作用是增加真实性（“我当时在场”）和情感化，以使篇章更受欢迎。第一人称形式的普及可被视为公共话语中口语化趋势的一部分，费尔克劳（Fairclough 2005）称之为“叙谈化”（【英】conversationalisation），而西贝尔（Sieber 2008）将其描述为“叙事式歌唱”（【德】Parlando）。

第一人称复数形式

第一人称复数可以代表非常不同的视角。

“排他性的我们”（【德】exklusives Wir）代表集体作者或一个范围大致明确的社会群体：共同出版一本书的三位作者、一家企业的管理层或宣布一个决定的国家政府，但也可以是未经详细说明的一个社会群体，例如“我们女性”或“我们德国人”。这种“我们”的使用形式是排他性的，因为它排除了不属于所指群体的所有其他人：“我们”，而不是“你们”，也不是“他们”。在“包容性的我们”（【德】inklusives Wir）情况下，第一人称复数不仅包括说话者，还包括接收者，所指的圈子又可以进一步分不同情况：这个大厅里的每个人或所有人，等等。后者也被称为“广泛的我们”（【德】extensives Wir）。

“包容性的我们”和“排他性的我们”可以在同一个篇章中切换。某小型制药企业的夏日派对邀请函中有以下两句话：“我们对去年的烧烤派对仍记忆犹新”和“我们诚挚地邀请您”。第一句中的“我们”指的是企业的所有成员，第二句中的“我们”是签署这封邀请函的三名管理层成员。从排他性到包容性我们的切换是一种典型的占用策略（【德】Vereinnahmungsstrategie），在这种情况下，其中一组人自认为可以代表所有人发言。

然而，要确定“我们”这个令人眼花缭乱的代词究竟指的是谁，往往并不容易。当美国总统宣布“我们”将对恐怖主义采取什么措施时，他是只代表自己，还是代表政府，或是代表全体美国人民讲话？但对于话语分析研究来说，尽可能准确地确定“我们”指的是谁尤为重要，因为“我们”和“他们”之间的区别构成了所有形式的社会歧视的基础：我们奥地利人反对外国人，我们白人反对有色人种。通过这种区分，以集体形式出现的“我们”就成为“别人”以某种形式偏离的标准，这就是为什么他们遭到回避和排斥的原因。

抹除作者

许多篇章表面看没有叙述者也可以。在学校的许多课文里可以找到一种显而易见的抹除作者的形式，即使用大量的代词“它”（“es”）和“人们”（“man”），尽量避免使用“我”，例如：“人们可区分三种抹除作者的形式”。抹除作者的另一种形式是篇章本身的拟人化（【德】Personifikation）：“这本书讲述的是……”。在典型的实用文篇章中，其他人称和事实取代了句子中的主语：“身份描述的是企业的自我理解”（Mast 2013：54）。新闻篇章也是如此，甚至还有评论：“同性婚姻是一个成功的故事。近年来，没有哪个少数群体像同性恋者一样成功”。作者的抹除会产生重要影响：篇章中的陈述不再被视为个人的信念，而被当作是客观的、无可争议的事实——无论是由谁说出来，都不容改变。

一种声音与多种声音

能够参与社会话语意味着拥有“声音”（【德】Stimme；【英】voice）。篇章的作者不仅可以发出自己的声音，还可以将其他声音整合到他们的篇章中，使它们或多或少清晰可见。最明显的形式是用引号清楚表示的原文引用。原文引用给人的印象是，其他声音得以准确复现。然而，通过有针对性的选择，也可使被引用的内容留下不好的印象。引述的言说动词（【拉丁】verbum dicendi）很重要。某人“说过”或“声称”某事，二者是不一样的。

不那么明显的是间接引用。在这种情况下，仅使用虚拟语气就足以给人一种作者与被引用的内容保持距离的印象，就像在这个例子中：“这对夫妇决定尝试一下，‘尽管所有官方消息都建议我们放弃，说高山制酪场太小，没有利润，我们太天真……’”[1]。

---

1 这个很好的例子出自*National Geographic*, 8/2013, 第24页。

最不起眼的发出多种声音的形式是对其他篇章的暗示（【德】Anspielung），这需要接受者具有大量的前置知识（【德】Vorwissen）。然而，在分析中不仅要注意在篇章中听到了多少声音和谁的声音，而且还要注意谁的声音被无意地忽略或被故意静音。在许多关于难民的篇章中可以观察到，他们的观点被系统地忽略了。人们谈论他们，却不让他们有说话的机会。

称呼读者

最后，篇章生产者还可以明确地用“您”或者“你”来称呼接受者，从而悄悄营造一种社会关系。广告广泛使用了这种技术，如一则饮料广告：“你试过了吗？”[1]诸如使用说明之类的实用文也越来越多地用“您”的称谓形式写成，如一份洗碗机的使用说明：“如果您发现任何缺陷，请联系我们的客户服务。”[2]我们可以将这种现象看作是提高可理解性和客户导向的努力（Göpferich 2008），但也可以视为一种操纵，因为这种个人关系只是一种表演，成为服务于销售目的的工具。

结论：在分析视角时，需要弄清篇章是从哪个视角写的，篇章生产者如何对自己进行社会定位以及与读者建立了什么样的关系。

实例分析

在本章中，我们将仔细研究克劳迪娅·马斯特（Claudia Mast）的教科书《企业沟通》。为了使说明更加直观，我们对较小的段落进行了原文引用，但所做的分析适用于全书。以下部分摘自“利益相关者”一章：

> “利益相关者是那些受企业决策影响，或者是可以通过他们的行为影响企业行动的人。‘组织有利益相关者，也就是说，有些团体和个人可以影响组织使命的实现，或受其影响’（Freeman 1984：52）。他们当然可能追求不同的利益，并具有不同的影响力来实现这些利益。［……］一个群体如何成为利益相关者，相关群体何时成为利益相关者群体？根据弗朗茨·利布尔的观点（Liebl 2000：30），可以确立以下标准：正式的关系，如合同关系，像供应商、员工、投资者、业务合作伙伴等都是通过正式关系与企业联系在一起的。”（Mast 2013：116-117）。

1 奥地利A公司的一则饮料广告，*Bergauf* 3/2013，第110页。

2 V公司的Adora洗碗机使用说明，2005年，第8页。

马斯特全书采用了抹除作者的形式，甚至在前言中她也是以第三人称谈自己："作者特别感激……"（第4页）。所有的表述均声称具有普遍有效性。按照科学文献的通常做法，其他人的声音被充分引用，通常是逐字逐句地引用。然而，这些引用很少用于对该主题的不同观点的比较，更不用说讨论了。相反，在大多数情况下，它们是用来支持作者自己的唯一立场。

书中从未直接称呼过读者，而是偶尔会出现"包容性的我们"，如："我们生活在组织中，并与各种组织一起生活"（第7页）。这些表述的作用是为后续观点建立一个共同的出发点，它们很有诱导性，因为它们假定"我们"（= 所有人）以作者的方式看待世界。因此，我们面前摆着一个篇章，它尽管有着不同声音，但建立的是关于企业沟通的单一视角，并一步步将读者纳入其中。

实操练习：

实操练习4：请分析下面关于零售企业理想的节选是从哪个视角撰写的？这个视角带来什么影响？

关于零售企业宗旨的节选

企业的宗旨是我们行为和行动的基本方向。我们致力于在个人和企业领域采取合乎道德和负责任的行动。它构成了我们企业文化的基础，体现了我们最重要的原则，是与利益相关者合作的指导方针。

四、我们的社会责任

我们信守负责任的企业家精神，并以对经济、生态和社会负责的方式行事。我们为以下五个领域增添推动力并做出贡献，因为我们深知企业采取可持续行动的重要性。我们正在持续加强我们对员工、环境和社会的社会责任：

1. 健康的饮食；
2. 与当地的紧密联系；
3. 尊重我们的环境；
4. 有趣的工作场所；
5. 对社会的投入。

我们将这五项原则融入日常行动，鼓励员工全力落实到工作之中。

项目实施：

请分析示例篇章的写作视角，并思考作者选择这个视角的目的。

5.2 称名和述谓：主体是如何被描述的？

话语分析的核心研究内容之一是篇章中的主体是如何被描述的。在篇章中，人与事物并不是按照“原本”的样子被描摹出来的，而是通过选择特定的语言表达方式来勾画出某种形象。这总是与评价联系在一起。我们把“称名”（【德】Nomination）理解为作为个体或群体的社会主体被命名及其在语言上被建构的方式。“述谓”（【德】Prädikation）则是指将积极或消极特征赋予特定社会主体的方式。

专有名称

对个人可以用专有名称来进行命名（【德】benennen），如：“伊丽莎白·布劳恩”（Elisabeth Braun）。通过这种方式，把被命名的人明确视为个体，并强调其唯一性和独特性。

通过仅提及姓氏，可以强调的是个人作为成年人和责任承担者的地位。这在新闻界或学术界属于惯常说法：“布劳恩被指控伪造账目”；“布劳恩（2014）强调……”。与此同时，性别特征退居后台。相关人的重要性或能力还可以通过添加头衔或职位来强调，如：“布劳恩博士”“默克尔总理”。

如果仅使用名字来称呼，就会产生不同的效果。一方面，它可以将这个人指定为未成年孩子或下属员工：“伊丽莎白还在上学。”“伊丽莎白，请清理四号桌。”另一方面，它可以表达与所描述的人的一种熟悉甚至亲密关系：“伊丽莎白昨天来访。”

在体育报道中，当体育巨星只被提及名字时，这种亲密的表达被用来提升情绪：“劳拉是在健身房而不是在雪地里拐弯儿”[1]，有时还会通过使用物主代词来强化：“我们的劳拉”。值得注意的是，这种称名方式几乎只用在女性身上，伴随着一种指小（【德】Verniedlichung）的效果——当在引用的文章中将女子团体称为“瑞士滑雪女孩”（“Girls von Swiss Ski”）时，这种效果更为明显。在营销工作中，名字也被策略性地使用，您可能收到一张

1 *Blick online*, 2013年8月2日，此处指的是女滑雪动员劳拉·古特（Lara Gut）。

发票，上面写着：“为您服务的是科尔内莉亚”。

在德语国家及其他地区，动物（“Hansi”）、船舶（“Erika”）和房屋（“Châlet Roswitha”）等也会被赋予人的名字。通过这样的拟人化方式，物主表达了他们与动物或财产的情感联系。

通用名称

在许多篇章中，对个人不以或不仅以他们的专有名称进行指称，而是以诸如“母亲”“长者”或“难民”之类的通用名称（【德】generische Bezeichnung）。这样一来，他们就不再以个人的身份出现，而是以某种类别或某种社会角色的持有者身份出现。不同的通用名称分别强调了人的不同方面（van Leeuwen 2008：42-44）：

- 一个人具有哪些特征：这包括所有强调一个人的性别（女人），年龄（儿童、老人），种族（印第安人、亚洲人）或身体特征（跛子、金发女子）的表达方式。
- 个人与他人的关系：这包括所有表示家庭关系（丈夫、姑姑、爷爷）、社会关系（上级、同事）或个人关系（朋友、邻居）的表达方式。
- 一个人是做什么的：这包括所有职业名称（会计师、医生）、其他活动的名称（登山运动员、业余画家）以及情景角色（读者、患者）。

对于所描述的主体来说，使用什么通用名称，其影响是重大的。通用名称不是中性的，而是与内涵意义（【德】Konnotation）和定型看法（【德】Stereotyp）相关联。

我们所说的内涵是指被词汇化的评价。比如Bulle[1]对警察来说是一个固有的贬义词。吉利安（Kilian 2005）将联想的定型看法理解为一种文化塑造的联想，它虽然没有被词汇化，但仍然被大多数语言参与者与一个词联系在一起，例如羊的联想性定型看法是愚蠢。

最后，许多人物名称会唤起那些影响进一步信息处理的特定认知框架（【德】kognitiver Frame）。美国总统布什刚开始时将丧生于2001年9月11日恐怖袭击的人称为“受害者”，从而将事件框定为犯罪。后来，他改用“伤亡”一词来激活战争的框架，从而为他的“反恐战争”铺平了道路（Lakoff/Wehling 2008）。

1　原意为“公牛”，后被用作对警察的贬义称谓。——译者注。

如果一个人现在被称为“老人”，那么关注的焦点是他的年龄，同时隐含的意义是这个人身体虚弱、需要帮助、头脑不再完全清醒。“亚洲人”这个名称突出了出身来历，根据语境的不同使人联想到陌生感或者“捉摸不透的亚洲人”等定型看法。

如果描述一个人时仅仅关注他与其他人的关系，那么他就不再是以独立人格出现的人了，而是依附于他人，作为另外一个人的儿子、女儿或妻子，而另外这个人由此被建构为更重要的人。这种成为他人附属品的命运直到近些年来尤其落在了女性身上。在媒体中，无论是视觉上还是口头上，她们都主要以某某人的妻子身份出现：“16个月前，埃德蒙德·阿尔卡利（Edmond Alkhali）和他的家人从叙利亚逃到了瑞士，”[1]——瑞士《每日导报》的一篇特别报道以这句话开始，在正文中，其他所有人都以“他的妻子伊莉娜”“他的母亲”“他的妹妹”等形象出现。即使是像范妮·门德尔松（Fanny Mendelssohn）或克拉拉·舒曼（Clara Schumann）这样的知名女艺术家，也几乎总是被列为费利克斯·门德尔松（Felix Mendelssohn）的姐姐或罗伯特·舒曼（Robert Schumann）的妻子，而反过来则不然。

职业名称和情景角色名称也会产生很大影响，因为它们与对一个人应有的形象和行为的期望相关联。社会学家将角色定义为“针对位置持有者在互动情境中的行为的一系列规范性期望”（Dreitzel 1987：115）。关于“会计师”，大部分读者除了对他们某些职业技能抱有期望外，还会认为他们具备准确、廉洁等特定品质，但不一定有创造力或个人魅力。一个“病人”则被期望以非常具体的方式行事：有一个具体的病症并且可以描述它，回答医生的问题，必要时脱下衣服，等等。

因此，在话语分析导向的篇章分析中，有必要仔细考察个体被赋予了哪些名称（例如一位武装人员是否被描述为“自由战士”“反叛者”“叛乱分子”或“恐怖分子”），有哪些与之相关的内涵、联想性定型看法和角色期望（【德】Rollenerwartung），哪个框架被激活，以及该名称是否适合用于影响甚至操纵读者对被描述者的态度等。

社会分类

一旦一个篇章不再仅涉及一个人，而是涉及多个人，社会分类现象就会

1 《每日导报在线》（*Tages-Anzeiger Online*），2013年8月5日。

进入我们的议程。对我们的环境进行分类，从而将现象的多样性减少到一个可管理的类别数量，并将它们系统化以便一目了然，这显然是人类的普遍需要。在所有自然语言中都可以找到分类，无论是颜色名称、年龄组还是动物物种，但它们首先是在科学和管理中发挥着核心作用。

植物学中的植物科是分类系统的一个经典例子。植物学家区分蔷薇科、蝶形花、菊科、报春属、龙胆属等，这些都是根据花瓣的数量、叶和茎的形状、位置等外部特征来进行精确描述的。这种现象学的分类方法已经有了几个世纪的历史，而且完全是人为的。最近，对植物的遗传研究提出了不同的亲缘关系，并引发了关于是否应该重新定义植物科属的争论。有人或许在想，对于植物本身来说，这种新的科学系统不会带来什么影响吧。

然而，没有影响的情况只是例外。我们在日常生活中，以及在科学和管理中使用的大多数分类绝不是无关疼痒的，它们是从特定角度或出于特定目的创建的，并对分类对象产生了严重后果。在日常生活中，我们将植物分为观赏植物、经济作物、药用植物、饲料、食物、杂草等。这种划分揭示了人们是根据植物对人的用途来进行严格分类的。人们根据分类采取相应的行动，爱护和照料观赏植物，培育和种植经济作物，保护热带雨林中尚不为人知的药用植物，并无情地毒杀所谓的杂草。

如果我们从植物转向人类，那么同样可以看到，社会分类绝不是无关轻重的。通过将企业员工划分为“干部”“雇员”和“工人”等等，企业为显著的工资差异提供理据。管理中使用的类别，例如“未成年人”“从业者”“养老金领取者”“国家公民”“寻求庇护者”“社会救济接受者”等，也都与高度不同的社会权利和义务相关联。例如，“未成年人”必须完成义务教育，没有投票权和选举权，受青少年保护法规和特殊刑法的管辖，并且不必缴纳任何税款。

即使是科学的分类也通常不像学者们声称的那样不言自明和中立。例如，社会学几十年来一直在使用社会阶层的概念，将人们分为上层、中层和下层，以及可能的子类别，如中上层、中下层等。这些阶层是根据非常片面的标准来定义的，例如根据家庭里父亲（最近也包括母亲）的收入、学历和职业等，而对社会责任、志愿者工作小时数、捐款数额或文化活动参与等标准则不予考虑。因此，社会学离质疑社会上的定型看法相距甚远；恰恰相反，它固化了社会上普遍存在的偏见，即社会是分层的，一个人的地位和价值取决于他们的教育和收入，收入越高的人在社会等级秩序中的排名就越“靠前”。

由于分类是人为的，并受意识形态影响，所以有必要在每个篇章中考察哪些社会分类被使用以及这对所描绘的人有什么影响。将人们分配到一个社会群体总是伴随着去个人化（【德】Depersonalisierung）和匿名化（【德】Anonymisierung），以及对他们行为从众性（【德】Konformität）的期待。一篇关于“来自叙利亚的难民”的篇章适用于在读者中产生一种刻板的难民形象，从而使其萌生抗拒感。有责任心的记者或救助组织在努力减少群体所带来的这种匿名性，例如通过采用个人照使个体再度可见。就像上文提到的关于埃德蒙德·阿尔卡利的特写一样，他在照片中笑着面向读者，根据图例可以知道他正在冰淇淋摊点工作，并在学习德语。个人化可以带来触动，同化则制造距离。

代词

在篇章中，当然也使用代词来指代主体：他/她/它、我们、你们、他们、这个、那个、这一些、那一些等。对人称代词的分析很重要，因为它们划定了人群之间的界线。其中最重要的是“我们”和“他们”之间的界线，即这些以某种形式属于我们和那些由于任何原因不属于我们的人之间的界限——因为他们持有错误的护照、拥有错误的肤色、错误的政治信念、错误的信仰，在我们的竞争对手那里工作，或者是不按照社会规范生活。“我们”和“他们”之间界限的划定构成了各种形式的不平等待遇和歧视的基础。然而，正如我们在5.1节中已经看到的那样，要确定“我们”指的是谁、这个代词包括谁以及排除谁，这并不总是容易做到的。只有仔细阅读才能澄清这个问题。

隐喻

社会主体也可以用隐喻来描述，如狡猾的狐狸和老兔子[1]、网球界冉冉升起的新星、机器中的一个小齿轮、哑弹[2]、老口袋[3]或大嘴巴[4]、生育机器、波

1 老手、有经验的人——译者注。
2 不中用的人、没出息的家伙——译者注。
3 老家伙——译者注。
4 吹牛者——译者注。

涛中的灯塔、白衣骑士[1]或天使——语言的创造力几乎没有边界。隐喻经常像简化的比喻一样发挥作用，其中的第三对比项（【拉丁】tertium comparationis）被突出体现为所指之人的基本品质：被称为“鹿”的女性像鹿一样可爱和害羞。

文学隐喻理论认为，隐喻表达只是一种言语装饰品，可以被原本的文字表达所取代。然而，认知隐喻理论假定我们的思维和说话方式从根本上讲由隐喻塑造，隐喻表达不能被其他的“字面”表达所取代。隐喻更为直接地反映了我们如何感知世界，并且通常与我们最初的身体体验相联系（Lakoff/Johnson 1980/2003）。

例如，我们的经验是，健康的人直立行走，而病人则躺卧。这种经历导致了上是好、下是坏的观念，并反映在无数的隐喻表达中，如：“走势上扬”“她升职了”“她摔下来了”“他走了下坡路。”。同样，“更多”意味着“更高”的想法也与身体经验联系在一起。每个孩子在玩积木时都会体验到这一点。这一切也都反映在语言中，例如“他的收入提高了”“利润下降了”或“债务如山”。

另一方面，更复杂的隐喻带有文化的印记，例如我们认为时间是可以“节省”“赢得”或“浪费”的金钱。莱柯夫（Lakoff）和约翰逊（Johnson）强调，我们并不是将时间感知为金钱，而是在心理上将其等同：时间就是金钱。认知隐喻是集体的现象，而不是个人的；它们提供了有关语言共同体如何感知世界的信息。此外，它们通常与评价相关联，并且容易诱发某些行为。如果“上”意味着“好”，有更多的钱意味着更上一个阶层，那么努力“攀登职业阶梯”就是不言而喻的结论了。用来指称和描述社会主体的隐喻也可以包含强烈的评价意涵：称一个人为“瓶子”[2]是一种侮辱，就像称其为“救命锚”[3]是种恭维一样。隐喻还用来描述和评价一组人群。人们谈论企业或政界中“一根绳上的人”，把党员同志或职工称为一个大“家庭”，把国家描述为一艘满载的或未满员的“船”。

在欧洲历史上，关于害虫和疾病的隐喻扮演着尤为不光彩的角色。移民、犹太人、社会救济领取者、同性恋者和其他人群在过去和现在都被一再

1 救星、救急者——译者注。
2 德语中指没有用的人、无能的人——译者注。
3 德语中意为“救命稻草”，可以指人或物——译者注。

称为“寄生虫”“皮毛里的虱子”“人身上的溃疡”或“感染灶”。而人一旦被贬为害虫或病原体，离被迫害和灭绝就不远了。在这方面，隐喻还具有一种道义功能（【德】deontische Funktion），即它们暗示了某种行为方式：人们打死害虫。

隐喻操控着人们的感知，包含强烈的评价意涵，并带有意识形态色彩，为貌似不可避免的行动省去了提出理据的麻烦。因此，隐喻分析是任何话语分析视角下的篇章分析中不可或缺的一部分。

抹除施事者

正如可以抹除一个篇章的作者一样，其他社会主体也可以被抹除。在这种情况下，人们称之为“抹除施事者”（【德】Deagentivierung），即通过选择相应的语言手段使一个行为的施事者被隐去[1]。最简单和最为人熟悉的形式是被动句。在“火车站建于1894年”这句话中，看不出来车站是谁建造的。被动句并不总是具有操纵性（【德】manipulativ）。通常的情况是人们根本不知道行为发起者是谁（“邮局被抢劫了。”），或对行为发起者不感兴趣（“道路已被修好。”）。如果一个行为的发起者和相关责任人是故意被隐瞒的，被动句就具有了操纵性，如：“200名员工被解雇了。”面对这样的陈述，人们完全有兴趣知道进行裁员的是谁。

抹除施事者的第二种重要形式是名词化（【德】Nominalisierung），即以静态的名词形式来表达行为和过程。这意味着主体和具体的行为在语言上同时被抹去，并在名词中被物化，如“移民”。人们不说是有血有肉的边防人员在阻止特定的人群入境，而是在谈论“制止移民”，这样一来，无论是边防人员还是想移民入境的人，以及在边境采取的所有具体行动，都消失在一个抽象的表达后面。

名词化也不是在任何情况下都具有操纵性。例如，它们在行政管理中之所以用得如此频繁，是因为由哪个官员处理一个申请或填写一个表格，这个具体的人本身无关紧要。在科学话语中，广泛使用的名词化往往更具有策略性特征，它们使人们感到，数据本身就是不言自明的，无需研究人员进行任

1 “抹除施事者”这个概念有着某种程度的误导性，因为它暗示存在一个“原本的”“透明的”、指出行为的施事者的句子，而事后通过“抹除施事者”才使施事者被隐去了。情况当然不是这样。不存在对于世界“正确的”或“真实的”描述，而只有书写者可酌定选择的不同的语言手段，以此生成某种现实图景。

何的仪器操作和主观阐释："从现有数据可以得出结论，即德国各联邦州的学童超重和肥胖症的患病率差异很大，并且存在南北差异。"[1]这个结论当然是由研究人员得出的。

最后，在政治话语中，例如在全球化话语中，无处不在的抹除施事者的做法尤其具有操纵性。诸如"近年来，食品价格急剧上涨，并且波动很大"[2]之类的句子诱导人们认为，全球化和与之相关的全球食品投机是自行发生的，没有受到来自特定经济和政治主体的任何影响。这样一来，每个人都可以逃避对全球发展的责任。

第三种抹除施事者的形式是自然化（【德】Naturalisierung；【英】naturalization），其中社会过程被呈现为自然发展，并由此被表现为可以脱离人类影响的状态。社会结构还被描述成最广义的"有机体"，它们"成长""发展""死亡"或为生存而进行相互的进化争斗，这都是自然化的做法。天气隐喻也可使社会事件看起来不是人为的，而是不可避免和无法控制的，例如当订单"退潮"时，当谣言像"野火"一样蔓延时，或者企业被"愤怒的风暴"袭击时。

最后，在科学、管理和政治中，作为第四种抹除施事者的形式具有重要意义，即存在化（【德】Existenzialisierung；【英】existenzialisation），其中事物被描述为完全给定的条件。在管理文献中充满了这样的表述："时间和金钱这些资源变得越来越紧缺，而各种影响因素和决策的复杂性正在增加"（Mast 2013：XIII）。

因此，对于每一个篇章，都必须询问社会主体是否被赋予了名称；如果没有，则要分析哪些语言手段被用来将他们排除在外，以及不称名主体的做法是否具有操纵性。这里特别要关注的是，它们是否具有掩盖责任者以及使社会现象呈现为自主发展过程的功能。

附加语

到目前为止，我们看到了主体的特征是如何通过称名得以描述的。以下内容是关于如何通过进一步的描述（即"述谓"）更精确地刻画和评价社会

1 A. Moss et al.（2007）。*Prävalenz von Übergewicht und Adipositas bei deutschen Einschulkindern*（德国学龄儿童超重和肥胖症的流行情况）. Springer Medizin Verlag，1430.

2 专题综述，"农业原料贸易！诅咒还是祝福？"（2013年3月）由瑞士商业联合会（economie- suisse）撰写。

主体。其最简单的形式是广义上的附加语（【德】Attribut），即形容词、介词附加语、搭配、关系从句等。

判断形容词是否只对一个对象进行描述和分类，还是同时也在进行评价，这并不总是容易做到的。当有人提到某个女演员“瘦削”时，它可能是纯粹的描述或者评价。如果是评价，也无法在没有语境的情况下识别这个评价是否正面，即说话者是否欣赏瘦削的女性。

哪些形容词表达了正面或负面评价，这是一个具有文化特点的问题，并且通常不能仅从篇章中得出。读者需要知道“运动员式的”（【德】sportlich）在作者的文化中是否是一个具有积极内涵意义的词。而且相关评价也会受到历史变迁的影响。例如，在二十世纪五十年代，“服从的”（【德】willig）是招聘广告中常用于描述雇员的褒义形容词，而今天这个词具有更多的负面含义。因此，在篇章分析中，不仅应计算形容词的数量，还应在语境中对它们进行阐释。

除了简单的形容词外，还有其他语法形式的附加语：介词附加语（“出生在柏林的主持人”）、搭配（“单身母亲”）、关系从句（“那位来自东部的女总理”[1]）。从话语分析的角度来看，语法形式并不重要；重要的是传达了一个人的哪些信息以及为什么选择这些信息。在关于外国人犯罪现象的话语语境中，几乎每一个报道在涉及作案者本人时，提到的唯一信息经常是他的国籍，这绝非偶然。

行为描述

最后，我们可以通过描述一个人的行为来刻画这个人的特点。究竟是将这个人描述为自主开展行动的社会主体，还是别人对他采取行动的主体，他是所描述行动的主体还是客体，这些都起着重要作用。研究电视对学龄前儿童的影响以及研究学龄前儿童如何对待电视，这是两个不同的研究问题。在第一种情况下，儿童被设想为被动地暴露在媒介影响之下的对象，在第二种情况下，儿童是与媒介积极互动的主体（van Leeuwen 2008）。

此外，所描述的人的行为是及物的（【德】transitiv）还是不及物的（【德】intransitiv），二者的区分是有意义的。失业者“在劳动局前排队”，比“找工作”显得被动得多。最后，我们可以区分物质行为和符号行

---

1 德语原文为 „die Kanzlerin, die aus dem Osten kam“，其中后半部分为关系从句。——译者注。

为。如果只描述人的物质行为（【德】materielle Handlung），那么呈现的总是二手的观察和阐释，描述者的观点占了主导地位，如："学生占领了礼堂。"如果描述的是符号行为（【德】semiotische Handlung），主体在话语中就会有机会发出声音，至少是二手的声音："学生们要求降低学费。"

结论：

在分析称名和述谓时，需要澄清的问题是，哪些社会主体在篇章中被提到，哪些没有，他们被赋予哪些名称，又是如何被描述的，以及由此为相关人员创造了什么样的形象。

实例分析

下面这段文字来自马斯特（Mast）书中的"变革沟通"一章，我们分析了其中对主体的描述。

> 如果无法让员工相信企业合并的目的，就会发生以下情况：许多人，尤其是优秀的员工，会因为在市场上找到其他机会而辞职。这种损失对一家企业来说是致命的，因为这些员工是其最重要的资本。当客户不得不与新的、缺乏经验的联系人打交道时，他们会变得困惑不安。因此，必须通过敏感的沟通管理成功消除员工的不安甚至恐惧。这些情绪是无法避免的，但负责企业沟通的领导和专业人员必须知道如何应对。
>
> 这里的突出问题是，情绪在企业实践中常常被忽视。经理们自豪地宣称："对我来说，重要的是事实和数据。情绪只是多愁善感而已，我根本不感兴趣。"但恰恰是在进行巨大变革的情况下，应该避免使用抽象的数字。相反，应该用生动的故事使这种变革变得具象，将变革传递到员工的生活世界之中，积极回应他们的情绪。[……] 情绪是人的驱动系统。[……] 情绪是人的软件，没有它，硬件就无法工作。（Mast 2013：402-403）。

在马斯特的书中，社会主体总是以复数和高度聚合的管理类别出现："员工""客户""联系人""负责人"。整部书中都使用了通指的阳性形式（【德】generisches Maskulinum），个体或女性都不存在。社会主体经常被完全抹除，并使用被动式或模糊的代词"它"（【德】es）来取代，如："因此，它必须成功……"。通常情况下，行为者不是人，而是被拟人化的企业："当企业合并时……"（第402页）。这就把任何承担责任的决策者排除在外。

令人关注的是，企业人员几乎始终被加以区分，一方面是高管或管理层，另一方面是普通员工。管理层负责单方面的调控任务，而员工只是被告知决策。

在上面引用的章节里，员工呈现出的形象是：被情感操纵，视野有限，需要通过来自上层的沟通来说服、激励和保持前进的方向，而且是要用“生动的故事”这种适用于儿童的体裁。高管和“专家”显然不是生活在“员工的生活世界”中，而是生活在自己的星球上，不仅不受自己情绪的摆布，还能以自己的意愿操纵普通员工的情绪。这一切都是在照搬关于员工的陈词滥调：不理智，谨小慎微，需要有人领导。

隐喻经常被投入使用。员工被称为“资本”，因此被物化。此外，人被设想为由情感（“软件”）驱动（“驱动系统”）的机器（“硬件”）。这些隐喻都属于同一隐喻群（【德】Metaphernkomplex），其思想基础是“人是自动装置”这一广为传播的概念。员工再一次被塑造为能够被调控以及需要被调控的形象。

实操练习：

实操练习5：下面是略作删减的一篇出自《标准在线》（*Standard Online*）的报道，请分析其中对主体的描述：哪些语言手段被用于标识他们（称名）？他们的特征是如何被表现的（述谓）？借此建构了什么形象？

女巫魔锅再添士气

萨尔茨堡红牛必须在周二对阵费内巴切的资格赛中踢进至少一球。尽管如此，乐观情绪仍然存在。

“我们将进入下一轮”，费内巴切的中场队员克里斯蒂安说。萨尔茨堡的后卫马丁·辛特雷格则说，“费内巴切肯定被打趴下”。这两个预判中有一个是错误的。至于谁错了，将在星期二晚上8点45分后（奥地利广播企业一台现场直播）揭晓。届时，萨尔茨堡红牛将在欧冠联赛第三轮资格赛中再次对阵土耳其亚军。第一次交锋曾以1:1结束。

施密特：“我们士气高昂”

“人们看到了，我们可以成为对阵伊斯坦布尔的更好的球队。

我们都渴望为晋级下一轮的机会而战，”萨尔茨堡主教练罗杰·施密特在出发前说道。起始状况没有任何变化。“这将是一项非常艰巨的任务，但我们士气高昂，”施密特补充道。

因此，他的队伍必须拿出所有本领。“当然，这将是一场与对阵因斯布鲁克完全不同的比赛，但也将在那里赢得第二批进球，”这位德国人说。萨尔茨堡人必须利用出现的机会。“我希望，我们已经为周二预留了一两个进球。”［……］

50000名观众作为驱动器

无论如何，球员们都渴望在拥有50000个座位的伊斯坦布尔女巫魔锅，也就是在萨拉—焦格卢体育场（Sükrü-Saracoglu-Stadion）中比赛。“我们期待这场比赛，这是高潮。我们必须全心全意，全力以赴直到最后”来自斯洛文尼亚的坎普尔说。“球迷可以更加激励你，在这么多观众面前踢球很有意思”，安德烈亚斯·乌尔默平静地看向伊斯坦布尔方向。［……］

（APA/red；2013年8月5日）

项目实施：

请将您示例篇章中的所有称名和述谓都汇总到一起，在此基础上分析主体是如何呈现的，然后尝试确定其中勾画的形象。请批判性地思考这一形象是否片面或带有意识形态色彩，并思考作者在建构主体形象时的可能意图。

5.3 主题结构分析：什么被言说？

篇章涉及的主题是什么，这是我们对每一个篇章都感兴趣的问题。在话语分析视角下的研究中，总体主题（【德】übergeordnetes Thema）通常是给定的。某些篇章之所以被选择，是因为它们属于某一特定的、主题上定义好的话语。这里令人感兴趣的问题在于，哪些子主题（【德】Unterthema）在何种详细程度上被讨论，以及主题是以何种模式展开的，但同时也包括主题的哪些方面在篇章中被排除、隐瞒或充当前提假定。本节将处理这些问题。

主题和话语

对于每一个篇章，有必要考察它所涉及的主题和子主题。这些主题可以只属于同一个话语。马斯特的书的主题是“企业沟通”，其中“变革沟通”构成了一个子主题（在书中以单列一章的形式标明），而“情感”则构成了该子主题的子主题（【德】Unter-Unterthema），可参见上一节的实例分析。同一个篇章也可以涉及属于不同话语的主题。比如，在一篇题为“可持续的旅游业”的文章中，至少旅游业和环境保护的主题是可以预期的。

在确定篇章的主题和子主题之后，还应考察每个主题处理的详细程度。这可以通过给出行数来纯粹定量地完成。在实操练习5的示例篇章中，总共27行文字只有1行是土耳其运动员说的话。[1]

下一个值得关注的问题是，篇章描述的内容是更倾向于广泛，即提到一个主题的许多不同方面，还是更倾向于深入，即详细解释少数几个方面。这种分析可使我们判断，作者认为什么重要，什么不重要，什么被带到了前台（【德】Vordergrund），什么被移入了后台（【德】Hintergrund）。

然而，在确定主题时，侧重于定量的分析必须辅以难度更高的阐释工作，说明作者如此权衡的理由。而根据语境不同，针对特定对象的详细描述可以承担不同的功能：

- 证明自己在场，并拥有独家信息；
- 强调某事特别重要；
- 通过艺术性的细节展现来取悦读者；
- 强调对象的象征性或典范性；
- 分散对其他问题的注意力。

同样，对一个主题的表面化处理也可能有不同的原因和作用，例如从简单的篇幅有限到故意隐瞒重要信息等。

主题展开模式

篇章的主题和子主题可以用不同的方式布局。就印刷文本而言，篇章语言学传统上区分出主题展开的四种基本模式（【德】Themenentfaltungsmuster）（Hausendorf/Kesselheim 2008：90及后续数页）：

- 描述性（【德】deskriptiv），例如报告、论文、新闻；
- 解释性（【德】explanativ），例如教科书、使用说明；
- 叙事性（【德】narrativ），例如小说、报道、童话；

1 此处的数字27和1均指德语原文中的行数。——译者注。

• 论证性（【德】argumentativ），例如评论、广告。

作者选择的是哪种模式，根据篇章的语法特征通常是比较容易确定的。比如，叙事时态的过去时和诸如“不久之后”之类的时间说明告诉我们这是一种叙事结构；反问句、诸如“因此”之类的小品词和诸如“我认为”之类的态度谓词（【德】Einstellungs-Prädikat）都指向一种论证结构等等。

在完成上述分析后，“为什么相应的模式得以被选择”这一问题紧接着再次摆在我们面前。在论证性篇章中，作者想要说服读者相信某事的动机是相对明显的，但其他三种模式的意图却不那么明显。解释性篇章可以是隐藏的指导，例如对消化器官的说明可能是对正确饮食的敦促。叙事可以承担非常不同的功能，无论是证明叙事者的能力（英雄故事），还是进行威慑以儆效尤（失败的故事），还是激发身份认同意识（纪念故事）等等。

除了这些非常普遍的主题展开模式之外，还有许多篇章类型具有传统上相对高标准化的模式。想想今天的招聘广告和它刻板的结构：“企业描述—招聘职位说明—要求—待遇—鼓励申请—联系方式”。这样的模式一方面使这些篇章的生产和接受变得更为容易，另一方面，它们或多或少也限制了写作者的自由空间，借此施展了它们话语自身的力量（8.3节对此进行了更多说明）。

最后，有一些独立于特定的篇章类型而存在的、定型化了的主题展开模式，它们可以出现在描述性、解释性、叙事性和论证性篇章中。在我们的文化中，一个特别有效的模式是“问题—解决图式”（【德】Problem-Lösungs-Schema）。以它为原型的有英雄出征屠龙的童话和神话，报纸上专家回答读者问题的咨询专栏，由作者提出科学问题并做出解答的硕士论文，使用指南中的关于故障排除的章节，最后还有无数解决生活中的难题的广告。

第二个熟悉的模式是我们在政治演讲、使用指南或药方中看到的“目标—手段图式”（【德】Ziel-Mittel-Schema）：“贴紧，以使……。”当然，不应忘记的还有在科学话语中占主导地位的“因果图式”（【德】Ursache-Wirkungs-Schema）：“空气中较高的二氧化碳含量会导致气候变暖”。有许多科学家只把揭示因果关系的篇章承认为科学。而由于它们的广泛使用，问题—解决图式、目标—手段图式和因果图式不仅为读者所熟悉，而且在纯形式方面具有很强的说服力。

对于多模态文本和超文本，主题结构的分析要困难得多，因为阅读顺序只能预先进行初步设定。在现代报纸的多模态视觉版面（Schmitz 2007）上，读者可以在图像和文本框之间自由移动，更不用说互联网了。在互联网上，读者以自己的方式点击篇章、图像和视频。这里只能分析文本区（【德】Textblock）内部的主题结构，或许还可以分析页面设计想要引导用户采用的阅读顺序。

题外话：故事

叙事性主题展开模式值得我们特别关注，因为近年来它在“讲故事”（【德】Storytelling）这一新名称下发展得风生水起。过去，故事主要出现在文学、电影、戏剧以及日常生活中。它们曾经和现在都拥有牢固根植于文化之中的结构（van Dijk 1980，Adamzik 2004：269页引用）：

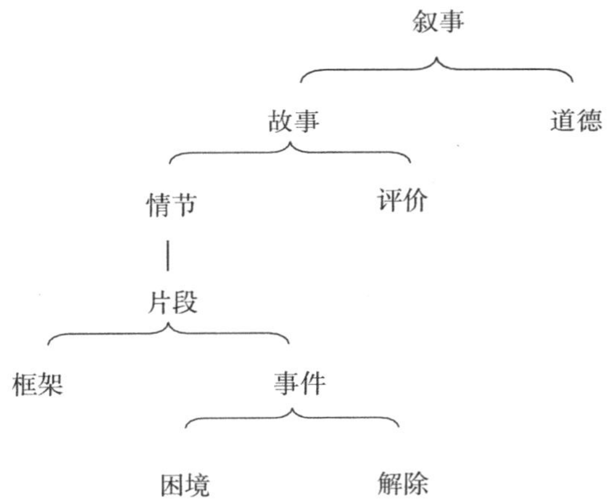

图4：叙述性篇章的结构

由于故事具有相对固定的结构，所以会引起读者和观众强烈的期待心理，比如期待故事的连贯性，期待问题得到解决，期待了解“故事的寓意”。如果叙事结构现在被挪用到新的社会领域，那么这些期待也会随之转移。叙事性篇章的制作者被迫制作出连贯、完整、有意义的故事。目前在新闻界、科学界和管理领域内都可以观察到这一现象。

尽管记者仍然声称要报道事实，但今天他们公开地将自己的稿件称为“故事”（【英/德】Story）。仅仅这个词就揭示了在编辑部实际发生的事情：选定的事件片段被带入他们自己连贯的故事中，并且对受访者一直做工作，直到他们发表记者为了编撰（通常是预先确定好的）故事想听到的说法为止。因此，新闻不是现实的再现，而是一个高度建构性和阐释性的过程（Fairclough 2005：85）。

在社会科学领域，所谓的叙事性访谈（【德】narratives Interview）作为质性数据收集的一种形式已经在各个学科得以牢固确立。研究者运用这种方法来试图记录受访者对其生活或重大事件的主观看法。最后，管理学在近十年里发现了讲故事的意义。现如今，讲故事被誉为把握和理解企业文化、同时也是塑造企业文化的一种手段，它伴随变革进程，对内和对外推销企业的身份认同意识。

对于所有这些较新的叙事形式来说，叙事结构迫使叙事者从自己所经历的一切中选择事实，并且只允许选择那些能串成一条线（著名的“红线”）的事实，在这些事实之间建立起连贯性，完成这个事件并进行评价，即回溯性地确定这一切的意义。故事迫使叙事者在事件的连续过程中设定开始和终点。

如果人们沉浸在讲故事的激动之中，就会忽视一个问题：故事是否总能按照人们所体验的那样如实地反映现实。人们经历的生活世界也可能是碎片化、不连续、矛盾和开放式的，但这些感受很难用叙事结构来予以再现。因此，在越来越多的社会领域中广泛传播的叙事性篇章发展模式有着将特定的现实建构强加给人们的力量。

删略部分

传统的篇章分析聚焦于表达出来的东西。然而，从话语分析的角度来看，询问篇章中什么没有出现也同样有趣，即使这从研究方法上看更难做到。

删略部分（【德】Weggelassenes）包括作者不感兴趣的东西，不想苛求受众的东西，也包括他们自己不想知道、不经意间忘记或不自觉压抑的东西。对作者来说，主题中不言而喻的、因此不值得一提的部分也被删略了，或是对此仅做暗示。因此，被删略的部分位于可言说范围的两端：一端是不可言说的，即话语共同体中的禁忌，在另一端则是不言自明的、不必解释的部分（Roth 2013a：277）。

当然，我们所说的删略部分并不是指没有说出来的“一切”，因为没有篇章可以涵盖整个世界，我们只是指那些在特定语境中使一个思路或论证看起来有缺陷的成分。针对一个主题，如果在篇章中仅有单一的观点得以表达，而所有其他声音都被压制，那么该话语也是不完整的。

有各种明确地将事物排除在话语之外的语言策略。学术篇章在界定主题时，通常会明确提及本文未涉及的内容。在日常讨论中，为了避免某些话题，人们会策略性地使用“这个和那个不是今天的主题”的说法。在法庭上，被告可以拒绝做出供述。然而，这种明确指出删略部分的做法是相对少见的。

此外，也有用以提示空缺的排印手段。引文中的省略号表示被删略的部分，示意读者自己将思路进行到底。不完整的编号表示仅展示表中选中的成分，例如在图文电视（【德】Teletext）播报的排名表中，从第3位开始通常只列出本国的运动员。

然而，被删略的大部分内容并没有在篇章中注明。在这些情况下，读者只能根据他已有的知识辨识出缺少的东西。如果在一篇关于政治主题的篇章中只论述了一个政党的观点，那么有政治素养的读者就知道，此处缺少其他政党的观点，即使他不了解它们的具体立场是什么。

在黄石国家公园的入口处，游客可以看到一部关于动物全年生活的纪录片，包括狩猎和打斗的场景。观众必须自己意识到，在秋天的呦呦鹿鸣和春天幼小动物的哺育之间缺少了一些东西：交配和生育没有被展示。[1]究竟是制片人出于对观众的考虑而刻意删略了这些重要的情节，还是在公共场合放映性和分娩的禁忌对他们造成了如此大的影响，以至于他们甚至从未考虑过将这些场景插入片中，对此我们只能猜测了。作为接受者，即使我们注意到某些东西丢失了，也无从分辨这是出于故意被删略，还是被遗忘或被压抑。

再者，对于一个自己完全不了解的主题，读者没有机会认识到一些重要内容的缺失。因此，信息的删略是话语操纵最有力的手段之一，而寻找缺失的部分是话语分析的重要步骤。

前设部分

在篇章的“白纸黑字”和或多或少被明显删略的部分之间，还有另外一类知识要素，即“前设部分”（【德】Vorausgesetzes）。它指的是那些在篇章中尽管没有被明确表达，但构成了内容理解的直接前提，因此可以被推断

1 美国的其他故事片也是如此。战斗和死亡可以未经审查地展示，性和分娩则是缺失的。

出来的所有内容。

互动各方都认为理所当然的东西被称为共同基础（【英】common ground）。没有这个共同基础，交流是不可能的。我必须能够假定对方知道或和我一样认为地球是圆的，才能与他谈论地理。

这就是为什么研究前设部分对话语分析有吸引力的原因，我们想知道：篇章的作者认为哪些知识是如此不言而喻，以至于他们认为没有必要将它明确表达出来？他们认为自己与接受者共享哪些信念，使他们觉得不必为这些信念说明理由？换言之，作者认为哪些知识和观点是显而易见的，因此在篇章中将它们看作是已知的？这就是本节的主题。在这里我们会介绍四种将篇章中的知识元素处理为预设内容的语言策略：

- 逻辑蕴涵（【德】logische Implikation）；
- 会话隐涵（【德】konversationelle Implikatur）；
- 预设（【德】Präsupposition）；
- 暗示（【德】Anspielung）。

在逻辑蕴涵中，根据语法或内容的逻辑关联可以从已说的内容中推断出没有说出的内容。“玛丽亚从慕尼黑回来了”这句话蕴含了她之前去了慕尼黑这件事。马斯特（Mast 2013：69）的以下定义有着丰富的蕴涵：“‘全球在地化’一词描述了全球化（全球市场一体化和边界的消解）和在地化（人们的思想回归到所生活的近距离世界）的并存。”该定义蕴涵的内容是，世界经济一方面以市场的形式（因此在“市场”一词之前使用了定冠词[1]），另一方面也以可取消边界的民族国家的形式进行组织。这也意味着人们失去了以近距离的周边区域为导向的意识（因此提出思想“回归”）。

当格赖斯（Grice）的四个会话准则（【德】Konversationsmaxime）中的一个明显被违反时，就会出现会话隐涵。篇章的接收者假定的是，说话者所说的话恰好满足理解所需的量（量的准则），说话者相信自己所说的话是真实的（质的准则），所说的话与语境相匹配（关系准则）以及风格是适当的（方式准则）。

如果篇章中内容明显过多或过少，有明显错误或不相关的内容，或者存

1 德语原文是Integration der Märkte，在市场Märkte之前使用的是第二格复数定冠词der。——译者注。

在文体不当，那么接收者会认为这是故意违反会话准则，并且认为说话者想要借此暗示某事（Grice 1975）。因此，从政界人士在答记者问时普遍采用的策略，即不予回答（关系准则）或不完全回答（量的准则），很容易推断出他不想提供所需的信息。

预设的概念涵盖了那些作为篇章理解的前提条件、但篇章本身未提及的所有知识元素和日常经验。在某些情况下，预设显示在语义上。例如在“绿党成功进入了议会”这句话中，“成功”这个措辞表明要获得足够的选票并不容易。

通常来说，对必要知识的推断完全是交由读者来完成。让我们来看下面这句话：“鉴于这种信息泛滥，注意力正日益成为一种稀缺物，甚至变成了针眼”（Mast 2013：69）。这句话预设了以下知识，其中只有一部分在上下文中被明确表达：人只能处理一定数量的信息；超量的信息就像自然灾害（“洪水泛滥”）一样具有威胁性；注意力是可交易的商品（“物”）；人们的注意力是各企业争先恐后想挤过去的窄道（“针眼”）。今天，在大量的信息供给面前，人们是否真的感到这是一种挑战，甚至是一场灾难，对此文中没有讨论，而是将之作为前提。

在广告中可以找到一些影响尤其广泛的预设。如果说所前设的读者的知识元素、信仰和理想是一座静默的冰山，那么现有的篇章通常只是冰山的一角。一家啤酒制造商在山地运动杂志上为一种无醇啤酒做广告，上面是一张山地车手的照片，配文写着：“清爽。运动型。100%的成绩。100%的恢复。”在我们的社会中，许多人自愿在业余时间从事体育活动和取得最好成绩，他们在运动后想快速恢复体力，并用一杯清爽的啤酒犒劳自己，只有了解这些情况的读者才能理解这篇文章。这则广告的信息只有对那些同样志在追求卓越理想的接受者才有效。当今的广告之所以如此有影响力，是因为它不去讨论它所宣传的运动精神、美丽、成功、自然等价值观，而是将它们视为既有原则。

政治和经济话语也充满了很少被提出讨论的预设，如：持续增长是必要的，全球竞争是不可避免的，竞争比合作带来更好的结果，民主是唯一合法的国家形式，等等。谁懂得如何定义话语共同体的共同基础，即确定哪些知识和信仰不再是质疑和讨论的对象，而是话语的前设部分，谁就拥有社会权力（Fairclough 2005：55）。

这里讨论的第四种对篇章中知识元素进行前设的形式是暗示。与引文一样，暗示是互文性（【德】Intertextualität）的一种形式，即在没有按字面或意义再现原文的情况下与其他篇章关联。如果读者要识别暗示，并理解作者使用暗示的意图，需要有相当丰富的前设知识。

巧克力棒的名称“邦蒂”（Bounty）暗示了电影片名《邦蒂号上的叛乱》[1]，其目的是使巧克力棒充满冒险和南海的气氛（Hausendorf/Kesselheim 2008：198）。通过对《圣经》、古代英雄史诗、格林童话等文化主流典籍的暗示，可以在接收者那里唤起整个信仰体系、集体神话以及其中包含的意识形态，而无需明确提及它们。

结论：在分析主题结构时，需要澄清的问题是：哪些主题以何种详细程度进行了讨论，哪些主题被排除在外或仅被简略提及，以及哪些知识被默认为前设部分。

实例分析

现在让我们将以上讨论的内容应用到我们的研究实例上，并进行主题结构分析。正如人们对教科书所期望的那样，马斯特的书主要是描述性的。哪些主题用了多少页的篇幅来进行讲述，对此目录提供了精确的信息。马斯特的书一共有500页，旨在追求内容的完整，因此各个章节都经过了详细处理。让我们仔细看看“讲故事——沟通的叙事方法”这一章中的一个小节。

> 叙事方法主张，人们将自己的存在视为故事，因此感官的感知只能以故事的形式才有可能。这就是说，情感驱动的叙述比事实导向的报告更有效果。如果企业希望在其利益相关者眼中具有重要意义，它必须讲好自己的故事。
>
> 故事非常适合以简单的方式解释复杂的过程，使平淡的事实变得引人入胜，或是用于传达某些情感。故事已经在企业沟通中得到应用。尤其是在市场营销领域，有趣的故事——例如作为广告的主题——是通向客户的好办法（Herbst 2008：7）。讲故事现在也进入了公关领域，尤其是在改善组织、产品或人员的形象和提高知名度方面发挥着作用。例如，绿色橡皮艇在波涛汹涌的大海上驶向失事油轮的画面是传达意义的范例：绿色和

1 又名《叛舰喋血记》——译者注。

平组织讲述着大卫战胜歌利亚（【德】David gegen Goliath）的故事（Mast 2013：54）

与本书其他部分一样，上面节选的这一部分主要是描述性的，但也有解释性的片段，这以小品词“这就是说”（【德】also）为标记：“这就是说，情感驱动的叙述……更有效果”。主题处理的详细程度很高，因而需要读者先前具备的知识相对较少。另一方面，作者预设了以下知识：在资本主义经济体系中，生产过剩，市场饱和，企业要争夺消费者的注意力，并销售其产品。至于人们也可以以不同的方式进行经济活动这一事实，书中丝毫没有予以考虑。

在该小节的末尾出现了对《圣经》的暗示，旨在唤起读者以下知识内容：一个小而微不足道的人（大卫），如果他足够聪明，可以打倒一个大而强的人（歌利亚）。这一小节中删略的部分是理据说明和异议（整本书并不是这样）。例如没有说明为什么应该简化复杂的过程，为什么要让平淡的东西变得引人入胜——这种观点完全值得怀疑。讲故事被片面地赋予了积极的意义，而质疑这一概念的批评声音是缺失的。

实操练习：

实操练习6：请分析以下报纸评论的主题结构。文中涉及哪些主题，其广度和深度如何？主题展开模式是什么？请确定前设的部分和删略的部分。尤其要注意蕴涵、预设和暗示。

德国关于使用兴奋剂的讨论

干净的西方体育的童话

施特凡·奥斯特豪斯

当柏林墙仍然矗立，东德在世界体育舞台上大获成功之时，联邦德国对体育欺诈有着清晰的认识。他虽然是女性形体，却有着衣柜那么宽的上身骨架和非常低沉的嗓音。这些是使用合成代谢类固醇（【德】Anabolika）的迹象。如果西方在竞争中没能名列前茅，那么至少可以通过道德上的优越感得到补偿：兴奋剂，这是东方集团的手段，是阶级斗争的武器。

西方在很长一段时间内都很好地接受了这种观点。但在过去的几年里，情况发生了变化。不仅前西德田径运动员布里吉特·贝伦东克（Brigitte Berendonk）谈到了西方使用兴奋剂的事情。众所周知的还有，后来成为内政部长和现任财政部长的沃尔夫冈·朔伊布勒（Wolfgang Schäuble）曾在1977年联邦议院体育委员会会议上呼吁使用兴奋剂。尽管如此，在西方，兴奋剂的使用总是被视为个人行为，是对规范的背离。在国家命令下大范围组织的欺诈似乎是东部地区的事。

两年前，研究人员发表了一项研究成果：研究证明西方国家也在联邦部委的委托下进行了兴奋剂研究，而且成果得到了实际应用。这在当时引起了极大的愤慨。现在激动情绪再度掀起，因为人们近日得知有关研究的最终报告曾被隐瞒了很长时间。显然有人担心细节太有爆炸性。然而，基本事实已为人所知。

最近的愤怒表明，西方多么地留恋干净的体育形象。被视为敌人的东德体育不仅是官员们的参照物，也是他们经常付诸于实践的欺诈幻想的投射面。新近发表的部分研究结果将玷污一些名声。因而科学家们的工作已经产生了一些效果：干净的西方体育的童话成为了历史。

《新苏黎世报在线》（*Neue Zürcher Zeitung Online*），2013年8月6日）

项目实施：

请分析示例篇章的主题结构。您可以尝试以图形方式表示：小而宽的方框表示简短和处理得肤浅的主题，大而长的方框表示处理得详细的主题，带有虚线连接线的圆圈表示前设部分，不带连接线的椭圆表示删略部分。请确定主题展开模式，同时特别注意蕴涵、会话隐涵、预设和暗示。

5.4 情态：陈述是如何被框定的？

情态（【德】Modalität）指的是，述及的对象是以何种形式框定的？是作为事实、个人意见、规范、要求还是建议？这与关于所描述事物的现实性和真实性的有效权诉（【德】Geltungsanspruch）联系在一起。情态通过各种语言手段来表示，具体如下所述。

再现类表达

创建事实（【德】Fakten schaffen）的最简单形式是十分常见的陈述句："变化的节奏频率越来越快。持续性改变既是对新要求的反应，也是对新要求的准备"（Mast 2013：67）。在这些句子中，没有任何语言上的迹象表明该陈述仅仅是一个可能存在争议的断言。纯然的陈述句是书面篇章中最常见的句子类型，它往往使读者难以认识到其中所描述的"事实"并不是简单的"报告"，而是首先由句子建构的。从言语行为理论的角度来看，这些都是再现类的言语行为（【德】repräsentative Äußerung），但"再现"一词具有很大的误导性，因为世界并没有按照它实际的样子被映现。

创建事实的第二种形式是定义（【德】Definition）："利益相关者（权利群体）是那些受企业决策影响或可以通过他们的行为影响企业行动的人"（Mast 2013：116）。该定义使我们更清楚地看到语言的建构性质，特别是当使用诸如"我们对权利群体定义如下"或"我们认为权利群体是指"等表达引出下文时。

事实不仅是通过具有再现类言语行为创造的，而且还通过宣告类的（【德】deklarativ）、表情类的（【德】expressiv）和承诺类的（【德】kommissiv）言语行为创造出来（Adamzik 2004：224及后续数页）。在宣告类言语行为中，言说者通过宣布法庭审理结束、合同无效、和平协议生效等，明确地创建一种新的、具有法律效力的社会状态："被告在此被判处……"。

在表情类言语行为中，言说者表达自己的感受，而这些感受本身难以被质疑，因此他也可声称具有事实性："我觉得被利用了。"最后，通过承诺类言语行为，说话者承诺了未来的行动，从而带来一种新的社会现实状态："周末我拜访你。"

强化类表达

对普通陈述可以通过多种方式进行强化，从而强调自己正在反映"赤裸裸的事实"或"纯粹的真理"。可选择的语言手段有：

- 情态小品词：毫无疑问、肯定、准是、无可争辩、绝不会……；
- 意见表述动词：我们相信、我认为、众所周知、没有人会否认……；
- 重复：从来没有、我们永远不会……；

- 升级：没有人、没有任何一个人可以……；
- 反问：难道不是……？……，或者不是这样？；
- 援引权威：苏格拉底都已经知道……、科学研究表明……；
- 援引多数：大多数企业都有……；
- 占用：如果……，您肯定同意我的看法。

强化类表达（【德】Verstärkung）用于将陈述呈现为尤为重要且无法推翻的事实。有趣的是，它们也可能产生相反的效果，比如："我认为，人们受自己情绪的引导。"这个陈述比下面这个更容易引起质疑："人们受自己情绪的引导。"

弱化类表达

对普通陈述可以通过多种方式进行弱化（【德】Abschwächung），从而使宣称拥有不可辩驳的真理主张相对化。陈述的弱化有许多不同的语言手段，每一种都以不同的方式限制了陈述的有效性。

陈述的有效性可以在其时间、地理或情境的范围方面通过以下手段加以限制：

- 情态小品词和副词：有时、现在、过去、这里；
- 状语：在我们的纬度、在给定的情况下；
- 条件结构：如果……，就、倘若、在……条件下。

陈述的有效性可以在确定性方面通过以下手段受到限制：

- 情态小品词：估计、很可能、大概；
- 意见表述动词：我们估计、我的出发点是；
- 动词和功能动词：看起来、它给人的印象是；
- 模糊限制语：有点、就这么说吧、或类似的、不管用什么方法；
- 间接引语：有人说、据报道。

陈述的有效性可以通过将其呈现为个人意见或假设来限制：

- 表达确信程度的动词：我相信、我想、我是指、我觉得；
- 意见表述用语：我们认为、在我们看来、我相信、我们的观点是；
- 其他表达方式：我们的假设是、我们做出以下假设。

弱化表达有着不同的话语原因和功能。它们可能是言说者缺少把握的表现，也可能是在表明他不愿与某个意见绑定。它们可以作为一种预防措施，以便言说者在遭到别人攻击时能够与自己的陈述保持距离。通过将自己的信念表达为只是描述现实的一种可能性，它们还可能是一个表达愿意坦诚讨论的姿态。最后，弱化表达可以或多或少是一种谦逊的姿态，表示并没有自认为掌握了最高智慧。后者是科学界的常见做法：尽管大多数科学家对自己的观点深信不疑，但他们喜欢将其呈现为“阶段性”结果，“自认尚不完善”。

规范类表达

通过自己的表述，书写者不仅可以表明世界是怎样的（或自己如何看待它），还可以表明世界应该怎样（或自己希望它怎样）。他们使用规范类表达（【德】normative Äußerung）来做到这一点，这些主要是情态动词的领域。通过情态动词（“可以”“应该”“必须”“允许”）、句式（直陈式和虚拟式）以及肯定和否定等语言手段的使用，可以对规范的紧迫性进行分级：

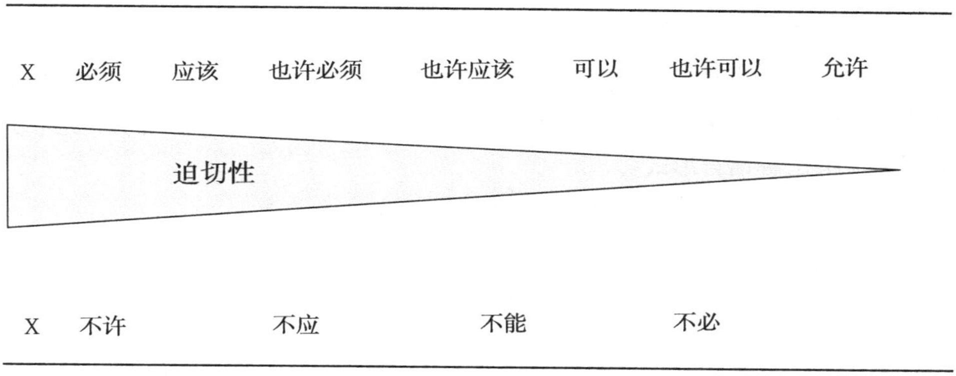

图5：情态动词的规范性效力

其他建立规范的方法是

- 形容词：X是不可或缺的、必要的、不可避免的、不言而喻的；
- 条件结构：X是前提，没有X就没有Y，只有当X才Y；
- 动词：X必须是，X必须完成。

反过来，所有上述建立规范的语言形式都可以得到加强（“在所有情况下”“总是”“从不”）或削弱（“如果可能的话”）。

费尔克劳指出，当今许多管理文献是劝告性的（【德】hortativ）。表面上看，这些篇章是描述性的，但它们的目的是为了建立企业行为的规范，“旨在促使人们在特定现实表征的基础上以某种方式行动”（Fairclough

2005：96）。请比较以下句子（Mast 2013：242-243）：

（1）“面对面交流的重要性日益增加，其内容和流程必须适应管理者和员工不断变化的需求。”

（2）“管理者是员工沟通的重要传播者。”

（3）“此外，管理者也是员工的教练员、支持者、主持人和激励者。”

虽然句子（2）和（3）没有情态动词“必须”（【德】müssen），但是从规范性特点来看，它们几乎不亚于句子（1）。因为我们不能把“管理者是教练员”这一断言真的理解为是对企业管理工作现实的描述，而只能理解为一种对管理者应该是什么样的要求的表述。把（据称）“是”什么样，许多企业“在做什么”或什么是“证明有效”的，以及“建议”什么、“应该”怎么样和“必须”怎么样等这些内容进行无缝衔接，已成为当今管理学文献的普遍特征。

指令类表达

陈述不仅可以具有再现性或规范性，还可以具有指令性（【德】direktive Äußerung）。如果篇章直接要求接收者采取行动，它便是指令性的。在这方面基本上有三种语言形式：

- 命令式的命令：您试试、你过来、你走开、您预订……；
- 不定式的命令：禁止进入、全体注意、现在预订……；
- 请求：请你……好吗、您能不能……、请您……好吗、……是受欢迎的、请求获得……。

视情况而定，可以采用以下间接形式提出要求：

- 愿望：我想、员工希望……；
- 建议：我们可以、可以……吗；
- 虚拟式：……就好了、……会是有益的。

指令是行使权力的一种形式。要求的表达越直接，说话者所拥有的或认为自己拥有的社会地位就越高。另一方面，间接性是社会从属地位的标志，但也是礼貌的标志——这两种现象在语言上经常同时发生。

结论：在分析情态时，要澄清以下问题：在描述事物时对真实性和确定性的把握程度，是在构建事实还是在表达意见？是在描述给定的事物、建立规范还是要求接受者采取行动？

实例分析

下文摘录选自“绩效监控”一章。

> 获取信息比改变行为更容易、更快速和成本更低。因此，短期到中期的沟通活动只能瞄准认识的增加或补充，以及纠正相关群体对企业的不准确想法。在这种情况下，效果的持续时间有限，因此监控工作必须在沟通行动过程中或之后立即启动。相比之下，诸如建立对企业的理解和信任的目标只能着眼于长期、在整体方案的框架内来实现。
>
> 因此，贝松的战略公关评估模型区分了公关评估的不同阶段：方案评估、过程评估、态度评估和结果评估。“战略公关评估是对公关过程有计划、有针对性的调查、评价和控制，它衡量公关工作在公关计划之前、期间和之后的质量和有效性”（Besson 2004：46）。
>
> 绩效监控在企业沟通中也是不可避免的。上述困难不应成为公关工作不接受相应绩效考核的借口。公关部门承受的压力越来越大。如果在可预见的未来不能就合适和可行的工具达成共识，他们在通常的预算或人力资源分配过程中的地位将非常困难和不舒服（Mast 2013：148-149）。

在本节中，这部教科书以规范性为主的特征清楚地表现出来。马斯特运用了所有的语域（【德】Register），将自己的观点描述为唯一可能的观点。一方面，使用了纯粹的陈述句，并且在表达时没有使用任何弱化方式，因此也不接受任何质疑：“获取信息比改变行为更容易、更快速和成本更低。”另一方面可以找到情态动词的所有变体，用于表达企业“必须”做什么，按照所描述的方式“只”“能”做什么，以及“不得”做什么。最后还使用了形容词：“绩效监控是……不可避免的”。

在整本书中，许多定义被用来创建事实。在转载的段落内就有一个引用的定义，赋予了它更多的权威性。但也有不带任何证据的纯粹断言：“公关部门承受的压力越来越大”。最后，以条件结构的形式（“如果……不能……”）提出了一个几乎带有威胁口吻的规范。其他任何观点则都被贬低为“借口”。

引人注意的是，内部分配的争夺战被视为是既定的、不可影响的。这清晰地揭示了整本书的另一个特点：负责沟通工作的人所处的总体框架条件都被呈现为无法改变的事实——并因此被赋予约束力。负责沟通工作的专业人员的行动基本上是被动反应，但又不得不全力而为。总而言之，这本书的话语具有极为突出的权威主义风格，发挥着稳定现有制度的作用：事情就是这样，谁想生存，就必须按照书中描述的那样行事。

实操练习：

练习7：下面转载的文章发表在ScienceBlogs门户的“WeiterGen”博客中。请检查篇章中出现了哪些陈述情态。作者将哪些主题对象作为事实呈现，哪些作为个人观点提出？陈述在哪里得到强化以及弱化？篇章产生了什么样的整体印象？

创意窃取：科学界的寄生虫

托比亚斯·迈尔发布于2013年6月24日

马库斯·珀斯尔（Marcus Pössel）在他的博客中，讲述了一个关于天文学博士后职位申请书中的创意被窃取的故事，而这个故事显然是真实的。文章称，收到申请书的一位教授试图在没有通知作者或让他参与测量分析的情况下独自执行计划中的项目。申请人偶然获悉自己的创意被窃取的情况，幸运的是，这位申请人最终还是成为可以发布相关数据的第一人。

以上所描述的案例是一个例外情况，因为根据纪录了该创意的书面文件可以确认原创者，而且窃取者也可以相对清楚地识别出来，因为他向天文观测站提交了一份措辞显然非常相似的申请。

以我的经验，在科学界，创意被窃取的情况是比较常见的，但很少能够像上面描述的那样轻易识别出原创者，因为好的思想通常是在信任对方的情况下以非正式的方式口头交流的——在大会上、报告后、工作会议上和在午餐时的谈话中。大多数创意窃取发生在灰色地带，创意窃取者以只是受到对方启发为理由相对容易为窃取行为辩护。

我还相信，在很多情况下，那些盗窃者根本没有意识到自己的错误。毕竟，任何从未有过自己创意的人，因此也从未被窃取过创意的人，根本不可能知道自己的知识产权被窃取是什么感觉。这种人也不理解那种希望保护知识产权、警惕那些直接从同事那里获得项目“灵感”的科学界寄生虫的愿望。

然而，同样清楚的是，科学并不是只靠创意，重要的是实施。在这个过程中，有意或无意地忽视和隐瞒原创者的贡献，会削弱创意提供者的积极性。它属于明显的科学不端行为，应受到相应的处理和处罚。

项目实施：

请分析在您的示例篇章中出现的陈述情态。请确定在何处使用了哪些方式来创建事实性？在哪里强化或弱化了对确定性和真实性的权诉？陈述在哪里被表达为个人观点？规范在哪里得以确立？请检查是否存在通过描述性表达来掩盖规范和行为要求的做法。

5.5 评价：对象是如何被评价的？

评价（【德】Evaluation）从最广义上讲，涉及所研究的篇章中作者认为被描述的对象是“好”还是“坏”的问题。它是篇章中传播的意识形态的明确标识。然而，评价高度依赖于语境，例如下面这个陈述：“她是一个坚定的共产主义者”，可以是一位作者口中的赞美之词，也可能是出自另一位作者之口的指责。因此，有关评价的任何计算机辅助的定量分析也必须辅之以对相应语境的仔细考察。

此外，在各社会话语中得以应用的价值体系差异极大，以致于对同一事物的评价可能会非常不同。一个具体行为，例如解雇单身母亲，可能在法律上是正确的，但在道德上是有问题的。从深海开采石油，从经济的角度来看可能是有利可图的，但从生态的角度来看是对环境等有害的。

最后，各个话语可以细分到更多的学科，因此它们本身就是异质的。哲学也是如此，它有各种流派，理性主义者问一件事是否“合理”，功利主义者则问是否“有用”等。

下表列出了我们社会核心话语的几个关键概念，说明了在这些话语中通常被理解为“好”的方面。

表5：核心话语和代表“好”的关键概念

话语	“好”	话语	“好”
哲学	符合伦理的 理性的 有用的	美学	美的
道德	有道德的 正直的	宗教	虔诚的 基督教的
经济	有利可图的 有效率的 成功的 有效益的	法学	合法的 公正的
生态学	有益于生态的 可持续的	技术	可行的 安全的 运行良好的
政治	民主的 合法的 团结的	媒体	时新性强的 引人入胜的 娱乐性的 情色趣味的
日常	实用的		

同一件事根据立场不同可能被赋予正面或负面评价，这一事实构成了社会领域中，尤其是政治场域中话语论争的基础。政界人士相当随意地使用所有可用话语中的论点，因此政治成为了经济、伦理、法律和日常评价的混杂体，绝对值得我们分析。

从话语分析的角度来看，评价之所以如此重要，是因为它们不仅说明了作者对其描写对象的态度，而且还因为它们是对行动的隐性指示：什么是“好”的，同时就是值得追求的；什么是“坏”的，当然就应该避免。当评论者将一部长篇小说评述成“垃圾”或“性别歧视”时，这本身就是在建议大家不要读这本书。

在篇章中可以进行显性评价（【德】explizite Evaluation）和隐性评价（【德】implizite Evaluation）。当评价被包含在用于描述所讨论对象的词语中时，就是隐性评价，例如当企业的行为被定性为“激进主义”时。下面将介绍的三种隐性评价的形式是内涵意义、委婉语和隐喻。当明确使用附加语或者与谓词（【德】Prädikat）关联在一起的评价时，就是显性评价，比如：“这一投资是有利可图的”或者“值得去做”。由于在5.2节中已经讨论了对社会主体，即人的描述，我们在本节中只讨论对行为、事件、具体对象和思想方案的评价。

内涵意义

内涵意义（【德】Konnotation）是指与词绑定的，因而被词汇化了的评价，正面评价如“能力”“成功史”，负面评价如“无知”“可怕的场景”。这是一种相当不显眼的评价形式，因此经常被忽视。我们使用诸如“发展中国家”或“基础失业率”（【德】Sockelarbeitslosigkeit[1]）等词时说得自然而然，以至于几乎没有意识到它的意识形态特征。对一个表达的贬义程度经常存在争议。例如，作者本人的两位熟人几乎陷入了一场法律纠纷，因为其中一个人将对方的作品称为“Elaborat”[2]，而后者认为这是一种侮辱。

委婉语

委婉语（【德】Euphemismus）是进行美化掩饰的表达。它在政治领域，特别是在军事领域很受欢迎，被用来掩盖令人不愉快的事实。例如，“附带损害”（【德】Kollateralschaden）是一个臭名昭著的例子，在1999年被选为年度坏词（【德】Unwort des Jahres），它经常被用来掩盖平民伤亡或重要基础设施的损毁。过去戈培尔曾把德国军队的撤退宣称为“调直战线”（【德】Frontbegradigung），可谓是传奇的。委婉语在商业界也很受欢迎。价格不是“提高”，而是“调整”，解雇员工则是打着“降低成本的措施”的旗号，等等。

尽管这些委婉语往往是可以被一眼看穿的，但它们的使用频率依然极高，因此在篇章分析中不应被忽视。委婉语还会被用来直接误导读者。在歌诗达协和号（Costa Concordia）游轮事故发生后，运营商在声明中写道：“船

1 在经济景气时仍无法解决就业的失业人口占失业者总数的比例——译者注。

2 这个德语词有两个基本意思：1.（雅）文章，著作；2.（贬）粗制滥造、没有思想的文章——译者注。

长对紧急情况的估测不符合歌诗达设定的标准。”[1]而事实是船长早在乘客撤离之前就离开了船……

隐喻

隐喻以一种形象化的方式表达事件过程，如“揩眼[2]”（【德】Augenwischerei）、“人口爆炸”或“春天的觉醒”。正如5.2节所讨论的，隐喻操控着我们对事物的感知，并且可以包含强烈的评价意涵。

单个隐喻可以扩展为整个喻象世界（【德】Bildwelt）。从一位被称为“船长”的企业负责人开始，整个企业可以被概念化为一艘“船”，而员工则是“船员”，这艘船“正在航行”或“驶向沉没”甚至“沉船”。这样的喻象通常暗示了某些行动准则，比如企业的员工就像船上的水手一样，必须盲目服从船长；或者企业影响不了海浪和一般天气情况（即经济形势），而只能升起风帆，尽可能做好启航准备。这样，企业作为一艘船的隐喻为管理决策提供了形象化的理据，由于这种隐喻群具有强大的说服力，几乎是不容质疑的。

自然隐喻（【德】Naturmetapher）在意识形态上特别危险，因为它们暗示所描述的社会现象是“自然的”，因此不受人类影响。例如，在关于移民话语中，水的隐喻很流行：难民或移民“涌入”国内，甚至形成“洪水”，因此必须建造“堤坝”。在有关兼并和收购的经济报道中，企业之间的竞争被概念化为达尔文式的物竞天择、“适者”生存的斗争，这类隐喻（除了婚姻隐喻外）占居了主导地位（Koller 2005）。它们有助于将企业之间经常具有毁灭性的价格竞争和收购战伪装成自然发生的事情，从而避免成为关于是否符合经济和社会理想的话语的讨论对象。

因此，在分析隐喻时，不仅有必要询问它们包含哪些评价，而且还需要询问它们暗示了哪些行为方式。

附加语

最容易识别的是使用附加语进行的评价。这些主要是作为定语或状语使用的形容词，如：“非官僚主义的”措施，利润前景是“大有希望的”。对于形容词用法，应检查它们进行的评价是正面还是负面，以及它们从哪种话

---

1 歌诗达协和号声明，2012年1月15日星期日。

2 欺骗、蒙蔽之意——译者注。

语中调用了哪一套价值体系：功利主义、理性主义、伦理道德，等等。评价也可以通过其他类型的附加语实现：

- 分词附加语："传闻多年的"、"在许多情况下经受住考验的"[1]；
- 状语："直到令人感到厌倦"、"基于我们的良好经验"。

在广告等多种话语中，形容词和类似的附加语本身就是关键词，对它们的定量分析提供了有关社会理想的信息，并且在历时研究中提供着有关其变化的信息。形容词"新""新鲜"和"便宜"是永恒的流行词，早在17世纪就有研究证明是这样（Bendel 1998），而"有机的"甚至"可持续"等形容词直到二十世纪末才出现在广告中。

修辞格

一系列的修辞格（【德】rhetorische Figur）都适合用来做评价：

- 比较："像在祖母生活的时代"，"像一艘没有舵的船"；
- 夸张："只有最傻的土包子才信"，"有史以来最好的"；
- 感叹："何等的胜利！""多么浪费啊！""真是一派胡言！"

在管理文献中有一种特殊的比较形式：将人们过去所做的与今天所做的进行比较，通过这种方式将过去的管理理念暗示或明确描述为过时的东西，并因此取消其适用资格。"我们今天更明白"这一修辞技巧经常作为改变管理方法的辩护理由。

谓词评价

最后，评价也可以与谓词相关联。即使是简单的动词也可以包含评价。例如，"逃避"（"sich drücken"[2]）具有贬义，用形容词表达是"胆怯的"（"feige sein"）。此外，还有许多搭配（【德】Kollokation），如"误导"（"in die Irre führen"），"在某方面领先"（"etwas voraus haben"），"名列前茅"（"an der Spitze stehen"），等等。

结论：

在分析评价时，需要澄清的问题是：篇章中使用了哪些语言手段进行评价，评价调用了哪种价值体系，以及评价是否与隐性的行动建议相关联。

1 德语表达为"in vielen Situationen bewährt"，其中bewährt是分词形式。——译者注。
2 德语反身动词，有贬义"逃避（责任、工作等）"的意思。——译者注。

实例分析

下面的段落出自已经引用过的“绩效监控”一章。

> 然后下一步是确定主题策略，即以何种方式来实现目标。克勒韦斯和斯塔克（Klewes/Stark 1999：56）在此区分出以下主题策略：
>
> - “‘搭载策略’试图通过可达成共识的或无害的策略来掩盖其背后的真正关切；
>
> ［……］
>
> - “顺势疗法策略”将主题相关的（有时是苦涩的）信息内容切分为几乎无法测量的单元，在缓慢但持久的逐步习惯过程中散播这些信息单元”。
>
> 最后，卡特利普等学者总结了成功的沟通方案所需的条件（Cutlip et al. 2008：363-364）：
>
> - 可信度：接收者必须信任沟通者，并尊重他在该主题上的能力。［……］
>
> - 语境：成功的沟通方案必须与语境相匹配。语境应该加强信息，而不是与之相矛盾。（Mast 2013：137-138）。

以上节选反映了整本书的一个典型特征，即较少使用显性评价，而只是反复指出哪种做法可使沟通“成功”。在科学领域，对评价保持谨慎态度是很常见的。然而，这本书的姿态并不是科学意义上的谨慎，而更多是声称这本教科书所描述的一切都会带来成功，因此不仅“好”而且“正确”。这里所关联的价值体系仅有经济价值体系：有助于经济成功的，就是“好的”。道德或政治价值体系完全不被考虑在内。

书中的隐性评价比比皆是。一方面，“过去”教授的所有内容都被贬低了，如：“这种方法让人联想到过去熟悉的刺激—反应沟通模型。而这一模型忘记了沟通是一个整合了许多主体的共同行动的过程，旨在促进信息、意见、经验和知识的相互交流”（同上：67）。另一方面，使用了“企业社会责任”“早期发现系统”或“参与”（同上：97）等内涵丰富且包含积极评价的术语。

书中隐喻使用得很少，但评价特征特别明显：“搭载策略”和“顺势疗法策略”被放在双引号内，并因此被标记为隐喻，它们还是具有丰富联想涵义的表述，揭示了沟通的策略性特征。

所引用的摘录还揭示了马斯特书中不时出现的自相矛盾。在同一页上，作者建议掩盖信息，又要求具有绝对的可信度，说得客气些，这是令人惊讶的。该书在其他方面也存在很多矛盾：各个章节的引言都强调对话，但在提出操作建议的章节中则是以典型的自上而下的沟通方式为主，其中上级不只是通知员工，也应对员工进行灌输和操纵：“内部沟通的核心是指明方向和对话，即影响意见和态度以及强化个人的行动积极性”（第232页）。虽然在上述引文中指责刺激—反应模型已经过时，但刺激和反应这两个术语却在第146页未加考虑地再度出现。

矛盾产生的原因一方面是因为该书有时只是简单地将不同作者的建议不加评论地罗列在一起（如在引用的部分中），另一方面是因为新的引言被直接放在了从早期版本保留下来的章节之前。

实操练习：

实操练习8：分析在下面刊印的评论中进行了哪些评价。作者遵循何种价值体系？

> 西蒙·M.·拉汉姆（Simon M. Laham）
> 《原罪的意义——七宗罪以及它们为什么对我们有益》
>
> 色欲、暴食、贪婪、懒惰、暴怒、嫉妒和傲慢：这些“深重的罪孽”真的对我们人类有害吗？澳大利亚心理学家西蒙·M.·拉汉姆给予了明确的否定回答。相反：适度的违规使我们更乐于助人、更聪明、更知足。他以生动有趣的方式展示了大量社会心理学研究的成果。七宗罪充当了贯穿其中的一条新颖且易于理解的红线。那些在心理学实验中被巧妙使用的方法使外行人在阅读时也频频会心一笑。如果您去掉书封——它看起来更像是罗莎蒙德·皮尔彻（Rosamunde Pilcher）的剧本，而不是一本扎实的科普作品——您也可以大胆在电车上阅读这本书。
>
> 蒂姆·哈尔曼（Tim Haarmann）
>
> （*Spektrum der Wissenschaft* 7/2013，第98页）

项目实施：

请研究您的示例篇章中是否使用以及使用了哪些语言手段进行评价。请思考这些评价可以归类到哪些话语以及它们所依据的具体价值体系。

5.6 论证：如何说明陈述的理由？

一个篇章是否是论证性的，通常可以从句法上看出来。论证性的篇章经常有更多的从属句，也就是说，它们包含由表示逻辑连接的连词所连接的从句：如因果（“因为”）、功能（“以使”）、条件（“如果”）、时间（“在……之前”）、让步（“虽然”）。论证性弱的篇章经常有更多的并列句，也就是说，它们由彼此间具有相加（“和”）或阐释（“即”）关系的主句组成。陈述在此只是被排列在一起，而没有说明其理由。

论证用于断言、支持或破坏陈述或规范的有效性（【德】Gültigkeit）。在话语视角下的篇章分析框架中，有必要考察相关篇章中的论证，因为正是它们使篇章中勾勒的世界图像得以合法化。此外，论证提供了很大的操纵空间，特别是在它们不完整或有缺陷的情况下。

论证的最一般形式是：将有争议的陈述回溯到无可争议的陈述，从而为前者提供理据。在斯蒂芬·图尔敏（Stephen Toulmin）的著名模型中，一个完整的论证结构如下所示：

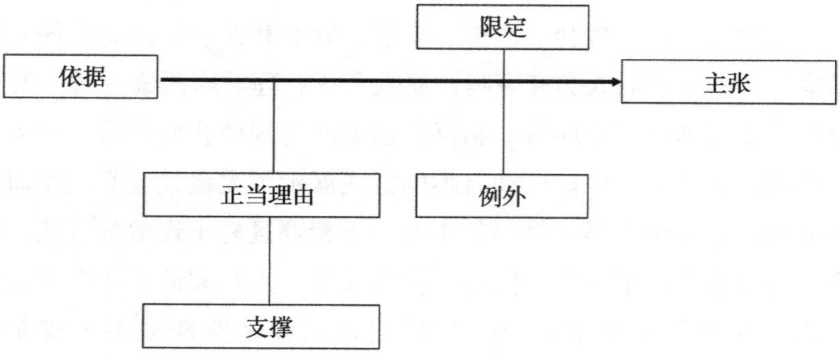

图6：图尔敏论证模型（转引自Frischherz/Demarmels/Aebi 2011：81）

与此相应，一个论证可以表述如下：“经济学家施密特预测肯尼亚的经济增长率为3%（依据）。施密特的预测通常是正确的（推论规则），因为他有多年的专业经验（支撑）。因此，肯尼亚的经济在下一年很可能（限定）

将增长3%（主张）——如果不爆发政治动荡（例外）。”

然而，结构完整的论证与其说是常态不如说是例外。在日常生活中，许多论证仅由依据和主张组成，而且是以相反的顺序：“肯尼亚经济预计明年很可能增长3%（主张），经济学家施密特也是这么说的（依据）。”推论规则通常被省略，但这正是每个论证的关键所在：施密特的预测真的可靠吗？

推论规则（【德】Schlussregel）通常具有前提的性质，即属于一种预先做出的假设，因而并不总是无可争议的。通过揭示没有明确表达出来的推论规则，可以推翻某些论证：“如果事故所发生企业的雇主受到高额罚款（依据），企业的事故数量可能会大大减少（主张）。”这一论证的推论规则是：“罚款会导致行为的改变”，而这一假设在刑法专家和心理学家中是有争议的。

以显性或隐性形式基于推论规则的论证也被称为逻辑论证（【德】logische Argumentation）。除此之外还有一些不是基于推论规则的论证：例如援引权威、价值观、理性以及范例故事等。下面对各种形式的论证做简要介绍。

逻辑推理

金蓬特纳（Kienpointner 1992）区分出四种形式的逻辑推理：

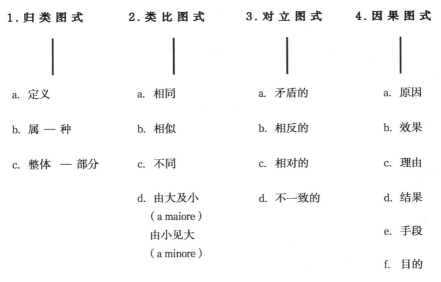

1. 归类图式	2. 类比图式	3. 对立图式	4. 因果图式
a. 定义	a. 相同	a. 矛盾的	a. 原因
b. 属 — 种	b. 相似	b. 相反的	b. 效果
c. 整体 — 部分	c. 不同	c. 相对的	c. 理由
	d. 由大及小（a maiore）由小见大（a minore）	d. 不一致的	d. 结果
			e. 手段
			f. 目的

图7：逻辑推理方法的四种形式（根据Kienpointner 1992：46）

归类图式（【德】Einordnungsschema）一般来说是按照以下逻辑进行的：“如果X是好的，如果Y是X的一部分，那么Y也是好的。”例如：柏林交响乐团的成员被认为是优秀的管弦乐音乐家。克劳迪奥在柏林交响乐团演出,所以他一定是个好音乐家。简略的日常版本会是这样的：“克劳迪奥一定是个好大提琴手。他正在为柏林交响乐团演出。”在广告中，简略的逻辑论证很常用：“木炭——大自然的一部分”。这背后的论证逻辑是：如果某物是自然的一部分，那么它就是好的。木炭来自大自然，所以它是一种好的能量载体。该示例清晰地表明，一个论证合乎逻辑并不能保证其内容也是无可质疑的。

类比图式（【德】Vergleichsschema）基于这样的想法，即两个具有某些相似性（或差异性）的事物X和Y在其他方面也必然相似（或不同）。例如：如果两个国家的地理位置和气候差异很大，那么它们的动植物也会不同。对有争议的说法也可以通过类比图式来进行论证，如：因为医生的工作比护士更复杂，需要更长的培训，所以医生的收入也应该比护士多。

对立图式（【德】Gegensatzschema）的论证根据以下原则进行：“如果X具有属性P，则X不能同时也具有相反的属性P'。”例如：如果树上的苔藓是生物，那么它们不能同时被归类为死物。我们转向政治领域，相应的论证可能是下面这个样子的：如果有人积极评价和平，他就不能同时赞同战争。这一论证模式最极端的表现形式就是那种把人噎死的话（【德】Killerphrase），如：“谁不赞同我，就是反对我。”

最后，因果图式（【德】Kausalschemata）基于以下逻辑：“如果原因X导致效果Y，如果X存在，则Y将发生。”例如：由于暖锋通常会带来降雨，而暖锋现在正在从大西洋向我们方向靠近，明天相当肯定会下雨。在因果图式论证中，必须注意因果关系通常是不可逆的。从暖锋的接近推断下雨是正确的，但从下雨推断暖锋的情况是不正确的，因为还有其他天气条件也可能导致下雨。

因果图式在我们这个信奉科学的时代具有特别的说服力。因为“科学证明”维生素有利于健康，所以我们应该购买和服用维生素补充剂——广告如是说；因为温室气体导致全球变暖，所以我们应该少烧燃料——科学家如是说；因为一家大银行的破产会动摇整个金融系统，所以我们必须用税收款来拯救它们免于破产——政客如是说，等等。

可以通过以下问题检查逻辑论证的适用性（【德】Tauglichkeit）：前提可以接受吗？给出的理由重要吗？给出的理由充分吗？没有存在逻辑谬误吗？关于前提的可接受性很可能无法达成共识，因为总是存在不同的目标、价值观、方法和路径，尤其在政治话语中（Fairclough/Fairclough 2011：262）。

除了这种传统的使用依据、推论规则和主张进行的论证外，还有其他使陈述和规范合法化的形式。范柳文提及了四种：权威化（【英】authorization）、道德评价（【英】moral evaluation）、合理化（【英】rationalisation）、神话创作（【英】mythopoesis）（van Leeuwen 2008：105-118；参见Fairclough 2005：98）。下面将对它们进行一一介绍。

援引权威

在这种合法化形式中，行为或规范的正当性是通过援引实施这些行为或传播这些规范的社会权威来证明的。可以援引的各种权威（【德】Autorität）如下：

• 个人权威，即父母、教师以及其他通过他们的角色行使权力的人："因为我告诉你。""警方建议儿童……"；

• 专家，即科学家和其他专家，特别是有经验的人："由牙医推荐。""经验丰富的飞行员主张……"；

• 榜样，即舆论领袖、政治家、名人："美国总统在讲话中强调了……的重要性。""时尚偶像麦当娜今年冬天穿的是……"；

• 非个人权威，即规则、法律："根据民法典第231条，……""房屋管理规定要求晚上10点熄灯。"；

• 传统，即几乎不需要证明的风俗和惯例："我们一直都是这样做的。""我们不必重新发明轮子。"；

• 多数，即其他人以及多数人的意愿和行为会产生从众压力。当下尤为流行的是统计数据："已经有46%的荷兰人曾经……""在我们的读者调查中，75%的人同意。"；

• 谚语：在谚语中，信念已经凝结成具有普遍约束力的智慧，因此它们是文化权威的一种形式，如："今日事，今日毕，勿将今事待明日。""一分耕耘一分收获。"

援引权威是一种常见且受欢迎的论证形式，在篇章中不难识别，但往往难以反驳：谁想和美国总统或某某教授这样的大人物作对呢？

援引价值观

通过援引价值观可以为陈述和行动提供理据，使其合法化。我们已经讨论过如何进行评价。现在可以把这些评价带入到论证的关联之中：因为某东西是“健康的”“正常的”“有用的”或“迈向独立的一步”，所以人们应该这么做。

援引理性

在这一形式中，陈述、行动和规范通过援引理性而得以正当化与合法化。这可以通过不同的方式实现：

• 工具性辩护：说明做某事的目的、手段或效果。工具性辩护与逻辑推论有相似之处；

• 理论性辩护：引用定义、公理、解释或预测。目的是阐明“事情就是这样”。

自启蒙运动以来，理性在我们的社会中一直处于重要地位。因此，将自己的观点包装成合乎理性的、甚至是唯一合理的观点，在任何话语辩论中都是一种很有机会的策略。

范例故事

观点也可以通过范例故事得到合法化。在伟大的神话中，社会秩序由勇敢的英雄恢复并因此合法化，失败者的故事告诫人们莫犯错误，并具有威慑作用。适合作为范例故事的素材有经典的神话和童话故事，还有圣经，以及员工报纸上构设的“身边英雄”小故事（Hartz 2008）。故事的规范效应更多是在潜意识层面发挥作用的，因为其中包含的规范没有被明确表达出来，而仅是把生活中的榜样展示给大家。

结论：在分析论证时，须澄清以下问题：在篇章中是否为陈述、行动和规范说明了理由，论证所支持的是什么，以及使用了哪些论证与合法化的语言形式。

实例分析

以下部分来自“与员工的沟通”一章，探讨的是内部沟通。

> 主管的信誉影响着员工的工作意愿、投入和积极性。“如果你不相信一个人，你就不会跟随他”（Arndt/Reinert 2006）。因此，信誉构成了两个人之间以及企业与其利益相关者之间所有沟通的基础。

信誉和信任来自每个人的感知。一个人相信他的上级、企业或机构，这就意味着他赋予他们可信度并信任他们。他主要根据对方的行为和与对方的沟通来评估其可信度。任何人如果在自己的领域表现出能力并以真实示人，交流时开诚布公，都会被认为是可信的（Nawratil 2006，Huck 2005a）。这还包括了，沟通者的信息和陈述即使从长期看也不会从根本上相互矛盾。如果有人先持一个立场，然后又换另一个立场，他很快就会被视为“风中的旗帜”（【德】Fähnchen im Wind），因而被大家认为不可信和不值得信赖。然而，仅有沟通是不够的。那些言行不一的人会很快失去对方的信任。（Mast 2013：244-245）。

正如在关于情态的章节已经讨论过的，马斯特的书中提出了许多未经实际论证的、纯粹的断言。作者只是引用了其他学者作为证明其正确性的证据，这是一种援引权威进行论证的形式。此外还有许多定义，这是理论性辩护的一种形式。

仔细观察，还可以发现许多断言具有因果结构：谁真诚地进行沟通，就会被认为是可信的，而可信度会提高员工的工作意愿。谁过于频繁地改变自己的立场，就会失去信誉。这些因果关系被表述得如此清晰，以至于我们可以在不破坏篇章的情况下将其以示意图形式进行呈现（参见图8）。

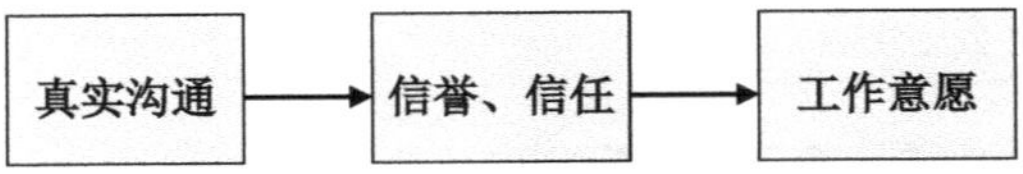

图8：作为核心论证的因果结构。

这些因果关系现在从教学的角度被转变为手段—目的关系：如果你想被认为是可信的，你必须表现得有能力并进行真实沟通。贯穿全书的基本论证是：如果你想成功，你必须这样做并停止那样做。这是我们这个时代典型的工具性辩护。

统计数据总体很少被使用，但在危机沟通一章中大量出现，其中包括作者自己对居民和上市企业的调查结果（例如第356和359页）。这是援引多数人意见的论证，基于通过科学方法收集的数据，这些数据在当今的科学界和社会中享有很高地位。

令人惊讶的是，书中几乎没举什么例子。在管理文献中，以成功的企业作为范例的做法（所谓的“最佳实践”）本来非常流行。书中明确避免的论证形式是援引传统。它所追求的是要与时俱进，不陷入过时的沟通或管理模式。

因果关系或手段—目的关系在书中占绝对优势，这反映了一种非常机械化的世界观：行动A导致反应B，企业包括其员工都可按计划进行操控。本节还显示了在这种世界观中，上级是行动者，而员工是被动反应者：员工的工作意愿基本上取决于上级的行为。员工信任他们的上级，而上级对员工的信任则不是话题。

实操练习：

实操练习9：请分析确定下面论证所依据的前提和推论规则：

a) “动物保护扮演着一个矛盾的角色。出于伦理原因，它让我们选择尽可能小的样本。所以平均而言，只让大约20只老鼠或鱼在人工迷宫中找自己的路。但是，许多样本数太小而在统计学上毫无意义的研究项目中合起来使用的动物有却多达数百只，并且一无所获，这有什么意义呢？”[1]

b) “民主意味着努力用自己的论点去说服别人。选举是我们代议制民主的重要时刻。拒绝投票所犯的重大思想错误就在于此，因为：放弃投票者是唯一一个保证不会得到自己想要的东西的人。”[2]

实操练习10：请析联邦德国总理安格拉·默克尔在她的新年致辞中使用哪些论证来宣传什么。

> “［……］即使在今天，我们国家仍有许多勇敢的和乐于助人的人。我在海德堡举行公民对话时，一位年轻的参与者告诉我，他的足球队的一名球员想辍学。为此他去找教练，请求他把整个球队召集起来，让每个队员交流分享上学的益处。在下一次训练时，他

1 摘自《科学界》（*Spektrum der Wissenschaft*）2013年第6期，专栏文章“施普林格的指责”最后一段，第20页。

2 巴伐利亚州基社盟青年联盟主席卡特琳·阿尔伯施泰戈尔（Katrin Albsteiger）、青年社民党人主席萨沙·福格特（Sascha Vogt）、青年自民党人主席拉塞·贝克尔（Lasse Becker）联合发出呼吁“不选举行不通”。载于：《时代在线》（*Die Zeit online*），2013年7月31日。

们这么做了，而且奏效了。这名球员没有辍学。［……］

对于我们国家来说，研究意味着创造工作岗位。如果我们能做别人做不到的事情，那么我们就可以保有和创造财富。所以，我们以前所未有的力度增加在教育和研究方面的投资。所以，我们将德国建设成为世界上最现代化的能源区位之一。所以，我们要让我们的国家为人口变化做好准备。所以，我们要整顿国家财政。这些目标将在2013年继续引领我们。［……］

我们可以从希腊哲学家德谟克利特的一句话中汲取对来年的信心，他说："勇气在行动的开始，运气在最后"。［……］

让我们在新的一年里，再次共同证明我们最大的优势：我们的团结，我们提出创新思想、为我们带来经济实力的能力。未来的德国也将是一个人性化的和成功的国家。"

（联邦德国总理安格拉·默克尔于2013年12月31日的新年致辞，《联邦政府通讯》，联邦政府新闻信息局主编）

项目实施：

请检查您的示例篇章是否具有论证性。

如果您发现有论证性的段落，请考虑以下问题：

论证的目的是什么？使用了哪些语言手段？哪些断言、观点和规范是在没有说明理由的情况下提出的？请思考所提出的论点是否令人信服。

5.7 总结

对单个篇章进行以话语分析为导向的分析有助于弄清楚篇章向读者传达的世界观以及试图说服读者接受的价值观念和观点。在进行分析时须关注的要点请见下表所示。

表6：单个篇章层面分析诸范畴一览表

话语立场	分析问题	语言手段
视角	篇章是从哪一个视角写的？	第一人称单数 第一人称复数 抹除作者 一种声音与多种声音 称呼读者
称名和述谓	社会主体是如何被描述的？	专有名称 通用名称 社会分类 隐喻 抹除施事者 附加语 行为描述
主题结构分析	以何种详细的程度对什么进行了讨论？存在哪些篇章模式？	主题和话语 主题展开模式 删略部分 前设部分
情态	陈述是如何被框定的？	再现类表达 强化类表达 弱化类表达 规范类表达 指令类表达
评价	事物是如何被评价的？	内涵意义 委婉语 隐喻 附加语 修辞格 谓词评价

（续表）

话语立场	分析问题	语言手段
论证	如何说明陈述的理由？	逻辑推理 援引权威 援引价值观 援引理性 范例故事

深度阅读

Titscher et al.（1998）和Janich（2008）很好地介绍了不同的篇章分析方法。Bloor/Bloor（2007）、Fairclough（1995，2005）、van Leeuwen（2008）和Machin/Mayr（2012）对批评话语分析领域进行了以实践为导向的入门介绍。

6

单个篇章层面（二）：对话分析

被记录和转写下来的口头表达同样也适用于话语分析。特别有意思的是有多个参与者的对话，因为借此可以对话语协商过程在某种程度上进行“现场直播式”的跟踪分析。在政治话题的电视讨论节目中，不同的立场直接碰撞，观点不仅被充分表达，还被攻击、纠正和辩护。人们无须在不同的篇章中搜寻对现实的不同阐释和相互竞争的真理权诉，可以说，现在这些不同观点面对面地汇聚到了同一张桌子旁。在法庭审理过程中，我们可以全程追踪事实是如何被建构的，以及被告是如何借助话语被控告为过错方的。换言之，我们可以观察到话语现实（【德】diskursive Wirklichkeit）是如何产生的。

正因如此，令我们感到惊讶的是，真实的对话迄今仍相对较少被用作话语分析的数据，而且在一些基于口头数据的研究中，分析主要集中在内容方面，互动过程却被忽略了。这方面做得很好的一个例子是巴特莱特（Bartlett 2012），他研究了圭亚那的印第安人与一个发展援助组织代表人员之间的工作坊活动，发现印第安人对发展援助者的观点表现出多种形式的抵制和对自我立场的维护。其他的例外情况还包括戈茨巴赫纳（Gotsbachner 2008，2013）和罗特（Roth 2013a）。

语境在口头表达比在书面篇章中发挥着更大的作用。同样的人在电视镜头前的讲话与在工作岗位或在朋友圈中的讲话截然不同。采访的互动规则与争论或闲聊也完全不同。根据场景和在场者的情况，同一个人会以不同的方式表达自己，他表达的内容和形式可以具有策略功能。例如，一位女性可能会在治疗过程中将丈夫描述为病态式的吃醋（Potter 1997），而在面对自己丈夫的雇主时，则可能会为丈夫辩护。

因此，在分析口头表达时，绝不能忽视语境（Potter 1997，Roth 2013a）。口头表达的分析结果可能不如书面篇章分析那样具有最终的确定性。后者通常声称具有独立于语境的有效性。口头篇章分析的结果则可能是这样的：“在某次讨论中，讨论参与者A被仇外言论冲昏了头脑”，而不是：“A仇外”或“篇章B证明了我们社会中的仇外心理”。

至于如何记录、转写和分析对话，这在会话分析、功能语用话语分析、互动社会语言学和对话研究的其他分支中是众所周知的。然而，迄今为止，无论在理论上还是在方法上，都几乎没有讨论过如何将对话研究整合到话语分析的框架中。

罗特（Roth 2010，2013a）至少通过他的“话语语用学”概念为口头数据的话语分析提供了理论基础。据我们所知，目前还没有一本真正关于话语分析的对话研究的教科书。在现有的话语分析教科书中，只有零星地提到应该注意口语数据的韵律特征或模糊语（【德】Hedging）。当然，这并没有充分考虑到书面和口头交流之间的根本区别。书面和口头表达都需要有各自的分析方法。在这本教科书中，我们想用一个单独的章节来讨论口头数据的分析。

与书面篇章的分析一样，针对口头数据的话语分析不能是对话分析中话轮转换、语码切换（【英】Code-Switching）等的指法练习，相反，它回答以下重点问题：

互动者如何以互动方式确立和维护自己的世界观和规范，以说服在场的人相信自己的观点，并落实自己的关切？

为了探究这些问题，对话修辞学（【德】Gesprächsrhetorik）的方法似乎提供了最好的框架。对话修辞学研究“对话参与的特征，这些特征与说话者试图贯彻自己的主张、在争论中维护自己的立场、保持自己的正确性、并以令人信服和诱导的方式来呈现事实等做法有关”（Kallmeyer 1996b：7）。也就是说，要在口头对话中识别和阐释那些建构事实、建立规范和维护真理权诉的行为。

为达到这个目的，互动者首先使用口头表达，即篇章或篇章片段，对此，基本可使用前面介绍的用于书面篇章的分析范畴来进行研究。这可以不受限制地适用于已经准备好的或用来照稿宣读的篇章，如政治家的演讲、新闻广播或故事片等；这也适用于自发产生的表达，但会受到一些限制。在研究自发产生的表达时，必须考虑到口语的特点，如句法不完整、口误、填充停顿（【德】gefüllte Pause）、找词问题等。

除了易于转录成文字的口头篇章之外，口头互动者还会运用声音和肢体手段来建立和贯彻他们对事物的看法，这显然更加难以转写和阐释。在对话研究中，目前的明显趋势是多模态。但对于语言学话语分析来说，对对话进行全面的多模态分析通常既不可能，也没有必要。因此，我们将对声音和身体的分析限制在那些对于理解所说内容所必需的或直接替代口语的表达形式，例如象征性的手势。

最后，对话使用自己特有的行为方式，如相互打断、人身攻击、礼貌性委婉、修改先前的陈述，等等。在本章中，我们将讨论口头互动的一些对于话语分析特别有帮助的特征：声音和身体的运用，过程性和互动性现象，语境关联和接收者导向以及定位理论。

6.1 声音和身体

为了能够正确地解读所说的内容，往往必须对声音和身体的运用进行分析：句子的含义是什么，是否具有讽刺意味，表达的接收者是谁，指向哪些对象，等等。不过需要注意的是，通过声音和身体，也可以完成独立的、具有重要交流意义的行为，例如问候或象征性手势。

韵律

人们经常是通过韵律（【德】Prosodie）才能清楚判断口头表达的含义。不同的重音会导致意义的微妙变化。在上面引用的安格拉·默克尔的讲话中，她没有重读句子中的“和”字：“未来的德国也将是一个人性化和成功的国家。”如果她强调了“和”字，那么意思就会是，人性化和成功是有待调和的对立面。言说者也使用韵律来标记插入的引文，或将自己的言说标记为具有讽刺意味的。

除了上述基本的意义构成之外，韵律还可以帮助言说者向互动伙伴清晰表明他们对所说内容的态度，例如指出认为特别重要的内容。为此，可使用多种方式，例如放慢、拉长音的讲话，顿音（【德】Stakkato），提高或降低音量。反过来，通过缓慢、单调、缺乏力度的说话方式，可以传达出自己很无聊的状态。最后，在韵律方面还可以通过提高音量或语速，强行越过重要的切换环节（【英】rush-through）或简单越过他人等方式，策略性地运用韵律手段维护或获得发言权。

副言语

除了韵律之外，声音的使用还包括诸如笑、尖叫、呻吟、叹息、咳嗽、清嗓子或哭泣等副言语现象（【德】Paraverbales）。如果这些主要是说话者情绪状态的表达，那么从对话修辞或话语的角度来看，它们是没有意义的。但当副言语现象是在特定交流意图下被使用时，例如为了表示同意或反感，为了躲避陈述或回答，或者为了唤起他人的内疚感，它们就值得关注。应特别注意的是带着笑声和微笑的言说，它可以通过多种方式将所说的话置于特定的语境中：作为友好态度的表达，作为对他人面子的保护，作为攻击（嘲笑）的态度，作为对打破规范的坦白，作为拉开距离的姿态，作为惊讶的表达，等等（Schwitalla 2001）。

体态和目光交流

如果想确定某人正在向谁说话，那么对其体态（【德】Körperhaltung）和目光交流（【德】Blickverhalten）的分析是必不可少的。体态和目光也用于控制话轮的转换。比如，有人可能会将身体前倾以要求发言权，或避免目光接触以免失去发言权。然而，无论是对于互动者本身或观察者来说，正确做出解读并不总是容易的，因为身体前倾也可能是为了调整坐姿，避开目光则可能是正在脑海里寻找一个词。更难解释的是，言说者是否在企图用体态和目光来表达意见。譬如，一个人可以出于各种原因看向天花板，包括借此来表达不满。

身体活动和眼神也可用于执行清晰的、锚定于文化之中的言语行为，例如问候时的鞠躬、吻手或拥抱，或对销售职位申请者进行“从头到脚的审视”。这些身体的言语行为经常与特定角色相关联，用于确认性别差异（如帮助女士穿大衣）和等级差异（如让先）。

最后，从话语分析的角度来看，具有文化和情境特点的身体“安排”（【德】Arrangement）特别有趣：只要人们被迫采取某种体态——坐下或站着不动、跪下、躺在地上、列队行进等，就是权力在直接发挥作用。通过制度规定（学校里的坐姿）以及通过家具（厨房设备）和机器（驾驶舱）的设计来对身体进行规训是最有效的权力配置手段之一。因此，在话语分析研究中，我们不应出于习惯而忽视以下问题，即哪些姿态和动作是被强加给互动者的，它们在社会关系中表达了什么。

面部表情和身体动作

面部表情（【德】Mimik）可以是情绪状态的表达，例如自信，但也可以用于传达非语言信息，例如调情，表达不满或赞同，或是鼓励对方继续讲话。

从功能的角度来看，人类的身体动作（【德】Gestik[1]）可以分为五类（Ekman/Friesen 1969，Hübler 2001：22及后续数页）：

• 意义象征类：具有明确含义且可以翻译成文字的身体动作，例如胜利手势、竖起大拇指或用食指敲敲自己的额头（或太阳穴）[2]。象征具有任意性和文化特殊性，必须像学习词汇一样去习得和掌握。

• 形象说明类：伴随言说过程、形象化地说明所说内容的身体动作，例如比划展示物体的大小或轮廓，强调句子重音的击打动作以及用手指向物体等。

• 话轮调节类：通过表明想继续讲话、获取或放弃发言权来调节话轮转换的身体动作。例如，把手举起、手心朝向接收者的手势（【德】Übergabegeste）表明了有话要说的交流意向，而点头则是一种反馈信号。这一类手势的使用在很大程度上是无意识的。

• 情绪表达类：自觉或不自觉地表达出情感的身体动作和面部表情，包括惊讶、喜悦、愤怒、厌恶和兴趣等基本情绪。

• 身心调节类：满足身体需要或缓解紧张的动作，如挠头或啃咬铅笔。这类动作绝大部分是在无意识中进行的。

从话语分析的角度来看，首先是那些带有交际意图的身体动作和面部表情具有重要意义，即意义象征类、形象说明类和部分情绪表达类。一个有趣但棘手的问题是，我们可否把面部表情和身体动作解读为无意识交流的间接证据，例如把身心调整类身体动作视为某人内心没有把握甚至在撒谎的标志。笔者记得，曾经在电视上看到有一位辩论者在说“我完全同意你”的陈述时，同时将双手手掌朝着对话者的方向往前推了推——这是一种拒绝的姿态，显然与他口中的话不符。

从话语的角度来看，所谓的施事性身体动作（【德】performative Geste）很有趣（Frick 2012），即施行宣告类言语行为（【德】deklarativer Sprechakt）的身体动作。其中包括签署协议时的握手（这在今天仍然是具有法律效力的）、用手划十字表示祝福、举手宣誓，等等。这些具有数百年历史的身体动作至今仍没有失去其象征意义，并在政治和宗教领域通过媒体不

1 根据杜登在线词典解释，该德语词指身体的动作，特别是手和头部的动作。——译者注。

2 德语文化中具有侮辱性的手势，意指某人神智不正常。——译者注。

断地刻意上演。

最后，自成一类的是触碰他人的身体动作，包括拍他人的肩膀，从背部或肩膀将他人往朝某个方向推，挽着他人的手臂，或对他人动粗。在我们的文化中，身体接触总是一种对被触碰者个人领域的侵犯，即使是像拍肩膀这种具有积极意义的动作。通过这一动作，实施该行为的人对另一个人行使了身体上的权力。

服装和道具

服装不仅被人们用来遮身蔽体，还可以用来传达他们的社会地位、职业甚至态度。想一想昂贵的衣服、奢华的手表、黄金首饰、女警的制服、牧师的长袍、医生的白大褂、手工编织的毛衣、勃肯牌凉鞋，还有印有反核象征符号的T恤衫。

因此，在分析视频数据时，我们总是可以问一个问题：人们在自觉或不自觉地通过自己的着装来制造了什么印象。道具也可以是身份和权力的表达，并影响和塑造着沟通过程，在这方面，拍卖师的木槌、导游的雨伞或现场记者的麦克风是非常明显的例子，而医生的病历档案或智力竞赛节目主持人的主持卡则不太明显。

最后，在分析对话时，要留意空间环境以及场景布置。互动发生在街角的情况是极少数，更多地是在为此专门设置的房间里进行，里面为在场的人安排了不同的座位，并借此给大家分配了不同的角色和互动空间。在教室里，老师有较大的空间，可以四处走动和使用黑板；面对整齐排坐的学生，老师的权力是显而易见的。在电视上的许多对话节目中，主持人坐在镜头对面的中央位置，嘉宾则分列左右，而这种排列往往意味着不同的政治立场分配。办公室的大小反映了其拥有者在企业的级别；墙壁是用原创油画装饰还是布满了书架，则可推断这个人是想被视为富有和文雅，还是想被视为博览群书的学者。

结论：

对声音和身体的分析一方面有助于我们理解口头所说的意思以及互动者对话轮转换的组织；另一方面，声音和身体提供了关于言说者的态度和社会权力结构的信息。

实操练习：

实操练习11：请录下任意一段新闻节目，例如德国电视一台（ARD）和瑞士国家电视台（SRF）上的“每日新闻”（*Tagesschau*）或奥地利广播电视台（ORF）上的“时代影像”（*Zeit im Bild*）。请分析其中言说者的场景布置、服装、道具和体态。观察他们说话时的手势动作和面部表情，并注意其声音。新闻广播采用的这种在身体和声音方面的形式有何功能？想达到什么效果？

6.2 过程性和互动性

对话不是一个或几个作者用来呈上他们“现成”的对世界的看法或意见的书面篇章。相反，对话是具有明确的时间因素的过程，观点和意见在其中逐渐形成。在这个过程中，至少有两个人参与，他们交替扮演言说者和聆听者的角色，因此所说的话的意义不是掌握在一个人的手中，而是互动协商的结果。过程性（【德】Prozessualität）和互动性（【德】Interaktivität）是对话的两个基本特征。与此相关的是涌现性（【德】Emergenz）、动态性（【德】Dynamik）、共建性（【德】Ko-Konstruktion）和话语性（【德】Diskursivität）等特征，我们将简要讨论这些特征。

涌现性意味着参与者的角色和立场、对话的主题、对话的结构、概念的含义和所表达的意见不是从一开始就给定的，而是在互动过程中发展和显现的。在某些对话场合中，角色和立场可能已经预先确定（例如在电视上的政治讨论中），但大多数情况下，只有在对话过程中，我们才能看清楚，谁扮演着哪种角色（意见领袖、专家、追随者等），哪些主题对互动各方很重要并得到详细探讨，哪些词成为关键词，哪些定义获得承认，出现了哪些意见和多数派，等等。

动态性意味着，对话有自己的生命，有时会超出个人的控制。在个人或所有参与者行为的推动下，讨论可能会完全失控，出现争吵，甚至拳打脚踢，导致对话中断。参与者可能完全“失态”，说出一些平静时绝不会有、当然更不会以书面形式发表的陈述（Spranz-Fogasy 1997）。考虑到动态性决定了在公司内部会议或国际和平谈判结束时做出的决策，动态性可以说是对话的一个不无问题的特性。

共建性意味着，意义原则上是由所有参与者共同商定的。“你可是好快啊”这样一个陈述到底是纯粹的论断，还是恭维、指责或者嫉妒的表达，不是由言说者或聆听者单独决定的，而是必须通过反应和对反应做出反应的形式来表示和协商决定的。这同样适用于概念的定义（你认为客户导向是什么意思？）、事实评估（销售额下降对我们部门意味着什么？）和决策的执行（我应该给哪些客户写信？）。即使在社会地位差异很大的情况下，在场的最有权势的人也从来不能独占阐释权，而是依赖于对话伙伴对意义的共建——即使只是权衡斟酌时的点头。

最后，话语性意味着，对话在一般情况下包含不同的观点。某些交流形式目的是为了建立和维护人际关系，例如在花园围栏旁或喝开胃酒时的客套寒暄，对话者主要做的是对彼此存在的确认。除去它们之外，互动者都有维护个人身份特性的基本需要。为此，对话者不只是确认别人的意见，还要表达自己的意见。这从用自己的话重述已讲过的内容为开始，以完全的对抗为结束。

对话的过程性和互动性对分析工作有以下影响：

1. 对话必须严格按顺序进行分析，对转写文本不能像对书面篇章那样作为一个整体来阐释。

2. 对单个的表述不得断章取义，而是必须始终视为先前表达的后续表达。

过程性和互动性在会话修辞和话语分析语境中意味着什么？它们意味着，互动者试图利用对话的这两个基本特点来为自己服务，以使自己对世界的看法、自己的观点和意图得到认可。就过程性而言，这意味着他们试图影响对话的进程，即控制对话组织（【德】Gesprächsorganisation）、行为构成（【德】Handlungskonstitution）和内容（Tiittula 2000）。就互动性而言，这意味着他们试图按照自己的想法影响观点的形成，并抵制其他观点。下面介绍几个相关的语言手段。

对话组织的操控

当互动各方策略性地干预对话的组织时，他们追求的目的包括：确保得到尽可能多的发言时间，获得在对话中特别重要的环节例如结束词部分的发言机会，或者至少自己被对方注意并听到。在国际谈判中，这首先从对座位安排的争斗开始，而在议会辩论中，则从拟定发言者名单开始。在对话过程中可以使用以下语言手段：

赢得发言权：通过发出身体和声音信号来赢得发言权，例如举手、坐到椅子边上、用身体动作示意、增加眼神交流、强化反馈行为、清嗓子等。前一位发言者一结束，自己就马上开始，甚至更早一点开始，和前一位的发言有些重叠。若出现双方同时开始发言的情况，自己就一直讲下去，直到对方放弃。最后，可以通过元交流的方式要求发言权：“请允许我也说点儿可以吗？”

打断：打断对方是获取发言权的一种尤其具有攻击性的形式。同时，这种方法也可以用来阻止对方完整表达自己的思路，从而确立自己的观点。如果被打断的人用同样的方式做出反应，那么可能就会出现一场真正意义上的发言权争夺战。

保持发言权：为了不失去发言权，可以在言语层面上对自己演讲的结构进行恰当安排，让对方可以看出自己还（远远）没有讲完，例如通过列举的方式：“我要讲三点……”。在对方试图打断自己时，我们可以把最后说的话再重复一遍，或者用元交流的方式保护自己免受打断：“请让我说完”。在声音方面，我们可以提高语速或音量。特别有效的一种方式是，强行越过重要的切换环节。最后，在身体方面，避免目光接触可以保护自己免于发言权被接管。面对威胁性的干扰可以通过加强目光接触或以身体动作示意来抵制。

分配发言权：最后，控制谈话的有效手段是通过外部选择来确定谁可以发言。主持人、会议主席或教师可以根据自己的角色来做这件事，例如他们可以打断一个人，阻止他继续发言。但是，对话中的其他参与者也可以尝试确定下一位发言者，例如通过直接向下一位发言者提出问题，或者通过向他提出反义疑问句（“不是这样吗？”）以争取他的赞同。

沉默：最后，沉默也可以成为一种对话控制形式，至少是领导或教师等有影响力的人可以运用它。在这种情况下，沉默者故意让对话伙伴对自己的观点一无所知，让讨论陷入困境或空转，然后在讨论进入僵局时提出符合自己想法的解决方案，或者凭权力位置做出决定。

因此，在分析对话时，不仅有必要考察谁说了多少——这当然可以用定量方法完成——而且还需要看谁通过什么手段控制了发言权的分配，因为这决定着谁有机会在话语中被听到。

行为构成的操控

互动各方故意干预对话中的行为构成，以建立有利于己方交流目标的行为模式（【德】Handlungsmuster），并将它们强加给对话伙伴。同时，限制对话伙伴行为的选择余地。

局部性行为构成：互动者可以通过针对性的言语行为来为对话者设立条件关联，从而将相应的后续行为强加于他们。一个问题需要有一个回答，一个建议需要有一个表态，一个指责需要有一个适当的回应（如道歉或辩解）。互动者对应有的行为模式应首选配合完成，否则就需要做出解释。行为模式的设立是策划者掌控对话的有力手段，它至少在局部上极大地限制了对话伙伴的行动可能性。

整体性行为构成：通过建立一个复杂的行为程式（【德】Handlungsschema），如推销、咨询、员工谈话或电视讨论等，还可以对互动过程进行较长阶段甚至整个对话的操控。复杂的行为程式通常由现场最有权势的人、如电视节目主持人或上司发起，但在咨询或推销对话的情况下也可由当事人或客户发起。如果互动伙伴进入了被发起的行为程式，这就意味着他们也接受了贯穿整个互动过程的对话角色以及与之相关的所有权利和义务。

因此，在进行对话分析时，有必要考察是谁发起了哪些局部性行为模式和哪些整体性行为程式，以及对话伙伴是否响应它们。通过这一分析可以得知，谁可以确定互动目标。

主题进程的操控

互动各方策略性地干预主题操控，以达到多种目的：确保讨论的主题对自己是重要的，自己可以在讨论这些主题过程中脱颖而出，并通过这些主题最好地实现自己的目标。同时，他们试图阻止讨论自己不想表态的、不熟悉或更有利于对方目标的主题。这在对话开始前就可以进行运作，例如在全体会议前提交提案，或在会谈前影响议程内容。在对话过程中，也可以使用各种语言手段来操控主题，以下做简要介绍。

提出主题：最简单的主题操控形式是明确宣布一个新的话题，这对于对话者来说是最容易识别的。具体做法是：会议主席宣布进入下一个议程事项，采访者和主持人引入或过渡到下一个环节或提出相应的问题，其他参与者可以使用诸如“我们还没有讨论的内容是”之类的短语。在没有主持的对话中，也有典型的宣布主题的措辞，例如“你们听说过吗”“顺便想起一件事”或“还有完全不同的另外一些事”。在这样明确宣布新的主题后，对话者几乎不可能完全置身于这个主题之外。这同样适用于提问，它也可以提出一个主题，并将其强加给互动者。

转移主题：主题操控的一种不太显眼的形式是转移主题。当对话朝着计划外的方向发展时，这可能会在不知不觉中发生。但是，也可以有针对性地转移主题，例如，聚焦主题的一个方面，重新表述所提出的问题，或者通过宣布“我认为这方面重要的是”来使对话改变主题方向。

重申主题：如果某轮对话已经偏离了希望的主题，我们可以尝试在对话中重新确立它。在这方面也有一些常用的套话，例如“我本来想说的还有”“让我们回到视频监控这个主题”或“我们还没有讨论到数据安全的问题”。承担引导对话职责的人可以采取更为明了的方式，例如可以告诫参与者不要离题，甚至可以指责有问题尚未得到回答，这在对政界人士的采访中经常听到。

回避：如果互动伙伴提出我们不喜欢的主题，我们可以尽量回避。例如，政治人士惯常使用的一种策略是：不直接回答记者的问题，而是先说一通这个和那个，直到最初的问题淡出视野——然而，这很少发生在有经验的记者身上。其他的回避形式包括转移话题（见上文），或仅发表非常模糊的陈述，诸如“这是一个很大的话题”之类的套话，或声明该主题不属于自己负责的范围：“这个问题您得问其他人”。

无视：一种具有攻击性的主题操控形式是干脆无视合作伙伴的倡议，并谈论其他内容。

阻止：如果某个主题太棘手了，可以诉诸终极手段，用元交流的方式阻止该话题：“对此我不说什么”“我不回答个人问题。”在互动中，这通常比回避策略有着更大的成功几率，但也可能成为别人揣测、恶意想象的理由，或被指责拒绝交流沟通。

定义主题：决不是只有引导对话的人才能定义主题是什么：“今天我们讨论的主题是……”。其他的对话参与者也会不时地定义主题是什么或不是什么。在试图操控主题时，下面这些表述是特别具有斗争色彩的形式：“这根本用不着讨论”“众所周知，涉及的问题是……”“问题不在于这个”，等等。通过这一权力手段，互动双方不仅试图根据自己的意愿来操控对话的进程，而且同时贬低了合作伙伴本人，好像他们根本不明白到底怎么回事儿一样。

因此，在分析对话时，不仅需要考查正在讨论哪些主题（参见5.3节中的主题结构分析），还要检查这些主题是如何以互动方式建立的，以及谁在多大程度上影响着主题的展开。通过这种分析，我们可以了解讨论过程中的社会关系结构和话语中各种声音的力量。

合作性意义构建

如果互动各方在共同建构某种现实图景，形成一致意见或起草联合行动计划，他们便可以相互支持（Mönnich/Jaskolski 1999）。这样做的目的是就当前情况及未来行动的阐释达成充分一致。以下是会话研究中已知的合作性对话特征：

允准（【德】Ratifikation）：通过不断反馈，可以向另一位对话者发出信号，表明自己正在倾听，并鼓励对方继续。根据具体做法，反馈信号还可以表明同意对方所说的内容（“是的，是的”，“完全正确”）。通过表示同意，合作伙伴的讲述得到确认，从而以互动方式确立双方的共识。除了仅仅表示批准之外，聆听者还可以明确地正面评价说话者的陈述：“这是一个很好的建议”。最后，言说者还可以通过询问是否所有人都同意来强行获得允准。

共建（【德】Ko-Konstruktion）：互动者通常通过以下方式共同建立他们对事物的看法：

- 完成对方已经开始的陈述；
- 轮流讲故事；
- 进行内容补充；
- 补充自己的合适经历。

在这里，互动者也可以尝试通过以复数第一人称的形式发言，通过占用策略来强求达成共识，或通过提出反义疑问句（“不是这样吗？”）来获得认可。

模糊表达（【德】Heckenausdruck）：为了避免在表达上走得太远而不妥，互动者经常使用模糊表达，例如情态动词（“可能是这样”）、情态小品词（“也许”“不知怎么地”）或填充停顿（“呃”）。这样，如果言说者意识到其他人不同意自己的说法，那还留有修改自己的陈述的余地。通过这种方式可以避免对抗，维护各方的面子。

修补（【德】Reparatur）：最后一点，对事物的共同看法也通过发挥修补作用的语句来制造，其中自我修补优于他人修补。通过修补，互动者确保正在建构的是自己认为正确的世界的版本。

合作性意义构建（【德】kooperative Bedeutungskonstitution）对互动各方

之间的关系具有积极影响，也被认为是对话伙伴之间一种无障碍关系的表现，因此比竞争性意义建构更受欢迎。根据对话的具体情况，对同意和一致性的偏好也可能被体验为（群体）压力、占用或操纵，例如，当童子军组长询问是否每个人都想参与，婆婆称赞前一天的剧场演出，或老板兴致勃勃地介绍新的营销理念——在这样的时刻，很难表示不同意。

从话语分析的角度来看，观察互动者如何共同建构对事物的某种看法，并相互确认彼此的世界观是很有趣的。

竞争性意义构建

如前所述，对话通常具有话语性。这意味着，不同的观点、相互竞争的利益和目标、多样化的经历和评价是正常情况。因此，往往存在着竞争性的意义构建（【德】konkurrierende Bedeutungskonstitution）。在这些情况下，互动的目的是诋毁对方建构的现实图景，并提出自己的方案相抗衡。这可以心平气和地进行，例如当老师向她的学生解释所犯错误时。然而，竞争性意义构建通常具有攻击和防御的特点，或者至少给人以这样的感觉。而且，它可能与对言说者的人身攻击结合在一起（参见6.4节）。以下是一些用于进行竞争性意义构建的语言手段：

坚持：为了捍卫自己的观点，可以更换词句的措辞来进行多次重复表达，或以新的论据进行强化："真的是那样。"

反驳：表示自己持有不同的意见或情况与对方描述的不同："我看不一样"。

贬低和褒扬：对对方的陈述给予最广泛意义上的差评，称之为不完整、不成熟、幼稚、夸大、不科学、未经证实等："这只是一半的真相""这太可笑了"。相反，通过援引更好的知识、更多的经验或更高的地位来提升自己陈述的价值："我们的模式具有显著的优势""我们在领导层""我多年的经验表明"。

纠错：声称对方的陈述完全错误，并通过提供其他事实或从已有的事实得出不同结论来进行纠正："这是错误的，只汇出了5000欧元""最新的研究表明了不同的情况"。

否认：否认自己曾发表过某个陈述或采取过某个行为，或者至少解释该陈述不是那个意思："我没有说他是白痴""那只是一个论断，而不是侮辱"。

从话语分析的角度来看，观察竞争性意义构建非常具有吸引力，因为我们看到的不是单一的世界观，而是不同的视角和解读。关注一种观点是否以及如何最终获得认可，以及竞争性观点的代表人员如何被打上失败者的烙印、被压制或重新发声，这是很有启发性的。

在电视上，讨论可能会以僵局告终——这通常是计划好的，以便使媒体辩论可以继续。而在企业中，上级必须想办法激励那些在讨论中被多数压倒的员工参与到在违背他们意愿之下决定开展的活动中。

结论：围绕对话组织、行为构成、主题进程以及合作性和竞争性意义构建等，对对话操控进行分析，有助于发现哪些互动伙伴对对话产生了哪些影响，并借此以话语的方式推行自己对世界的看法。

实例分析

对话分析这一章的实例分析采用了奥地利广播电视台（ORF）的两个片段。[1]

转写符号

（.）	短停顿
（0.8）	0.8秒停顿
______	说话重叠
:	拉长音节
<<逐渐变弱>>	范围说明；其中左边的<表示说明所涉范围的开始，右边的>表示说明所涉范围的结束，内部的<>表示说明的情况。
黑粗字体	重读

对话

节目：奥地利广播电视台第一频道，“天天”（*Von Tag zu Tag*），2011年5月11日。

---

1 由于德汉两种语言的差异，在将德文译成中文后，原著的有些转写符号（【德】Transkriptionszeichen）无法在译文中继续使用。所以，译文在努力忠诚于原文对话内容的同时，只保留了话轮之间的停顿、重叠、说明等转写符号，把对个别音节的重读标注改成了用黑粗字体对音节所在德语词的汉译的标注，省去了对连读、语调、吸气、音节、句子中间的停顿情况的标注。——译者注。

主题：“来自瑞士的移民：从瑞士的角度看奥地利。”

参与者：

JK 约翰·克奈斯（Johann Kneihs），主持人。

NW 尼维斯·维道尔（Nives Widauer），艺术家，在瑞士长大，现居维也纳。

BG 布卡特·甘滕拜因（Burkhard Gantenbein）博士，赫尔维西亚保险企业董事会主席，现居维也纳。

片段一：嘉宾介绍及第一个问题

JK	欢迎你们今天和**两位**嘉宾一起参加这个节目 这里是艺术家尼维斯·维道尔和布卡特·甘滕拜因博士 奥地利赫尔维西亚保险企业董事会主席 **两位**都至少有一个**共同**点 他们都是题目为《奥地利是美丽的》或《来自瑞士的移民》这本书的四十位作者中的一员 所以 今天讨论的**是** 从西边来到奥地利的人过得怎么样 他们如何看东边的这个邻国 关于**我们**的国家 关于瑞士 人们有一些**定型**看法 **在**瑞士的人们对奥地利有什么看法呢
BG	（2.3）其实我觉得人们对奥地利没有那么多想法 瑞士人知道**维也纳**和**萨尔茨堡** 更多的就根本不知道了 根据季节不同 人们知道 奥地利的滑雪运动员是不是**更好**还是差一些 这对瑞士人其实相当重要
JK	（1.2）尼维斯·维道尔 您那里情况怎么样呢
NW	（0.6）嗯 我的父亲是奥地利人 我是在瑞士长大的 在我小的时候，父亲当然就已经给我讲关于奥地利的事儿 嗯我们夏天的时候 经常度假 在**平茨高**河谷开车去雷奥冈 对我来说那里有非常好的东西 像苹果卷儿 各种丸子 嗯对我来说是一种与奥地利的接近 美食上的和家庭上的 所以对我来说 移民到奥地利 嗯不是移民到**陌生**的地方 而是到一个某种程度上我已经了解的地方

片段二：维道尔介绍福拉尔贝格和维也纳的不同

NW	维也纳是一个**非常**令人兴奋的城市有**非常**有趣的历史 对瑞士人来说也是一个巨大的**自由**空间 因为我们在这里可以有很多发现我们的城市 嗯 <<加快语速>怎么说呢>我们城市的发展过程**不一样** 中世纪的市中心嗯中产阶级 没有什么王室 这种宏大的规模在我们那里也没有任何一座城市有
JK	瑞士没有皇城
NW	没有
JK	虽然苏黎世或者日内瓦或者巴塞尔也是国际大都市
BG	（1.0）是的 它们是国际大都市 但就像尼维斯说的 它们发展过程不一样 在这里时间越长我越注意到这一点 我在维也纳十二年了 当我回苏黎世的时候 我在那里上过大学 了解利马特河旁的这座**老**城市 行业会馆对苏黎世人来说是世界上最高的了 对苏黎世人**社会**来说非常重要 如果从维也纳去**那里** 人们会感觉就是一个玩具城市 **这么**小啊 要是参加苏黎世行业会馆的舞会的话 有120人 那就是**很大**的活动了 我是说 在这里这种活动会在花匠的园子里举办 而不是在美泉宫 要是在**这里**参加过一次真正的舞会的话 看过这里的建筑 就知道帝国和皇室的历史 在瑞士情况**完全完全**不一样 不管它多么国际化 它没有这种历史也永远不会有 因为它是共和国制度的背景

对话的组织完全取决于主持人。他提出问题并分配发言权，嘉宾做出回答，回答时没有打断对方，也没有传递发言权。克奈斯非常谨慎地引导谈话，他让嘉宾说话而不打断他们，甚至在他们较长时间的发言结束后仍留出长时间的停顿，以确保嘉宾完成了发言。同样引人注意的是，三位参与者都完全没有发出过作为倾听者的反馈信号。

包括观众在内的所有参与者都知道“电台谈话”这类节目的整体性行为程式，因此，主持人的开场白可以很简短，嘉宾也知道要自己做什么。从局部看，主持人也是决定行为模式的人，他提出让嘉宾回答的问题，同时通过问题的类型预设了首选的回答形式。例如，他的问题“在瑞士的人们对奥地利有什么看法呢”在布卡特·甘滕拜因那里唤起的是一个解释说明，而对尼维斯·维道尔提出的问题“您那里情况怎么样呢”带来的是一段叙述。

主题操控也由主持人进行。然而，通过保持问题的相对开放性，他给了嘉宾很大的余地来自行设置内容重点和主题聚焦。他没有试图将客人“拴在”一个主题方面或者“套”他们什么话。

意义构建大多是合作进行的。参与者通过总结性的改述（【德】Paraphrasierung）（“瑞士没有皇城”）、允准（“没有”“是的 它们是国际大都市”）和明确表示同意（“就像尼维斯说的”）来确认彼此的陈述。布卡特·甘滕拜因关于国际大都市的言论与尼维斯·维道尔的陈述无缝衔接。唯一的异议来自主持人，但以友好的评论方式提出（“虽然苏黎世或者日内瓦或者巴塞尔也是国际大都市”），旨在鼓励布卡特·甘滕拜因继续讲下去。总而言之，所有相关人员都以节目的行动程式为导向，努力营造一种合作对话的氛围。

实操练习：

实操练习12：

阅读下面给出的对话片段，分析其中的对话组织、行为构成、主题操控和意义建构。并判断该意义构成是更具合作性还是竞争性？

转写符号

（.）	短停顿
（0.8）	0.8秒停顿
______	说话重叠
:	拉长音节
<<逐渐变弱>>	范围说明；其中左边的<表示说明所涉范围的开始，右边的>表示说明所涉范围的结束，内部的<>表示说明的情况。
黑粗字体	重读

对话片段

场景：2013年5月在一家小型航空企业的内部会议。

参加者：

R	主席
V	营销部经理
T	销售部经理
M	呼叫中心负责人
D	行政助理
K	旅游部经理

13	R:	好 很好 嗯 我建议 我们就开会
14		（几个人同时说话）
15	M.	关于上次的会我还有些事情 我当然仔细阅读了商业阅读记录
16	R:	好
17	M:	嗯 有一些关于在新主页上上线的活动 你们有没有想过那会有什么问题，我应该考虑什么 <<询问> 我们应该**做**些什么吗>
18	R:	（放下杯子）这正好是议程上的一个问题 我们还没有处理完 我们有没有什么<<渐弱>好想法>
19	M:	这么说就是如果主页真的运行良好的话
20	R:	这是必须的（笑）
21	M:	但是 围绕上线本身搞一个活动 我觉得完全没有意义 因为如果**到时候**出问题 人们想用它订票 而且它运行不好
22	D:	<<沉思> 运行不好>
23	M:	这可**绝对**不行 所以如果我们必须这么做 也许 当一切都完成时 我建议一周后或几天后我们再做些什么 我认为托尔斯滕会同意我的观点 两件事不能同时来做
24	R:	<<讽刺> 我们要考虑到会运行不好？>
25	T:	不 但是
26	M:	但是有可能
27	T:	我们永远无法预知
28	D:	<<沉思> 是是>

（续表）

29	M:	鲁道夫 我们只能 可能会有有点儿什么事儿
30	R:	好 不搞活动 可以吗？
31	M:	就是说我们**可以**搞一个活动 但是在一周之后 现在是搞新的主页 是这个意思吗
32	R:	<<略有恼怒> 是>
33	M:	但现在关于上线
34	R:	这个我们可以一周以后讨论 不是吗
35		（咳嗽）
36	R:	<<询问> 可以吗？>
37	M:	原来的旅行协议里有些内容 嗯 （噪音） 说短期
38	R:	嘘（噪音停止）
39	M:	28欧就可以订票 我觉得 <<询问> “短期”是什么意思啊>
40	R:	起飞前7天内才可以
41	T:	原则上直到最后一分钟 而且都附带旅馆房间
42	R:	这是变相廉价销售啊 这就是变相廉价销售 这意味着 谁也看不到机票价格 嗯 就是说 你是打包购买 不是只买机票 可以这么说
43	M:	嗯
44	R:	当然这些票是你平时都搞不到的

6.3 语境关联和接收者导向

在对话中，语境对所说内容的影响要比在书面篇章中大得多，书面篇章本身在很大程度上是去语境化的（【德】dekontextualisieren）的。根据我们所处的场景、与谁交谈以及到目前为止互动的进展情况不同，我们的表达在内容和形式上可能会有很大差异，这种差异可能大到让我们觉得不再是“我们自己”的程度。

互动者还可以根据情况策略性地调整自己的表达，以给别人留下某种印象、实现某个目标或操纵在场者的想法，日常生活中的“真诚”和“谎言”范畴在这些情况下几乎不再适用，或者本身就是话语讨论的情况（如“你真的相信吗？”）。下文将描述语境关联（【德】Kontextbezug）和接收者导向（【德】Adressatenorientierung）两个概念，以及作为它们的特例的、与社会权力直接相关的礼貌主题。

语境关联

我们认为，语境是互动者阐释其互动所在的可客观描述的情景以及在自己行为中对该情景予以考虑的方式。考虑这个问题时，我们的出发点是，这里存在一种相互构建的关系：语境影响互动者的行为，而互动者也通过自己的行为定义了语境。例如，领导通过选择坐姿、问候语、开场白以及说话风格，可以将与员工的对话设置为正式或不那么正式、重要或不那么重要的语境。记者可以通过调整提问和控制对话的方式，将采访变成聊天或审讯的风格。

各种变量影响着情景的特点：对话的公开程度、参与者的数量、对话的地点、时间和时长、给定的角色分配以及互动者的前期关系等。尤其是在媒体对话中，事先设定的条件对对话过程有着显著影响（Burger 2005），其中就包括了明确的角色分配、固定化的主题、对（不在场）观众的关注和紧张的时限等。

因此，在分析对话和解读所说的内容时，既要考虑到哪些客观可描述的情景变量影响了对话的进程，又要考虑互动者本身如何共同塑造了语境。与书面表达相比，我们对口头表达更不能断章取义，脱离其语境进行解读。

接收者导向

除了一般性的情景外，互动者还特别注意自己交谈的对象。研究文献中有两个相对应的术语：顺应（【德】Akkommodation；【英】accommodation）和接收者设计（【德】Adressatenzuschnitt；【英】recipient-design）。“顺应”的概念更为强调使自己的行为适应对方的行为，这有时会在不知不觉中发生。许多言说者在语速、方言、风格甚至内容方面都适应了对方，却没有意识到这一点。接收者设计的概念强调有意识地设计自己的表达，从而在对方那里取得预期的效果（Deppermann/Blühdorn 2013）。我们将二者合并到“接收者导向”（【德】Adressatenorientierung）这一概念之下。

互动者在所有的语言层面都以对象为导向。在声音方面，他们会根据对话伙伴的表达方式来调整自己的语速、发音和音量，同时也会根据对方的理解能力（比如对方是否有听力障碍）来做调整。在身体方面，互动者采用相似的姿态。针对方言、行话和社会方言等因素，语言变体（【德】Varietät）的运用也都与对方的表达和理解相适应。极端（或过度）适应的表现形式有外国人话语（【英】foreigner talk）和婴儿语言。在风格方面，互动者则试图在风格定位、正式程度和礼貌程度方面调整取齐。

从话语的角度来看，特别值得关注的是内容层面的适应。互动者通过以下方式把他们的对话伙伴考虑在内：

- 调整自己的意见以适应对方的意见；
- 使自己的解释与对方的能力相适应；
- 使自己的论证与对方的观点一致；
- 回答问题时给出对方希望得到的回答。

这些适应对方的做法部分上是凭直觉去做的，在很大程度上是下意识的。然而，互动者也会有意识地根据对方调整自己，目的是为了（更好地）实现理解，融洽关系，获得好感和取信他人。

最后，像所有对话技巧一样，言说者也可以策略性地运用接收者导向，以使自己受到他人喜爱或达到操纵对方的目的。许多销售指南建议销售员“从客户的角度出发”讲道理，就属于后者。但也有一些人为了与众不同，明确坚持自己的风格，不做任何调整。实证研究表明，在社会关系或情境中处于弱势一方的人在更大程度上试图适应强势的一方，而不是相反（Giles/Coupland/Coupland 1991）。因此，在进行话语分析时，有必要考查谁可以使“他的”风格在情境中占主导地位，以及谁做了哪些适应对方的努力。

礼貌

礼貌（【德】Höflichkeit）现象值得特别关注，因为它与社会不平等和权力问题直接相关。根据最著名的礼貌理论，礼貌的作用是维持对话双方的面子（Brown/Levinson 1987）。面子可以分为积极面子和消极面子，前者是获得承认以及在自己的愿望和价值观方面得到支持的需求，后者是受到尊重以及在自己的行动自由中不受限制的需求。在互动中，一方或双方对话伙伴的面子可能因为威胁面子的言语行为而受到损害，例如命令、建议、威胁、批评，但也可能是因为承诺、恭维和触及敏感话题等。

礼貌有助于最大限度地减少这些威胁面子的言语行为的破坏性潜势。为此，可以使用一整套语言手段，从传统的间接形式（【德】Indirektheit）到非个人化（【德】Depersonalisierung）、情态化（【德】Modalisierung）和道歉，再到恭敬，不一而足。言说者可以根据三个外部变量选择恰当的礼貌策略，即言说者和倾听者之间的社交距离（D）、权力差异（P）和面子威胁的相对严重性（R）。其中适用以下规则：如果D、P和R低，可以直接沟通；D、P和R越高，对沟通的投入就必须越多。

因此，从话语分析的角度来看，对话中的礼貌现象是存在权力差异的标志。特别值得注意的是传统的间接形式，即社会弱势群体是完全公开他们的意见还是宁愿保持沉默，他们表达意见（例如批评）的间接程度如何，以及他们的暗示是被听到还是被忽视。

结论：对语境关联和接收者导向的分析有助于正确评估表达在互动中的重要性，有助于考查互动者如何定义情景，识别谁以何种程度适应谁，并以礼貌的形式服从对方。

实例分析

在所引用的广播对话中，媒体的特征清晰可见，这包括：播出时间、对话时长和主题是预先确定好的；在场的三个人担任主持人或嘉宾的既定角色；可以看出来，他们的陈述不是针对对话对象，而是面向电台的听众。“电台演播室”这个语境没有作为话题被提及，只有布卡特·甘滕拜因的“在维也纳这里”这一表达揭示了空间方位。此外，电台广播的语境完全通过主持人和在场者符合角色的行为来创建。“良好”对话的特征来自于相当从容的节奏、参与者讲究的措辞以及非竞争性的话轮转换（参见上文）。

以奥地利电台听众为导向的特点很明显。三位言说者都没有要求听众具备关于瑞士的知识。两位嘉宾努力通过对维也纳的赞誉来展示奥地利作为东道国的良好形象，而同时将自己的故乡描述为小资氛围的。布卡特·甘滕拜因大大淡化了滑雪比赛中的国家竞争这一潜在的冲突（“这对瑞士人其实相当重要”）。

对定型看法的处理很有意思。两位嘉宾显然都意识到，在文化频道上传播定型看法可能会遭到负面评价。尽管如此，他们并没有放弃对定型看法的重复，但采用了情态化和保持距离的形式，例如，尼维斯·维道尔用略带讽刺的口吻讲到她童年时对“好东西”苹果卷和丸子的喜爱，布卡特·甘滕拜因则声称行业会馆（【德】Zunfthaus）对苏黎世人来说是“世界上最高的了”。

最后，与节目所追求的水平相符，出现了多种礼貌表达形式。嘉宾们对他们的东道国很有礼貌，在整个节目中几乎没有批评言辞，并且经常给予它高度的积极评价（例如，维也纳是一个“非常令人兴奋的城市”）。布卡特·甘滕拜因对主持人展现出消极的礼貌形式，在纠正对方的陈述时只是采用了间接的方式，而且使用了繁琐的情态化手段：“其实我觉得人们对奥地利没有那么多想法”“它们虽然是国际大都市”。这表明，在社会关系方面他把自己的身份放在主持人之下，尽管他本人是董事会主席和节目的嘉宾。

总体而言，两位嘉宾以奥地利广播电视台第一频道节目这一语境为明确导向，把自己展示为心态积极的东道国移民，言谈间没有要求听众具备关于瑞士的知识，礼貌地服从主持人的安排，并有保留地复制民族定型看法。

实操练习：

实操练习13：请分析在实操练习12航空企业的谈话中，语境是如何表现出来的以及是否存在礼貌的表现形式。

6.4 自我定位和他者定位

互动者不仅在对话中创建和协商事实，还将自己确立为话语中的主体，并协商自己在话语架构中的位置。与此相关的是社会身份（【德】soziale Identität）的互动建立。运用定位理论可以很好地考察这一过程。

定位理论区分一个人在隐喻意义上的社会空间中的位置（【德】Position）和作为一种位置分配过程的定位（【德】Positionierung）（Davies/Harré 1990；Harré/Langenhove 1999）。定位发生在不同的维度上，例如权力、社会亲密度、关系质量、社会等级或行为权限（Bendel 2007）。

与此相联的是双方的交流权利和义务。一个人可以明确地定位自己（“我想让人给我提供咨询”，自我定位），也可以明确地将一个位置分配给另一个人（“您可是银行咨询师啊”，他者定位）。在这两种情况下，对方都被定位为专家，须担负起提供称职的帮助的义务。

定位发生在每一次对话中。然而，从会话修辞的角度来看，策略性地进行定位是为了控制参与者在行为上的选择余地（Wolf 1999：73）。健康节目的主持人将嘉宾介绍为医学专家，还是受疾病影响的人，决定了这位嘉宾谈论医学话题的角度、详细程度和专业性。

从话语分析的角度来看，自我定位和他者定位（【德】Selbst- und

Fremdpositionierung）的作用是在话语中确立、确认、贬损或排除互动者作为话语主体的身份。一方面，人们试图将自己和自己的盟友描绘成最有能力和值得信赖的人，强调己方的教育水平和知识、经验和成就或者道德原则。另一方面，试图在最广泛的意义上将对手描绘成无能和不值得相信的人——在修辞学中，这被称为人身攻击（【拉丁】argumentum ad hominem）。在这种情况下，使用的是语言暴力的形式（Luginbühl 1999）：

• 假定无能：指责对方不了解事实、不懂事理、缺乏经验、太年轻、缺乏必要的知识、无能、不成功："只有从来没有谈判经验的人才这样说话""您这几年的政策是个败笔"；

• 假定不真诚：指责对方不说真话、隐瞒事实、违心做事、策略性地行事："这是纯粹的宣传""我们必须说真话"；

• 负面性格或行为归因：指责对方固执、不明智、不理智、情绪化、主观、片面、好斗，持有过时的观点，做事私心重、自相矛盾、疏忽大意、侮辱冒犯——这个指控清单还可任意延长："您将年轻人的生命置于危险之中""您太幼稚了"。

在上面这些情况中，不是在攻击他人观点内容的立场或试图控制他们的发言权（见上文），而是在攻击他们作为话语主体的地位，从而试图将他们的声音从话语中排挤出去。

对自己和他人的定位基本上可以通过以下语言手段来完成（Bendel 2007：194-195）：

• 范畴化
  - 人物名称（主持人、客户、父亲）
  - 形容词（年老的、吸毒的、个体经营的）
  - 代词（包容性的/排他性的我们、你们、其他人）
  - 标志（驾照＝汽车司机，连衣裙＝女人）
• 个性化（【德】Charakterisierung）
  - 名词（追逐权力的人、失败者）
  - 形容词（聪明的、占优的、乐于助人的）
  - 行为描述（总是第一个到办公室）
• 行为义务（【德】Handlungsverpflichtung）
  - 命令

- 承诺
- 建议
- 请求
- 提问

• 行为评价（【德】Handlungsbewertung）
- 表扬
- 感谢
- 质疑
- 批评

结论：通过分析对话中的定位，可以了解互动者如何试图将自己确立为话语主体，以便通过已获得的位置来加强自己的声音和削弱其他声音。

实例分析

在“来自瑞士的移民：从瑞士的角度看奥地利”的电台谈话中，约翰·克奈斯通过欢迎大家和介绍嘉宾的行为，将自己定位为主持人和“东道主”，并将另外两个人介绍为承担相应行为义务的“客人”：提出问题和礼貌地作答。尼维斯·维道尔被介绍为“艺术家”，布卡特·甘滕拜因被介绍为赫尔维西亚保险企业董事会主席，这是通过范畴化方式进行的两种定位，但在接下来的讨论中几乎没有起到什么作用。在第二步中，他们被定位为“移民”，被问及他们眼中的奥地利形象，这一定位发挥了更多的作用。

布卡特·甘滕拜因在他的第一次表态中，以“人们”的形式谈论瑞士人，通过这种方式来避免做出明确的定位，而尼维斯·维道尔则详细地将自己描述为一位居住在瑞士的奥地利人的孩子，早期通过美食和家庭与奥地利联系在一起，这样，从一开始她就将自己定位为熟悉和喜爱奥地利的人。

在第二个片段中，尼维斯·维道尔以“我们”的形式再次将自己定位为瑞士人，同时她通过强调性的评价再次将自己展示为维也纳的热爱者。布卡特·甘滕拜因则通过行为描述，将自己定位为一个拥有在瑞士的学业和专业经验的人，并强调已在维也纳生活了十二年之久。他把自己定位为熟悉两国情况的专家，这应该会给接下来关于苏黎世和维也纳之间差异的阐述增加分量。

总体而言，对话中的定位旨在将嘉宾确定为瑞士和奥地利专家，专家的身份不是基于学术知识，而是基于在两国的个人经历。这样，他们关于瑞士和奥地利的陈述就会增加可靠性和可信度。

实操练习：

实操练习14：请确定实操练习12中航空企业会议上的自我和他者定位。

6.5 总结

以话语分析为导向的对话分析有助于确定互动者如何试图根据自己的意愿来操控对话，以话语方式使自己的世界观、意见和计划得到认可，并确立自己在话语中的主体地位。除了语言上所说的内容之外我们还可关注什么，请见下表所示。

表7：对话分析诸范畴一览表

对话特征	分析标准
声音和身体	韵律 副言语 体态和目光交流 面部表情和身体动作 服装和道具
过程性和互动性	对话组织的操控 行为构成的操控 主题进程的操控 合作性意义构建 竞争性意义构建
语境关联和接收者导向	语境关联 接收者导向 礼貌
定位	自我定位 他者定位

深度阅读

关于对话分析的导论书有Deppermann（2008）、Brinker/Sager（2010）、Brinker/Antos/Heinemann/Sager（2000）以及带有批判性视角的Cameron（2000）。Kallmeyer（1996a）介绍了会话修辞，定位理论在Bamberg（1997）、Harré/Langenhove（1999）和Wolf（1999）中有所涉及。关于非语言交流可参见Hübler（2001），关于韵律可参见Schönherr（1997）。Hausendorf（2007）探讨了对话的过程性。

7

单个篇章层面（三）：图像分析

适用于普通语言学的规律也适用于话语分析工作：重点是口头和书面篇章，尤其是后者。图像（如果有的话）仅被置于分析的边缘地位。然而，这种对图像的忽视随着时间的推移越发缺乏合理性，原因有二。首先，几乎没有不使用图像的应用文。图像已经成为传播的核心手段，并以海报、户外展示、手机摄像和社交媒体平台等形式征服了实体的和数字的公共空间。其次，图像适用于以一种非隐喻的方式来创造和传递某种世界观，因此是公共话语中的一种有效手段。从政治到科学，从为地震灾民募捐到战争，今天对注意力、支持与合法性的争夺很大程度上是通过图像进行的。所以，现今的语言学工作者必须具备分析图像和批判性地评论其操纵潜势的能力（参见 Klug 2013）。

7.1 方法论前言：图像、图像类型和图像分析

由于语言学长期以来一直忽视了图像，我们对图像的了解大多来自其它学科，包括哲学、艺术史、传播学、心理学和电影学。它们所发展的一些术语对于语言学工作者来说也是不可或缺的。近年来，人们越来越努力地发展一种专门的图像语言学（Diekmannshenke/Klemm/Stöckl 2011）。尽管如此，那些将语言学概念（如衔接或施事行为）转移到图像上的尝试仍处于试验阶段，我们距离统一的术语还有很长的路要走。相比之下，符号学（【德】Semiotik）的术语则更为成熟，且已久经实证检验，这就是为什么它们在本导论中被首先考虑的原因。

但什么是图像？从符号学的角度来看，从建筑到服装再到路标，基本上每一件人工制品都可以被视为“符号”（【德】Zeichen）来加以考察。为了不迷失在无限的符号海洋中，我们在本导论中将研究对象的范围限制在二维的、可重复印刷的、与语言篇章结合出现的静态图像上。三维物体、艺术绘画和电影因而被排除在外。

人们用来产生和传达意义的所有符号复合体都可以被称为篇章，包括图像在内。然而，为了避免概念上的混淆，我们在下文中使用术语“篇章”（【德】Text）来指称（口头或书面的）语言篇章，使用术语“图像”（【德】Bild）来指称所有视觉符号，而使用术语“综合篇章”（【德】Gesamttext）来指称图像和篇章的结合体。

当涉及到图像是什么以及如何分析它们的问题时，文献中的各种术语是

令人困惑的，并且有着多个相互矛盾的说法。这从图像是否与所描绘的事物基本相似[1]这一争议性问题开始，然后是一个时而被肯定，但更多时候是被否定的问题，即人们能否用图像表达否定意义，接着是人们能否使用图像进行论证的问题，最后是对同一表达高度不同的使用。[2]

举个例子：珀尔克森（Pörksen 1997：158）认为人们可以用图像来论证，我们的社会甚至经常进行视觉论证。穆勒（Müller 2003：22）认为珀尔克森的观点是错误的，因为图像遵循的不是理性论证的逻辑，而是一种纯粹的联想逻辑，因此人们根本无法使用它们来论证。这些断言之间看似存在着根本上的对立，但在仔细考察后就会发现不是如此：珀尔克森主要考虑的是示意图和可视化图形，而穆勒主要考虑的是图片，尤其是新闻照片。虽然两者都讲到了"图"，但他们基本上不是在谈论同一件事物。

因此，乍看之下存在着许多关于图像的相互矛盾的说法，个中原因之一就是没有区分不同类型的图像，另一个原因则是在于不同的学科背景。尽管照片的确不能被用来表达它不是的东西，但象形图（【德】Piktogramm）可以很好地表达否定：例如，如果存在生命危险，请勿触碰电线。因此，在涉及图像的陈述时，首先应该澄清我们在讨论什么类型的图像（Ballstaedt 2012）。

我们不是要在这里全面展开对符号理论的讨论，而是依据图像与现实的关系及其符号特征区分出五种图像类型[3]。它们的符号学特性被记录在下表中：

1 关于象似性的讨论请参见Meier（2008a）。

2 例如Stöckl（2011）和Ballstaedt（2012）的"Elaboration"概念。

3 有学者指出，德语中的"图像（Bild）"几乎可以囊括英语世界中与图像有关的一切词汇（转引自尹德辉 2010：5）。另外有学者（刘和海 2017：43）把图像分为静态图像（如图形、图片、照片等）和动态图像（如电视、电影、动画等）。参见尹德辉：新世纪以来国内"图像"研究述评，载：《文艺争鸣》，2010（5），4-13。刘和海：《符号学视角下的"图像语言"研究》，南京师范大学博士论文，2017。——译者注。

表8：图像类型及其符号学特性

图像类型	例子	符号种类	意义
图片	照片 图画	象似 写实	意义开放
虚构图	插画 连环画 漫画	象似 非写实	意义固定
示意图	地图 技术图纸	部分象似 部分写实	意义固定
可视化图形	概念图 图表	象征的 非写实 无理据性	意义固定
象形图	象征符号 信息板	象征 非写实 具有部分理据性	意义固定

图片（【德】Abbildung）总是以一个真实存在的对象为前提的，无论是在用相机捕捉还是用手描绘的图片中（见图9）。文学中认为图片具有表征性（【德】Repräsentationscharakter），它们总是与所描摹的东西相似，甚至具有指示作用。这一认识仅适用于图片，尤其是照片。图片的一个基本特征是它们的意义开放性。金门大桥（【英】Golden Gate Bridge）的照片可以作为假日的纪念，作为建筑史卷中的一个示例，或者作为幼儿园格言“架起桥梁”的象征。这种意义开放性并不适用于其它类型的图像。但这在讨论时通常会被忽略。

图9a：照片

图9b：图画[1]

虚构图（【德】fiktionales Bild）也显示出与所描绘之物的相似之处（见图10），因此它们具有象似性，但现实中没有任何真实对象与它们相符（知名人物的讽刺画在这方面介于图片和虚构图之间）。相反，他们创造了自己的世界。我们将它们标记为意义固定的：例如，一本童话书中的插图不是描绘任意的公主和青蛙，而是再现了童话中的一个特定场景，因此不能被转移到其它语境中。

图10a：插画（农场里的一天）[2]

图10b：卡通（鲁尔区典型的问候场面）[3]

（本章节图像部分配有彩色版，详见书末 287-290页）

1 经Kosmos出版社许可后摘取自：Spohn et al.（2008）：*Was blüht denn da?*（《那儿什么在盛开？》），© 2008 Franck-Kosmos Verlags-GmbH & Co. KG, Stuttgart.

2 Imke Rudel, *Ein Tag auf dem Bauernhof*（《农场里的一天》）. Illustrationen Astrid Vohwinkel © Carlsen Verlag GmbH, Hamburg 2005.

3 © 2013 Helmut Aretz, 载于：Ute K. Boonen, Ingeborg Harmes, *Niederländische Sprachwissenschaft. Eine Einführung*（《荷兰语言学导论》）. Tübingen: Narr 2013, 第149页。

地图或技术图纸等示意图（【德】Schema）仅在一定程度上具有象似性（见图11）。例如，尽管城市地图在空间上正确地按比例显示了街道和房屋的位置，但与此同时，城市地图的基本表现规约是任意的，因而是非象似性的。

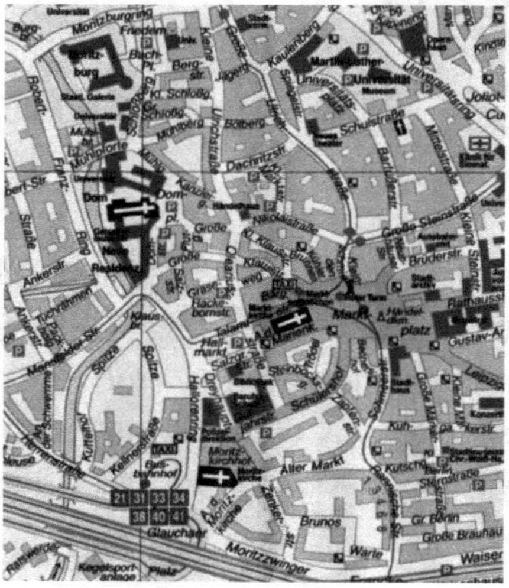

图11a：城市地图[1]

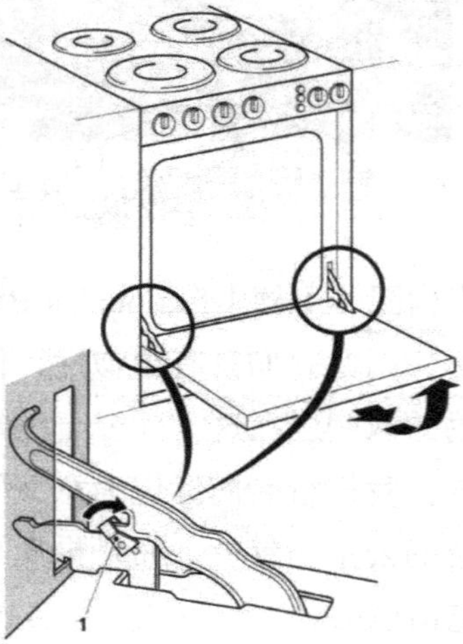

图11b：技术示意图[2]

人们可以合理地直观推断出，蓝色区域表示水域，绿色区域表示绿地，而其中用深色突出表示公共建筑是一种人们必须学会阅读的惯例，更不用说上面绘制的公交路线了。[3]示意图可以图示化地再现某种当前存在的现实，但它们在建筑图纸中也可用于预测一种未来的可能现实。示意图的含义是固定的：它们只有一种正确的阅读方式。

可视化图形（【德】Visualisierung）不再与外部现实有任何关系（见图12），因此纯粹是象征性的。当然这并不妨碍它们被视为图像。达尔文的“进化树”与树没有任何共同之处，而只是对一个完全抽象的概念，即进化线分支的理念进行了概念图解。图表（【德】Diagramm）则将变量之间的定

1 萨勒河畔的哈勒市地图（部分）。© Städte-Verlag E. v. Wagner & J. Mitterhuber GmbH – 70736 Fellbach。

2 Combair V-Zug厨灶的使用说明（无年份，第32页）。

3 本图彩色版见书未附页第287页。——译者注。

性或定量关系可视化。它们的形式——无论是流程图、饼图、还是柱形图——也都与所描绘的内容没有任何相似之处，因此不具有理据性。

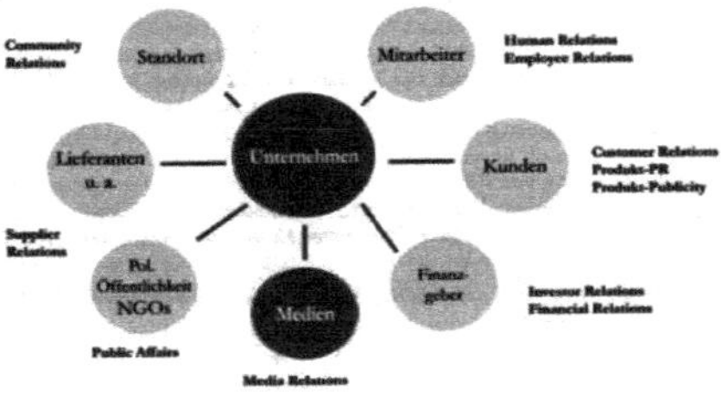

图12a：定性图表

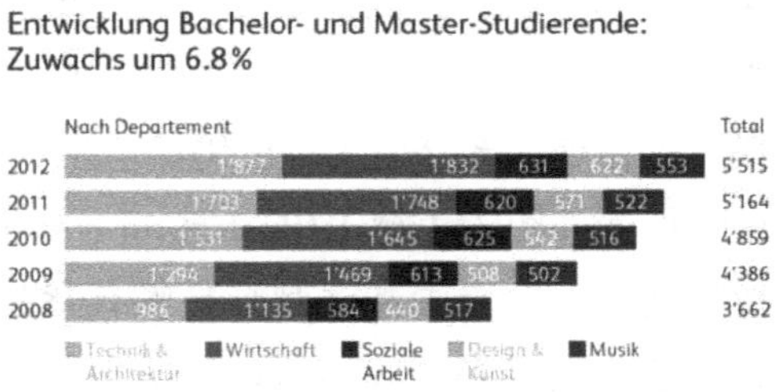

图12b：定量图表

可视化图形并不反映任何先于它们存在的现实，而是创造它们自己的现实。然而，它们极强的暗示性常常会使许多数据观察者忘记了它们不是现实的反映，而仅是以某种方式收集的数据的可视化，因此也是一种高度人为的产物。

最后，象形图是那些与词语最为相似的图像符号。它们具有固定的、规约化的意义，通常可以用一个词或最多一个短语来转述（见图13）。但与词语相比，它们通常不完全是任意的，而是部分具有理据性，例如厕所门上的男女剪影或互联网交流中的笑脸表情符（【英/德】Smiley）。然而，理据性并不意味着象形图是不言自明的。例如，欧洲警察曾不得不给来自欧洲以外的游客解释，红色圆圈内有自行车的标志并不意味着“自行车道”。[1]

图13：象形图

图片与其他四种图像类型在感知和处理方面存在着根本的区别：它不是被读出来的，而是被观看的。即使人们不认识图片中的人、物和环境，它们也能传达情绪并引发情感。图片当然也可以被进一步解读和阐释（见下文），但通常不存在明确的正确或错误的解读方式。

图片的另一个特点是它们可以被转移到其它语境中，从而获得不同的意义。一张最初捕捉了特定历史事件的新闻照片在一个摄影师的生平作品展中有着完全不同的效果，博物馆的观展者也会以一种完全不同于报纸读者的方

1 例如这在德国标志着“自行车禁止通行”。——译者注。

式来感受它。示意图和可视化图形则更难以转移到其它语境中，并且通常不会随语境改变它们的含义。

在所有类型的图像中，照片具有特殊的地位，因为观众认为它们是与事实高度吻合的，并因此是真实的，可以看作是对“现实”的本真映像。“亲眼所见”可以证明情况就是如此，而不是其它——即使在数字图像处理的时代，这在绝大部分情况下也仍然适用。

尽管插图（【德】Illustration）在很大程度上可以像图片那样被观看，但单纯地“看”漫画和讽刺画是没有意义的，它们必须被阅读。漫画的阅读较为复杂。读者必须能够从单个图中推断出动作序列，必须能够识别和解读非写实的面部表情和手势，并熟悉和了解特定类型的设计惯例，例如较大的字母不表示标题，而表示音量（就像在口头篇章中一样）；椭圆形的气泡框着的是正在说的内容，而云朵形状则标志思想，等等。虚构图通常只有一种正确的解读方式。

这对于示意图和可视化图形来说更是如此。规划图、地图或图表只能以一种方法正确阅读，而这可能需要多年的练习或特定的培训。最后，象形图通常既不用于观看，也不用于阅读，而是具有指示的性质，它们告诉接受者该去哪里、该做什么和不该做什么。其确切含义大多需要通过学习来掌握。

通过各种类型的图像所进行的交流活动远远超出了单纯的展示。从言语行为理论的角度来看，人们通过图像以特定的方式来呈现特定事物，借此可以指导、吸引、招募、惊吓、吓唬、说服和打动观众。然而，“图像行为”（【德】Bildakt）没有形成最终的类型学（Klemm 2011），图像的用途必须根据具体情况确定。鉴于图像制作和传播技术上的进步，图像的重要性在近几十年来显著增加，这不仅仅是数量上的增多，而且是在作为知识获取和交流的手段方面也变得越来越重要。[1]

从话语分析的角度来看，图像现在是除书面和口头的篇章之外服务于社会现实建构的重要符号资源。尽管有了数字图像处理，我们仍然倾向于将照片视为纯粹的现实反映，为此，我们有必要提高对图像也是一种社会建构且具有意识形态特征的认识（Kress 2010）。如果我们将物质图像（【英】picture）和心理图像（【英】image）区分开来，则可以说：一幅特定的世界

1　这首先适用于自然科学中新的影像技术，我们在这里不作讨论。

图像总是会创造出特定的世界观。

这带来了图像分析的以下指导性问题：

图像传达了什么样的世界观？图像与篇章相结合创造了什么样的世界观？图像想要说服观众相信什么？

现在的问题是如何对图像进行具体分析。大多数学者同意，图像分析至少要分两步进行：首先描述图像中所表现的内容及其表现方式，然后确定图像的意义、它所传达的思想和价值观。这种两级分析可以追溯到符号学家罗兰·巴特，他区分了图像的内涵和外延两个层次（van Leeuwen 2001）。而在参考艺术史学家埃尔文·潘诺夫斯基（Erwin Panofsky）和社会学家卡尔·曼海姆（Karl Mannheim）的基础上，其他学者也将图像分析划分为三级（参见 Müller 2003）：

- 描述（现象意义）：确定图像中实际可见的是什么，例如有哪些物体、人物、建筑物、风景等等。若分析的是历史文献，这可能已经是一项艰巨的任务。
- 解释（语义含义）：阐明所描绘之物的意义，其中也包括解码符号和寓言、识别类比和典故等。
- 解读（档案意义）：借助其物质性和语言语境以及同时代的伴随文本，确定图像作为一种交流手段所承担的功能、所传达的意识形态以及所代表的时代精神。

作为例子，范柳文（van Leeuwen 2001：101）引用了一个拿着钥匙的男人的图像：人们必须首先将其识别为使徒彼得（Petrus），才能理解他在相应语境中作为圣经权威的象征意义。

对于话语分析来说，三级分析法当然也很有帮助。因为在这种方法中，图像的生产和接受条件得到了更多的关注，并且语言语境和社会语境也被明确纳入到阐释中（Meier 2008a）。

对于图像的描述和阐释，不存在成熟的术语清单。这与语法分析、篇章语言学和篇章修辞以及对话分析不同。原因在于，图像没有语法。它们既不由离散的单位组成，也不按照固定的规则来编排。因此，我们认为将语言学术语转移到图像并谈论“图像语法”是没有意义的。这里既不存在德尔克

（Doelker 1997）勾勒的所谓“图像句法”（【德】Bildsyntax），诸如“连贯性”（Schmitz 2011）之类的术语也只能以损失术语精确性的代价应用于图像。如果使用语言学术语来进行图像分析，图像交流模式的具体表现往往会变得模糊而不是突出（Lister/Wells 2001）。

不同于语言学对一个句子语法对错的判断，图像不具有用于判断“正确”或“错误”表现的语法。但关于图像表现的社会规约以及相关受众的观看习惯当然还是存在的，它们由文化所塑造，受社会变迁的影响，并在一定的时期和特定社会领域中具有一定的约束力。在社会符号学的术语中，传统图像设计的视觉元素是一种符号资源，符号生产者可使用它们来产生意义，并以图像形式传达给他人（参见3.3节）。

下面是对图像在意义和效用潜势方面的表现规约的描述。它们目前在所谓的西方世界中是常见的。[1]同时，我们借此提供了一个图像分析的术语清单。然而，由于图像大于其各部分之和，因此对图像设计的分析并不能使我们摆脱在每个个案中将其作为一个整体来解释的需要。该描述遵循以下三个主要问题：

- 图像呈现了什么？这里涉及图像的内容和图像的景别。
- 它是如何被呈现的？这里包括视角、构图和模态等。
- 图像的功能是什么？这个问题只能结合篇章一起回答，这也是本节讨论图文关系的原因。

实例分析所使用的图片来自于奥地利食品零售商R公司和瑞士面包店供应商P公司的年度报告。[2]

✎ **项目实施：**

请您浏览您语料库中的图像：图像数量是多少？有哪些类型的图像？如果您的语料库里没有任何图像，那么您应该考虑有哪些额外的视觉资源可供使用。

7.2 内容和景别：图像呈现了什么？

图像分析的第一步是识别所描绘的人或事物，诸如：人员、建筑、室内

1 很多表现规约（例如从左到右或从上到下的顺序）具有文化特殊性，因此必须具体情况具体分析。

2 本作不出现公司真实名称，仅以公司名称中的字母代称。——译者注。

空间、机器、风景、城镇、植物、动物、食物或抽象概念，如科学模型或流程图等。在艺术史上，根据绘画的内容进行分类是常见的：肖像画、山水画、室内画、静物画、历史画，等等。在地图学中，不同的地图也根据其内容进行区分，如地形图、政治地图或气象图。艺术史中的术语当然可以应用于照片，或部分应用于虚构图像，但基于内容进行区分的做法对于其他类型的图像并不常见。

对图像内容的描述可以有不同程度的精细度，这句话本身就已经说明了对图像的某种阐释。例如，一个城市景观只被命名为“东方之城”或是被标识为“巴格达”或“北约轰炸前夜的巴格达”。图片由此被配备了不同的信息：在第一种情况下，它只是泛泛代表了“异国情调的城市”，在后一种情况下，它获得了纪念文化和生活空间遭到破坏的谴责意义。

在这方面，图例（【德】Bildlegende）并不中立。把一名士兵简单地称为“士兵”还是“英国士兵”或“本·史密斯，英国海军士兵”或“我穿着军装的表弟本”，它们的含义绝不相同。根据图例的不同，同一张照片中的同一个人要么更多地被视为个体，要么更多地被视为一个特定类型的代表。个人细节描述越详细，所创造的社交亲近感就越强，图像就越发邀请观看者与被描绘者建立一种准社会关系（【德】parasoziale Beziehung）。

景别

景别（【德】Ausschnitt）描述了被拍摄对象的距离大小，或者反过来说，描述了相机离它有多近。该术语来自于电影研究。景别决定了在一个特定场景可以看到的东西以及人们与这些事件的距离。这与特定的效果相关，表9中列出了一些示例。

表9：图像景别[1]及其效果

景别	示例	效果
大远景	环景图、城市景观、港口设施	提供概览；无法识别个人；非个人的

1 “景别”术语及类型译名参考了以下论文：陈明，黄心渊。电影视听语言中的景别变化（上）。电视字幕（特技与动画），2006（08）：70-73；尚慧琳。浅谈电影画面的景别。电影文学，2007（20）：99+123。——译者注。

（续表）

景别	示例	效果
远景	城市广场、工厂建筑	提供事件的方位；制造氛围
全景	单个房间、人群、单个人	服务于叙述；以单个人物及其动作为焦点；个人的
中近景	半身像、典型的肖像画	制造亲密度；暗示与观众的关系；可识别情绪；亲密的
特写	眼睛、嘴巴、紧握的拳头	暗示亲密性；有助于聚焦、情感化和戏剧化

“景别”术语不仅可以适用于照片和虚构的图像，还可以应用于示意图和可视化图形。在地图和规划图中，景别表明了地形或城市的哪个部分被再现，在大多数情况下，这是根据历史形成的固定模式来选择的：一张地图准确地展现一个国家或一个联邦州；它以老城为正中心呈现一座城市；它以一种投射的方式展示全世界，使欧洲不仅出现在中心，而且看起来比实际更大。我们已经习惯了这些表现规约，以至于识别不出其意识形态特征了。

对于组织结构图（【德】Organigramm），可以探询景别中包含的层级数量。通常情况下，只有最高的两到三个层级被显示出来，而较低级别的管理层和普通员工在视觉上并不存在，或者通常被笼统归入部门名称之下。这些是对组织中不同成员重视程度的有力说明。

最后，在可视化图形中，被纳入呈现的范畴数量具有关键意义。例如，根据时间序列中包含的不同年份数量，企业在成功或稳定方面留给大家的印象可以完全不同。景别的选择在这里可被用于操纵目的。

就人物而言，起决定性作用的不仅是照片的拍摄距离，还包括他们是单独拍摄或是与他人一起拍摄。如果一个人被单独拍摄，那么强调的便是他的个性和重要性。如果他是与其他人一起被拍摄，那么就会聚焦他在群体中的社会融入以及他的社会行动。然而，如果他被呈现在一群人中，他的个性就会消失在集体的匿名性中。

上述各种效果在移民话语中被刻意使用。善待移民的主体（如援助组织）会使用能激发同情心的个人肖像照来展示移民，并提供姓名、年龄或原籍等个人信息，让观看者感同身受。而那些敌视移民的人会把他们拍摄成一个匿名的、具有威胁性的群体。

在许多社会领域中，围绕某个特定主题可展示的内容及其景别在很大程度上都是规约化了的，其结果便是特定的图像类型（类似于篇章类型）或视觉定型：例如班级集体照、举起手臂的选举获胜者、两位政治家握手、抱着婴儿的难民妇女。

在新闻界，这种视觉定型的表现模式也被针对性地使用：罪犯的肖像被裁剪成脸靠近四边的样式，而政治家的肖像则不会被如此处理（Wolf 2006）。死去的罪犯像战利品一样被展示出来，死去的受害者则不会；对于后者，记者还会为他刊登一张活着时的欢快画像（Müller 2003：84）。通过这种视觉信息处理技术，可以制造出同情受害者和反对犯罪者的情绪。

背景

背景（【德】Hintergrund）对人和物体来说都很重要。因为它不仅揭示了照片拍摄的场景，而且还必然会引发象征性的解读。例如国旗不仅表明这张照片是在国际政治活动中拍摄的，还强调了所拍摄人物的重要性和影响力。

在广告中，同一辆车是在纯天然风景中还是在大城市的天际线前拍摄，汽车制造商借此可以创造出完全不同的效果。同一个非洲儿童是在铁皮棚屋前或是新建的学校前拍摄，也可以用来传达截然不同的信息。向背景中的消失点（【德】Fluchtpunkt）延伸的道路或铁轨暗示着运动，可以被阐释为“未来”，太阳冲破迷雾则象征着“希望”等等。

实例分析

食品商年度报告中的肖像照是上述内容的典型示例。在R公司的年度报告（2011：4）中，董事会主席格哈特·德雷克塞尔（Gerhard Drexel）与其他三位董事会成员以经典的半身照（图14）在同一页被展示。四个人都站在几乎是中性的同一个背景前，镜头略微歪斜，但他们直视镜头，面露微笑，穿着西装打着领带。这种类型的拍摄是当前的标准作品，因此在大多数观众看来是完全“正常”的。但这张照片当然也传达了一个信息：它将德雷克塞尔描绘成四位具有同等重要性的决策者之一，并且是一位适应社会、性情友好的人士。在一百年前，一个有影响力的商人在照片中微笑是不可想象的；但在今天的镜头前，“咧嘴笑”是一种规范。大多数人都遵循这种规范。

在T公司的年度报告（2012：4）中，董事长卡尔—埃里温·豪布（Karl-Erivan W. Haub）也身着西装，面带微笑，但镜头更多的是从侧面和更远的距离拍摄的，因此可以看到他的手。背景尽管模糊，但也可以识别出是一个建筑物的内院（图15）。栏杆、一排窗户和右上角的屋顶汇聚在一个共同消失点上。这些图像向量与植物一起可以被解读为“绿色未来”，这凸显了企业的理念。通过这种非标准化的摄影，豪布将自己展现为一位独树一帜的企业家人物。

图14：格哈特·德雷克塞尔（Gerhard Drexel）

图15：卡尔-埃里温·豪布（Karl-Erivan W. Haub）

瑞士面包店供应商P公司的情况则完全不同，它的管理层是在群体中被拍摄的（图16）。他们借此将自己展现为一个团队，而不是一群单打独斗的战士。团队成员几乎没有笑容，只有其中两位露出了牙齿。与年报中的其他照片一样，这张照片是在一个贸易展览会上拍摄的。多年来，皮斯托尔展示的都是工作场合中的人，借此重复传递着同样的信息：人们在这里工作。前景中的栏杆具有多重含义，它可以被看成是一个支撑物，是一种去往何处的象征性指示，或者是一道屏障。

图16：P上市公司管理层照片（出处：2012年年度报告第24页）

删略部分

每张照片展示的都只是人们亲身体验的或是思想上构设的世界的一部分。选择哪个部分并不是由情景或对象决定的，而是取决于图像制作者的意图。因此，一张照片至少与它所显示的事物一样在同等程度上说明了它的制作者或使用者。当人们观察图像取景时，必然会产生这样的问题：哪些东西没有被显示出来；哪些东西在拍摄时被删略了，哪些东西后来被剪掉了。图像景别的微小变化会导致效果的重大转变。站在密麻麻麦克风墙后面的政治家看起来像是在被“围困”之中，甚至是陷入困境；但如果麦克风部分被剪掉，他就会展现出自信的演讲者形象。

在符合新闻规范的图像编辑和有意操纵之间只有一条狭窄的界限，从信息到有针对性的虚假信息之间的过渡也是流动的。大多数时候，人们只能猜测被删略的部分。然而，也有一些臭名昭著的例子，其中裁剪照片的操纵行为在后来被曝光。例如在一张广泛流传的照片中，一名士兵把右手伸到了一个躺在地上的人的脖子下面。这名士兵似乎是要帮助这个男人。然而，被裁剪掉的画面部分是士兵拿着手枪指向该男子的左手。假日宣传册也惯用类似的手法，它将工业厂房、高速公路或拥挤的停车场系统地排除在其所显示的图像部分之外，而这一切只有当时身在现场的人或拥有其他视觉材料的人才能洞悉。

在示意图和可视化图像中，询问什么被删略了往往没有意义；问题反而在于，什么被包含在了图像呈现中。示意图包含的细节越多，它的信息就越丰富，但也会变得更难阅读。选定的详细程度不同，所呈现的对象也会具有不同的复杂程度。例如，我们自己设计了两个交流模型（图17和图18），它们反映了人际沟通的不同复杂程度。

图17：最简单的交流模型

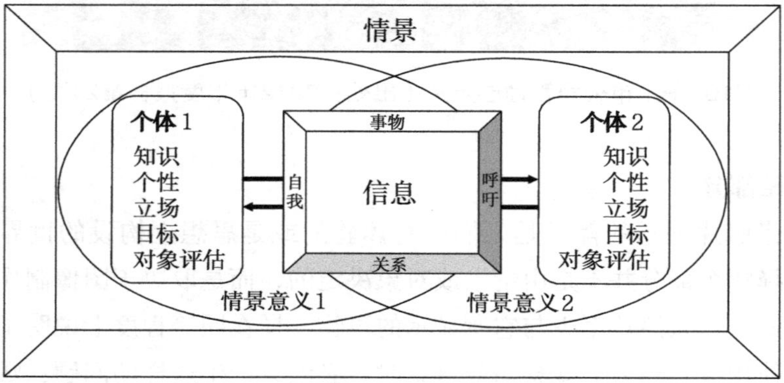

图18：复杂的交流模型

哪些被纳入示意图？哪些不被纳入示意图？这是一个意识形态问题，并会对事物的感知产生影响。如果在城市地图上用颜色标出景点，那么这张城市地图就不再是一个中性的辅助定位工具，而是一个游玩指南，告诉人们应该哪些建筑和处所值得一看，从而使其更倾向于去参观。就纸质的城市地图而言，专业的出版商和旅游协会是这种决定的幕后推手。而在互联网上的电子地图（如谷歌地图）中显示的是那些努力自行录入信息的企业。这一方面显得更加民主，但另一方面，现今显示的地图更依赖于机会和企业家的技术能力。地图因而越发地从确定方位的辅助工具变成了广告工具。

象征意义

图像由于与其所描绘的物体或概念的相似性而具有象似意义（【德】ikonische Bedeutung）。此外，图像或个别图像元素还可以具有象征的意义（【德】symbolische Bedeutung）。我们区分三种形式的象征意义。

- **具有固定文化意义的符号**：这些符号具有独立于语境的固定意义，因此可以独自传达信息。鸽子代表和平，天平代表正义，太阳代表核电的反对者，五芒星代表神秘主义，等等。

- **规约的象征意义**：除了象似意义外，图像元素还可根据规约化的模式施展它们的象征力量。例如天气等于心情；多云的天空可以象征阴暗和沉闷；发芽的植物不仅表示春天，而且还象征着希望。然而，语境必须给出象征性解释的提示。例如，在地理教科书中的云彩不会被象征性地理解。
- **随机的象征意义**：某些图像或图像元素通常不作象征性解释，但在特定语境中也可以具有象征意义。例如，报纸文章中空荡荡的建筑工地图像可以象征着失业和经济停滞，自动扶梯则象征经济繁荣。

在当今这一品牌崇拜的时代，企业标志和商标也可以被解读为符号，因为它们不仅仅代表了制造商的名称。品牌在当今被赋予了人类的性格特征，它们标志着社会归属，代表着生活感受。品牌产品还被称为地位的象征，这不是没有道理的。“象征”这个词在这里完全合适。

结论：对图像内容和景别的分析有助于确定哪些物体是从何种距离在哪个背景前拍摄的，哪些东西可能被删略了，以及图像制作者期待这种展示方式带来什么效果。在其中可以区分象似意义和象征意义。

实操练习：

实操练习15：

2013年10月21日，多家网络报纸报道了S铁路公司的订单情况。《每日导报》（*Tages-Anzeiger*）的标题是“S公司老板要求订单目标翻倍”，并以图19a所示的照片说明了这一消息。《东南瑞士报》（*Südostschweiz*）的标题则是“S铁路公司以突破订单纪录为目标”，并配以图19b的照片。

请描述这些照片的内容和景别，并解释与标题相关的目标效果。

图19a：《每日导报》，2013年9月21日

图19b：《东南瑞士报》，2013年9月21日

实操练习16：

请从报纸和杂志上剪下一张照片，上面应至少含有一个人物。通过裁掉越来越多的照片边缘，逐渐缩小景别的尺寸，最后只剩下人物的脸部。请说明这一过程对于该人物形象的影响是如何变化的。

7.3 视角[1]：观察者站在哪里？

人们无法同时从所有的侧面来描绘一个地方、一个人或一个物体，而只能从某个特定的角度：从左边、前面或右边，从上方、从视线的高度或从下方。因此，最初的三维物体只能从一个角度来观看。与此同时，图像的观看者被指定了一个他无法自由选择、也无法再改变的位置。视角的选择会与特定的效果相关联。根据它被拍摄的角度，一个相同的物体可以带来截然不同的意义。水平角度的效果不同于垂直角度。此外，如果拍摄的是人物，还要看他们是否与观看者对视。以下的阐述主要基于Kress/van Leeuwen（2006）。

水平角度

在水平角度可以进一步区分出正面和侧面视角。在正面拍摄的情况下，消失点位于画面内，观看者正对着被拍摄的人。如果消失点正好在画面的中间，则称为中心透视（【德】Zentralperspektive）。它特别适用于创造高景深的效果，尤其是当画面中的消失线（【德】Fluchtlinie）被建筑物或桌子的边缘或被铁轨或一排排树木所强调时。中心透视有一种静态的效果。

在侧面视角中，消失点在画面之外。它也可以通过画面中消失的线条来强调，如电线、经过的火车或向后方延伸的窗沿。侧面视角具有更多的动态效果，矢量（【德】Vektor）的不同方向暗示着不同的运动方向。如果矢量从左后方或上方到前方或中央，营造的印象是“来”，如果矢量从中央到右边或上方，印象则是“去”。

镜头的角度给了观众不同程度的参与感，也就是说，可以让他们感觉到自己是事件的一部分。在正面拍摄中，观众有一种置身于场景中的感觉，并且与所拍摄的物体和人物接近。因此，正面拍摄总被用于制造惊愕、唤起情

1 德语术语Perspektive有“视角”“角度”和“透视”等含义。本译文同时采用这三种含义，并且仅在专门涉及画像技术时将其译为“透视”。——译者注。

绪或创建事实。在侧面拍摄中，观众更多是处于一种远距离观察者的位置，即从远处观看场景，并且这与实际距离无关。因此，当要制造出与所呈现的人的距离时，即想让所呈现的人被视为不同的、外来的、不属于我们的人时，多使用侧面视角。无独有偶，德语俗语里也有“用眼睛余光”（aus dem Augenwinkel）看东西或者是“斜眼”（schief）看人的说法。

垂直角度

垂直角度指的是从什么高度对物体进行拍摄。以下区分五种视点。

- 高俯视（鸟瞰视角）
- 低俯视
- 平视
- 低仰视
- 高仰视（青蛙视角）

这种分类的参考点是一个站立的成年人的（世界）视野。因为如果从儿童或是躺着的人的眼睛高度拍摄物体，大多数观众就会感觉是一种低仰视的视角。眼睛的高度被认为是“正常”的视角，所有其他的视角都被认为是特殊的，因此是富有意义的。

大家都很熟悉视角的选择所带来的影响。观察者的角度越低，被拍摄的主体就显得越庞大、有力、强势和令人恐惧。观察者感到自己就像一只青蛙那么地渺小和无足轻重。观察者的视点越高，被拍摄的物体就显得越小，越微不足道，越不重要和越无害。观察者就有一种“凌驾于事物之上”和一览无余的感觉。

垂直角度是社会权力的视觉表达。谁能与我“平视”，谁就与我平起平坐。如果我必须“仰视”某人，那么他们在社会地位上就高于我，可以决定与我相关的事情。如果我“俯视”某人，我就可以对他行使权力。当我站在顶峰，世界就“在我脚下”。德语的空间隐喻在这方面非常地精确，实际上已经表明出了一切。

图片和虚构图中的角度总是清晰可见的。示意图和可视化图形则不完全如此。到底是从侧面看还是从上面看，并不总是很清楚。虽然饼图这个名字暗示人们应该由上往下看“饼块”，但人们也可以把这种图形阐释为从前面看的饼的切片。图17中的交流模型可以看作是一个俯视图或侧视图。在技术图纸中甚至还会使用在现实中不可能的透视角度。例如把一个立方体的边都被画成相同的长度，这样就可以测量边的长度。总的来说，科学示意图倾向于避免使用角度，因为“去角度化”可以带来客观性和普遍有效性的印象。

业余爱好者通常不假思索地从平视的角度去拍摄照片，专业摄影师则会有意识地使用垂直角度。广告中的宣传产品往往是从仰视视角拍摄的，这样它们会看起来更大和更显眼。但人物经常会从与视线齐平的高度拍摄，即使是做广告的名人也是如此。这样可以产生一种与他们“面对面”的感觉，从而促进对他们的认同。

在新闻摄影中，视角基本上是标准化的。讲台上的政治家和企业管理层成员始终被置于一种略带仰视的视角中。房间设计师通过将有权势的人放在高高的讲台上，使得记者别无选择，只能从下方拍摄他们。另一方面，难民们经常被从上往下拍摄，这应该是为了凸显他们的无助。图像制作者和图像接受者都已经非常习惯于这些表现惯例，以至于其中挟带的意识形态在实际中几乎无法被察觉。

视线方向

从视线方面来看，对于一切有眼睛的东西——人、动物、漫画人物或玩具汽车，决定性的因素是被呈现的人物看向哪里。如果一个人直视镜头，观众就会觉得不仅他看到了这个人，而且他也被这个人看到了。从画面中看向观看者的目光具有强烈的邀请性：看着我的眼睛！这种直接的注视暗示了观看者和被描绘者之间的社会关系。并且，所呈现的人具有主体地位。

当被呈现的人不是在看镜头，而是在看另一个物体时，情况就完全不同了，这个物体可能在画面中，也可能在画面外。这样的照片没有邀请的性质，而只是一个提议：你可以看看这个人。被呈现的人因而进入了被观看的客体位置，但没有权利回看。

两张在面包烘焙时连续拍摄下来的私人照片（见图20）充分地说明了视线的方向在多大程度上改变了图片的陈述。在左边的照片中，母亲和儿子正在对视。观众在看他们，但被排除在他们的对话之外。在右侧的照片中，母亲正看着相机，因此与观众（或摄影师）产生了接触。儿子不是在看镜头，而是在看自己朝着摄影师伸出去的沾满面团的双手。这些姿态和目光表明，他的手是他的重要对象。

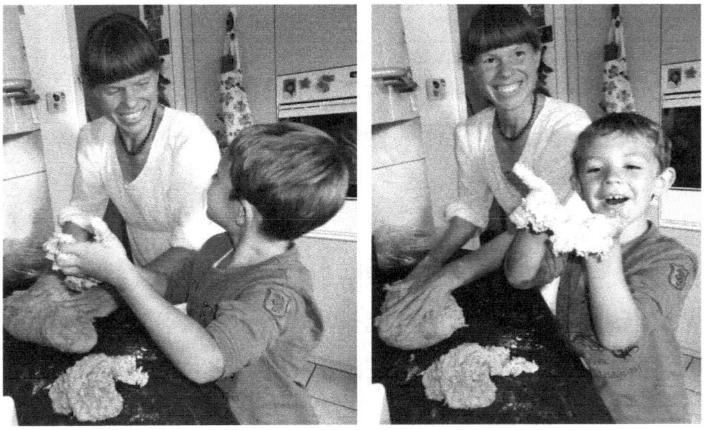

图20：不同视线方向的效果

视线的方向在商业摄影中基本上也是规约化了的。在行动中被展示的人一般不看镜头，因为这是保持纪实性幻觉的唯一方法；看镜头会使这看起来像表演。而另一方面，在摆拍的照片中，被展示的人会看着镜头。那些在摆拍的个人照中看向画外的人是在将自己表现为非传统、沉思或有远见的形象。在广告中，这两种情况都有：看向远方、凌驾于一切之上的模特，以及吸引人们好感和暗示购买的直接注视。

实例分析

作为视角的使用和效果示例，我们使用R公司年度报告中的一张照片。这张照片（图21）是从略带俯视的视角拍摄的。这具有双重效果：中间站着的人显得可爱和友善，同时观众在背景中获得了产品供应的丰富概览。通过直接的注视，被展示的人邀请观看者看过来。然而，由于她是从下面往上看的，这种视线不是挑衅性的，而是一种邀约，它突出了这位女性给观

图21：R公司商务报告（2011：5）。
来源：© *Foto Karg*，经R公司许可转载。

看者递送水果的身体动作的奉献特点。

结论：通过视角，人们可以分析出物体是在哪个位置被呈现出来的，以及观众处在哪个位置，这涉及到社会等级秩序和观看者对图像事件的不同参与程度。

实操练习：

实操练习17：请带上相机去拍摄附近的发电站（风力涡轮机、核电站、水坝、燃煤发电站）。如果照片可能被用于电厂运营商的形象手册，或者被用于反对建设新电厂的活动，那么您拍摄时应该注意什么？

7.4 构图：元素是如何排列的？

元素可以被放置在图像的不同位置：中间、边缘、左边、右边、顶部或底部，它们可以水平、垂直或对角线排列，可以被边框分隔开来或通过矢量相互连接。摆放位置会赋予元素特定的信息价值（【德】Informationswert），比如它的重要程度，还可以产生附加意义，如某事物是既有的还是新的。下文将基于Kress/van Leeuwen（2006）介绍最重要的构图可能性及其意义，包括其意识形态效果等。

中心或边缘

处于画面中心或边缘的元素是如何被感知的，这一点在我们的语言使用中表现得很清楚，比如我们称某些事物是“中心的”或者是“边缘的”。任何被置于画面中心的事物不仅在视觉上作为焦点元素出现，而且在内容上也是最重要的。中心要素周围的任何东西都显得不那么重要。

在我们的文化中，像曼陀罗（【德】Mandala）那样把所有次要元素都圆圈状地分布在中心元素周围的图像是罕见的。其中一个原因可能是当今图像制作的技术条件。照相机拍摄的是矩形照片，每张DIN标准[1]的纸张都是矩形的，每张计算机图形也都是以矩形形式输出的。除了桌布和挂钟之外，工业界几乎不生产任何需要做圆状设计的圆形物品。除了技术上的生产条件外，我们的传统中很少有圆形构图，但管理模型是一个例外。在这种模型中，自己的企业经常被置于中心位置，而其他一切都被视为“环境”（参见图22）。

1　德国标准化研究所（Deutsches Institut für Normung e.V.）制定的标准。——译者注。

不太重要的元素经常被放在中心元素的左右两边。这形成了一种沿垂直对称轴的对称性。此外，这种对称的构图进一步强调了中心元素，使它们显得有序而和谐，但同时也是静态的。十字架在中央、崇拜者在左右两边的三联画（【德】Tryptichon）具有悠久的传统。通过强调中心的视角，可以赋予中心元素更多的分量。水平对称的图像，即次要元素在中心元素的上方和下方，则是比较少见的。

然而，最常见的情形是，中心元素周围根本就没有任何东西。也正是因为背景是单色、模糊或无意义的，所呈现的人脸、建筑或产品才会脱颖而出。

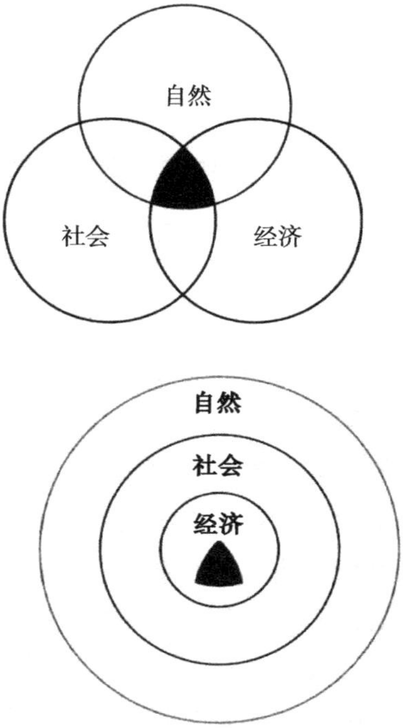

图22：企业环境的三大领域
（Peter et al. 2011：92，94）

我们对图片中心和边缘元素的感知，一方面可能源自于自然的观看行为。我们习惯于转动头部，以使感兴趣的物体位于我们视野的中心。我们偏爱对称性，可能是感觉对称的脸庞比不对称的更漂亮。另一方面，中心和边缘的安排也是一种意识形态的安排：被“推到边缘”的东西也是无足轻重的，就像“边缘人”在社会中处于低下地位一样。每次拍照时，王室夫妇或总统都站在中央，家庭成员或部长们在左右两边排开，重要性依次递减，从这些照片中每次都可以认识到这一点。

左边和右边

如果图像中有两个焦点元素，它们可以被安排在左边和右边。根据阅读方向，大多数欧洲人在这类图像中倾向于一种从左到右的感知顺序。左边是已知的，是原因和开始，右边则是新的，是效果和结果。这种构图与无标记的德语句子中的主题—述题结构（【德】Thema-Rhema-Struktur）相呼应，它也是从已知到未知：“在巴黎（已知），今天举行了部长级会议（新）”。一个重新排列的句子如“部长级会议今天在巴黎举行”在易理解程度上就明显变差了（Göpferich 2008）。同样，一个“错误”排列的图形也几乎是无法阅读的。为了说明这一点，我们在图23中将图17的交流模型进行了垂直方向的镜像翻转。

图23：最简单的交流模型（垂直镜像翻转）

从左到右的阅读进一步暗示了从左到右的运动：在图24所示的自动扶梯中，左边的似乎在下行，右边的在上行。在汽车广告中，行驶中的汽车几乎总是车头朝右；在少数车头朝左的广告中，它们被展示成停靠着的，即它们已经“到达”。

图24：向上和向下的电梯

从象征意义上讲，左边属于过去，右边属于未来。因此，每一位想在别人眼中被视为面向未来、具有远见的管理者和政治家在照片中都会向右看、向右指或向右走，而不是向左。这凸显了图像元素左右分布的意识形态潜力：把某样东西放在左边，可以暗示它是既定的，因而无容置疑；把某样东西放在右边，可以暗示它是新的和令人惊讶的。此外，通过朝向左边，也可以故意把一个人摆成后退的样子，或者让物体看起来貌似静止的样子。

上方和下方

两个焦点元素也可以垂直排列，即放置于画面的顶部和底部。传统上，较轻、较小、较亮的物体被放在顶部，较重、较大、较暗的物体则被放在底部。然而，无论真实的尺寸和重量比例如何，顶部的元素本身就显得比较轻。并且，将一幅画分为上下两部分，具有很强的象征意义：在顶部的东西代表着理想、神圣、普遍和灵性。底部的东西则代表着真实、世俗、具体、物质和肉体。许多广告都由两张图片组成，图片上半部分展示的是梦想、愿望和幻想的王国，下半部分则是真实的产品和具体的信息。

对上、下的感知可能在很大程度上与我们对自然环境的体验和身体经验有关：上方是非物质的天空，下方是物质性的大地；重物向下坠落或下沉；理性在身体上方的头部，那里产生抽象的思想、幻想、理想和欲望；腹部负责物质供养、消化和繁衍，它是肉体需求和感觉的所在地。语言以各种可以想象的变体再现了这种经验：我们“双脚站在现实的地面上”，抑或是“思绪飞到九霄云外”；我们“拍脑袋”决策，或跟着“内心的感觉”走；我们发现一个东西“超自然”或“低于任何水平”，等等。这样的想法被固化在交流模型中，其中“事务层面”都无一例外地在顶部，“关系层面”则是在底部。

然而，上和下的区分不仅与我们的身体体验相对应，而且还带有高度的意识形态色彩。由于我们的文化历来对理性的重视超过对肉体的重视，所以下面的说法也适用。

- 上方 = 好的、理性的、纯粹的、理想的、强大的
- 下方 = 低级的、非理性的、肮脏的、无力的。

因此，顶层管理者不仅身处“领导楼层”，而且在组织结构图中也位列顶端；在著名的马斯洛需求金字塔中，“更高”的需求被置于更高的位置；在瑞士联邦统计局的收入统计中，管理人员被列在最上面，办公室人员在上半部分，手工业者在下半部分，而临时员工在最下面，如此等等。这些都是反复制造社会不平等、使之稳定与合法化的有效视觉手段。

德语中的各种隐喻也反复制造着“上位 = 强大 = 好”这一理念，例如下面这些说法：有人“努力攀爬职业阶梯”，已经“到达顶峰”，或者“被摔下”和“跌落”；经济在“上升”，股票指数达到一个新的“最高点”；抵抗运动的战士在“地下”工作，而瑞士联邦委员会则在伯尔尼高地治理国务。在所有的构图可能性中，将图像元素分为顶部和底部可能是最具有意识形态作用的做法。

垂直、水平、对角线

无论是否存在一个或多个中心元素，垂直、水平或对角线元素在图像中都可以占据主导地位。在一个哥特式的外墙中或者一排树中，垂直方向占主导。它看起来稳定、向上，并且相对静态。对于环景图、窗景或书架，则是水平方向占主导。它显得安静和非常平稳。就对角线而言，画面中的一个对角线通常就足以产生主导作用，并制造出运动的效果：一辆被倾斜显示在对角线角度的道路上的汽车似乎是在行驶，画面中斜放的树篱将视线引向它的尽头，每一个弯曲的边缘似乎都不稳定，甚至即将倾倒。

这些效果或许都可以追溯到我们对环境的基本体验：垂直的柱子使建筑稳定，水平分布的物体——无论是人体、木板还是水——都处于静止状态；

另一方面，倾斜的物体是不稳定的。在倾斜的平面上，物体向下滚动或水流入山谷。这就是为什么图像中的圆形物体被认为比长方形物体更有动感。

尽管垂直线和水平线的意识形态潜力相当低，但对角线就不一样了：一个以倾斜角度拍摄的人从字面上看是被置于“歪斜的光线中”，一座被倾斜拍摄的企业大楼可以暗示该企业“处于一个不稳定的状态”。

重要性

与它们在图像中的位置无关，图像元素可被赋予不同的重要性（显著性）。对此有着不同的艺术手段：

- 大小：物体的绝对大小或相对于其他物体的大小越大，它就显得越重要。
- 颜色：重要性也可通过鲜艳的、纯粹的、清晰的和强烈的颜色对比来凸显。
- 光线：物体越被强烈地照射，它的出现就越显眼。
- 锐度：轮廓鲜明的物体会从模糊的物体中突显出来。
- 视角：在前景的物体通常不仅更大，也感觉比背景的物体更重要。

图像设计者因而拥有大量手段来使特定的人物或物体显得重要，使其他物体“淡出背景”。这里的操纵潜力是巨大的。

边框和矢量

画面中的元素可以表现为或多或少的孤立，或者彼此间相互联系。线条（如建筑物的边缘）可以把人或物体分隔开来，并把它们放在自己的边框中。这同样适用于空旷的空间或强烈的颜色与光线对比。分隔的最极端形式是将信息分布在几张图片上。在上面讨论过的年度报告中，R公司的高管以四张独立的画像呈现，因此可被框定为单打独斗的战士，P公司的高管在照片中则是作为一个团队呈现的（参见图14和图16）。

反过来，图像元素可以通过桥梁元素（【德】Brückenelement）连接。例如，在许多广告中，大标题就是梦想形象（抓眼球的元素）和产品形象（关键视觉）之间的连接。如果这些桥梁元素有一个特定的方向，它们就被称为矢量。矢量可以是伸出的手臂、经过的火车、楼梯等。这种矢量不仅将图片元素相互连接起来，而且还表明了运动的起点和目标。在涉及人物的情况下，它们还可以标示肇事者和受害者。与此相应，新闻摄影惯常使用的矢量是：枪管指向受害者，而不是反过来。

实例分析

图25：R公司商务报告（2011：19）

我们可以通过R公司年度报告中的一个例子（图25）来展示图像的构图及其效果。这张照片既有左右、也有上下的布局安排。两个人物作为中心元素被放置在左右两边。她们伸出的手臂形成明显的矢量，在两人之间形成跨越柜台的桥梁。正如这一年度报告中的许多其他图像一样，女销售员在左边，顾客在右边。这意味着交易从女销售员开始，而不是从顾客开始。换言之，这里呈现的是销售，而不是购买。货物仍在售货员手中这一事实也强调了这一点。

照片的下半部分被柜台占据，摆放着供应的肉类。在照片的上半部分——在整套真实的切肉器械旁边和在发光的题词“Csemege”（匈牙利语，意为“美味”）下方，可以看到一张印有肉类产品和R公司标志的海报。这样，在下方真实肉品的基础上，理想的肉品在上方显示，并通过语言表述升华为美味佳肴。柜台斜着穿过画面，从左下角到右上角，赋予画面某种动感。两位女士的手正好在柜台上方，借此不仅连接了左边和右边，还连接了画面的上半部分和下半部分。

图表和可视化图形的框架和矢量值得特别注意，因为它们几乎完全由边框和矢量，即线或箭头连接的方框或圆圈组成。有趣的是，对于图表的设计几乎没有形成任何规约：是使用椭圆还是矩形，方框是直角还是圆角，通常没有特殊意义，只是出自偶然，或者听凭图形制作者的审美感觉[1]。一条线是绿色还是紫色，是虚线还是实线，在个别情况下可能有意义，但这种意义没有被规约化。这就是为什么必须在图例中加以解释的原因。即使是在许多文

1 在漫画中，轮廓是规约化的。矩形代表评论，圆形的泡泡代表说话的内容，云朵代表想法。对于流程图，也有相应的DIN标准。

化中具有高度象征意义的“完美”形状——圆形和方形，在示意图和可视化图形中也被相当随意地使用。

因此，对于图表和图形来说，最强烈的意识形态影响来自于对事物周围的清晰划界，所有的东西都显得界限分明，看不到流畅的过渡。所有元素都整齐地排列在一起，以完美的顺序出现，呈垂直或水平排列。线条和箭头清楚地表明哪些元素与其他元素有关，或者谁在对什么施加影响。上图中的超市肉类柜台可以简化为销售交易教科书中的图26所设计的图表。

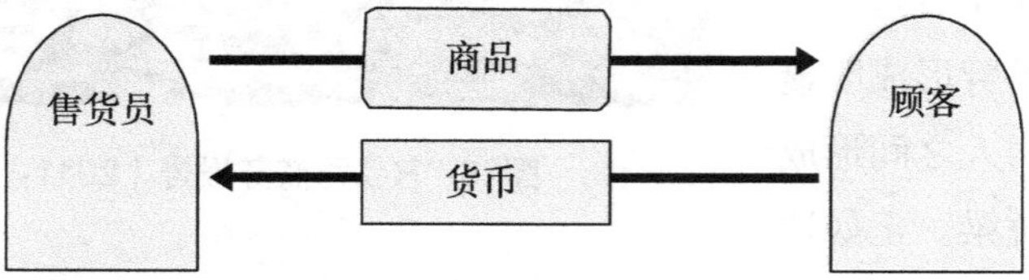

图26：虚构的交易模型图表

图表制造了一种幻觉，即世界井然有序，一目了然，理据清晰，尽在掌控之中。科学界、管理层和教科书里都不会随便使用那种内容形象“邋遢”的照片，比如照片中的东西以一种自然的无序状态混杂呈现，大小不同，间距不一，轮廓模糊，带有不稳定的边界和干扰性的其他物件。而在科学模型的世界中，一切都是纯净和清晰的——这完全是一种意识形态。

结论：对构图的分析是为了确定图像中的哪些元素具有什么样的意义和分量，以及各元素之间是通过什么样的空间或逻辑顺序联系起来的。

实操练习：

实操练习18：

请从报纸或杂志上寻找整版广告。首先将广告剪切为单独的几个组成部分，例如人物、产品、标题、文字和标志。然后试着像做游戏一般重新排列组合各个部分，例如通过调换顶部和底部、左侧和右侧等。请描述在这过程中广告的可理解性和效果是如何发生变化的。

7.5 情态：物体如何被呈现？

我们把情态（【德】Modalität）理解为图像中人物、物体和场景的表现方式，诸如：自然的还是抽象的，细致的还是朦胧的，彩色的还是单色的，轮廓鲜明或是轮廓模糊，等等。情态决定了图像所描绘对象的真实程度。与此相关的是真实性权诉（【德】Wahrheitsanspruch）：被感受为现实的事物同时也被认为是真实的。

这可能因文化和时代而异。在西方文化中，自然主义占主导地位：当一幅图像准确地重现了世界的原貌，或者是我们用肉眼所看到的世界的模样，它就被认为是现实的，也因而是真实的。自文艺复兴以来，欧洲人就一直追求对世界的完美复现，这种尝试首先是通过油画创作，后来是单色摄影，最终是运用彩色摄影。可以说，“真实性”过去是、现在也始终是现有技术的产物。木刻和黑白照片已经失去了它们的证明力。现今用于核验所有事物的真实标准都是非伪造的彩色照片。它被认为是无可争议的证据，可用于证明某些东西是或曾经是图片中的样子。但在欧洲中世纪以及当时的其他文化中，人们没有试图以自然主义的风格作画。非写实的绘画更多是要描绘出神圣的秩序，从而描绘出真实性。

然而，即使是在西方文化中，自然主义也不是同样适用于所有的社会领域（Kress/van Leeuwen 2006：163–166）。在新闻界、社交媒体、企业沟通和维基百科之类的在线百科全书中，自然主义的理念没有受到质疑，人们普遍认为，一张好的、也因而真实的照片是尽最大可能忠实于现实、再现了所拍摄场景的照片。

但在科学界情况是不同的。这种照片在那里不被看作具有揭示真实性的资质，因为它们只反映了个别的、具体的物体，而科学旨在揭示普遍和典型的现象。因此，抽象、黑白的示意图在科学中是至高情态，被认为具有最高的真实性价值：它们本真地再现了观察对象的本质。

在时尚行业和广告业中的规约又有所不同。这里的最高情态是最感性的摄影，图像聚焦的模特、服装或消费品都在超真实色彩中以十分清晰的轮廓出现，而背景则被模糊化处理或被修饰掉了。

也就是说，社会中具有影响力的团体，如科学家或杂志制作人，确立了何谓现实、何谓真实的标准。与此相对，在我们的社会中，大家普遍不承认艺术作品拥有真实性权诉。绘画不会宣称拥有真实性，除非它是一副政治讽刺画。表10总结了不同社会领域中真实性权诉与情态偏好之间的关联。

表10：社会领域与情态偏好的关联

社会领域	真实性权诉	情态偏好
日常活动，出版业	自然主义：对一个具体情形的再现	彩色照片
科学	抽象：化约为典型性	黑白示意图
时尚，广告	超现实主义：强调感官性	摄影构图

图像的情态由各种因素决定，这些因素又以连续标度的形式存在，例如颜色饱和度的高和低。这些因素互不依赖，独立发挥作用。一幅图像可以只有黑白两色，因此具有低情态，但同时又具有较高的景深，因此具有高情态。下面基于Kress/van Leeuwen（2006：160及后续数页）介绍情态的各个要素。

颜色

颜色（【德】Farbe）要素可以从三个方面来看：

- 饱和度：标度从单纯的黑白到全彩色，直到超真实的色彩强度；
- 谱系：标度从单色到多色（如双色印刷）到使用所有颜色；
- 色阶：色阶范围从只使用清晰的原色到不同色调的精细渐变。

标准摄影使用的是全光谱的各种色阶和高饱和度。它被认为是尤其接近真实和现实的。在企业沟通中，色谱则往往被刻意限制在企业商标的颜色范围内，色阶也被减少到明确规定的色调。广告中所使用的颜色数量也常常受到限制，例如，在产品包装的颜色基础上再加上黑色和金色，以创造高雅的印象。饱和度往往被人为地强化，以使物体看起来“比现实的更真实”（„mehr als real“）。

图表和示意图通常只使用很少的颜色。计算机程序为此提供了现成的调色板，除了使形状标准化之外，还能确保标准化的着色。科学图表的情态最低，它们通常被简化为黑白色，既没有任何其他颜色，也没有灰色的中间调。

然而，色彩不仅令物体看起来更自然，它们还具有象征性价值。黑勒（Heller 2001）通过一项大规模问卷调查，分析了被调查者对颜色与特性之间联系的看法。下表是他的调查结果的节选，表格根据颜色的受欢迎程度进行了排序。

其中蓝色和红色是最受欢迎的颜色，主要引发人们积极的联想，难怪它们也是企业商标设计和纸媒版面中最经常使用的颜色。

表11：色彩的心理效果（Heller 2001）

蓝	无限，渴望，忠诚，放松，阳刚之气，精神美德，神圣，“圣母玛利亚蓝”。
红	活力，全部激情，战争，神火，亲近，物质，血液，高贵，奢华，禁忌，阳刚之气。
绿	自然，生命，春天，商业成功，希望，精神，毒药，未成熟。
黑	死亡，哀悼，负面情绪，污秽，卑鄙，不幸，个性，非法，高雅，坚硬。
粉红	女性气质，柔和，童真，浪漫，甜美，虚荣。
黄	乐观，彻悟，成熟，嫉妒，自私，贪婪，危险。
白	神性，完美，初始，复活，洁净，无辜，真理，地位，冷静，空虚。
紫	力量，虚荣，奢侈，魔法，颓废，感性，罪恶。
棕	不讨喜，懒惰，舒适，闷热，香气，贫穷，愚蠢，堕落。
灰	不友好，平庸，沮丧，恐怖，年老，自卑，谦虚，非法。
橙	现代性，无价值，纠缠，愉悦，合群，能量，安全。

光线

光线（【德】Licht）这个要素也可以区分为四个方面：

• **色调**：光线可以有不同的色调，例如蓝白色的光被感觉是冷光，红黄色的光线则是暖光。

• **聚集度**：光线可以聚集起来，像探照灯一样使特定的图像元素成为焦点；光线也可以是散射的，以同等强度照射一切，使它们显得同等重要。

• **强度**：光线强弱可调。弱光不仅使物体更不易于辨认，还可以营造一种朦胧的氛围，根据不同情况会产生威胁（夜里）或浪漫（烛光）的效果。

• **方向**：根据来向不同，光可以从侧面、上方、前方或后方射来。侧光产生强烈的阴影，使物体看起来立体。斜上方的光线对场景的照射最为均匀，也感觉更为自然，因为它符合日光的方向。从前方打过来的光经常用于舞台、讲台或者是演播室这样安排好的场景。逆光拍摄尤其引人注目，它根据不同的背景创造出特殊的和象征性的效果。

光线可以被高度策略性地使用。例如，用从前方和下方聚集射来的冷色调光线，可以达到使一个人看起来年老和疲态的效果。光线可以用来制造任何可以想象的情绪。对于地形图来说，使用一个虚构的光源（注意：从北方）是必要的，这样观众就能感知到景观的立体。在科学示意图和图表中，典型的情况是光源缺失，物件不会投下阴影，这样也就将它们与现实剥离。

复杂性

我们对复杂性（【德】Komplexität）的三个方面进行了区分：

• **细节化程度**：图像呈现得越细致，它就越具有自然主义的效果；越不细致，就越普通。

• **抽象程度**：抽象程度由低到高，从自然主义的画像，到仅还原轮廓和表面，直到借助符号完全抽象的呈现。

• **背景**：背景可以在它自然的多样性中被呈现，也可缩减为少量颜色，或者完全被删略。

照片在充足的光线下会展示它所呈现物体的全部细节，而其他图像类型的细节程度是由制作者自己决定的。插图可以忠实于细节，也可进行速写式勾勒；技术图纸可以被不同程度地简化；地图的比例尺也可大小不同，而在示意图中几乎可以任意地纳入或删略许多元素。

同样，示意图和象形图的设计者也可以自主确定抽象的程度。例如，多年来，交通标志变得越来越抽象，上面描绘的火车头或人物越来越采用非写实风格。即使在科学领域，趋势也是朝着更加抽象化的方向发展。索绪尔在他的交流模型中仍然画着两个人（男性）的头部，而今天交流模型中的人通常被简化为一个圆或一个四方形。然而，城市地图的发展趋势则相反。景点不再以鸟瞰图的形式被缩减绘制为一个正方形，而是以侧视图的形式出现在地图上，这样它们就更加突出和更容易被识别。

除了照片和绘画之外，几乎所有的图像都舍弃了背景，不让任何东西分散对焦点部分的关注。即使在现今的照片中，背景也经常被修剪掉，人或物则被“解放”出来。在新闻界，这一技术支撑了报道的个人化（【德】Personalisierung）趋势：除了报道中的这一个人之外，其他一切都被省略了，政治家或名人似乎在真空中行动。在广告中，这么做的作用是将广告对象

（如一瓶洗发水）演绎成一个超越时空的纪念文物。

锐度

最后，锐度（【德】Schärfe）这个要素可以区分两个方面。

- **轮廓**：可以把图像的焦点对象描出清晰或模糊的轮廓。
- **景深**：根据不同的表现形式，前景、背景或整个画面中的事物被清晰地描绘出来。被清晰呈现的东西比模糊的更显重要，它们是真正的"在焦点上"。

模糊的图像一般被认为是失焦的。然而，模糊的人或物体，例如派对照片或驶过的摩托车也可以被有目的地用来创造运动、速度、喧嚣的印象。在广告中，做法是相反的：汽车显得很清晰，而背景似乎是飞过的。但模糊的轮廓也可以用来制造浪漫、梦幻或朦胧的气氛。就景深而言，一切都显得同样清晰的照片是无标记的拍摄，聚焦于单独一个人则是一种个人化技术。

前文在构图方面已经提到的内容适用于所有其他类型的图像：只存在清晰的轮廓。这产生的影响是，所有这些地图、图表和象形图都看似脉络清晰。模糊的物体和概念在科学和技术领域中没有地位。

实例分析

图27展示了P公司年度报告中的另一幅图片。[1]虽然是四色印刷，但色谱明显减少到白色、黑色和红色。红色是P公司的企业标志色，图像左边缘的红色透明条纹进一步强调了这一点。图像色彩非常纯正，饱和度高，使场景具有超真实的效果。对红色的高度强调弥补了冰冷的工业厂房内的光线，有力地照亮了整个场景，避免了产生过于像在医疗场所的感觉。细节化程度整体很高，但其效果被景深的缺乏抵消了。只有在中间工作的那个人是清晰的，前景和背景都非常模糊。这一技术被运用于整个年度报告。

图27：P公司的年度报告（2012：13）

P公司以这种独特的图像情态表明，自身企业的重点是工作中的个人。冷

1　本图彩色版见书末第290页。——译者注。

白色和强烈的冷光代表着洁净和技术上的高标准，这与企业标志色红色形成对比，后者代表着温暖和活力。

图像的情态与其社会内涵相辅相成，比如不同年级的书籍就展示了这一点。幼儿读物以逼真的插图和绘画为主，其中明确突出了基本内容。显然，人们既不指望小家伙们能从（过于）复杂的照片中识别出要点，也不指望他们能解释抽象的示意图。年级越高，插图就越抽象。这表明，学生们现在被认为能够理解抽象的概念了。笼统地说，这里传递的信息是：处理抽象图像的能力被认为是受过教育的标志——这也适用于现代绘画。

在这方面值得注意的是，目前的趋势正在朝具象化（【德】Konkretisierung）方向发展。今天，在屏幕上给用户带来提示的经常是漫画人物或动画灯泡，而不是抽象的箭头和文本框。微笑符号代替了文字，图像序列代替了文字说明。地形图和绘图被立体的三维全景图取代。

结论：对情态的分析有助于确定被描绘对象的现实程度，从而满足图像追求的真实性和有效性权诉。

ⓘ 克瑞斯和范柳文的“视觉语法”（Kress/van Leeuwen 2006）并不是没有受到质疑。许多研究人员怀疑他们的说法是否具有普遍性，并提出了一些反例，例如认为“左 = 已知，右 = 新”或“上方 = 理想，下方 = 现实”的分类不完全恰当。尽管如此，我们认为不应该完全摒弃这种方法。相反，这里描述的设计原则在多大程度上适用于图像及其效果分析，应该根据具体材料具体分析。但即使那些拒绝克瑞斯和范柳文视觉语法的人，也无法回避要从内容、景别、视角、构图和情态方面对有待分析的图像进行精确描述以及对其效果做出解释。

7.6 图文关系：图像有哪些功能？

通常情况下，图像的内容、设计及其相关效果可以根据一张孤立的图像得以描述。但它具有何种交流功能，这一问题只有把它放在综合篇章的语境中才能得以确定。当一张图像从一个语境移入另一个语境，它的功能往往也会随之改变。

我们以图9a中的建筑工地照片为例。单独来看的话，这张照片没有太多的意义。它可能出现在一家建筑企业的宣传册上，也可能出现在报纸上关于发生在这个建筑工地的事故的报道中。也正因为自身意义虚化，它可以成为图像数据库的一份合适素材，被随时提取用作不同报道的配图，例如用于一份关于景气上升的报告中，出于众所周知的原因，对经济波动反应敏感的建筑业换喻式地代表了整个经济。但它也完全可以被用于关于自然景观被日益增长的城市扩张和混凝土化所破坏的报告。

实际上，仅仅是存在图像数据库这一事实，就已然证明了图像意义的开放性，它们可以带着不同的功能被投放于不同的语境中去。相比之下，我们很难想象能建设一个"篇章数据库"，其中的篇章可以被复制到新的综合篇章中去——甚至预制篇章模块的工作就更难进行了。因此，对图像进行说明和阐释，必须考虑到的是被分析的图像在综合篇章中所具有的功能。这并不容易，特别是由于一张图像可以同时实现好几种功能，例如传达某种情绪或者证明某个事件已经发生。接下来，我们围绕如何将图像的功能以及图文关系的系统化提出建议。

图像功能

基于不同的学科背景，当今研究者们在图像功能的系统化方面有着很大差异。德尔克（Doelker 1997）在图像语义学中区分了十种图像功能（见表12）。

表12：德尔克区分的十种图像功能（Doelker 1997：70及后续数页）

功能	图像类型	示例
记录	痕迹图像	抓拍作为一场派对的证据
模仿	模画	技术图纸作为现实的写照
仿真	代用品	包装上的图像代替真正的披萨
说明	示意图	空间填充模型[2]将看不见的分子可视化
叙述	幻想图像	连环画创造了幻想的世界
呼吁	推介图像	《明镜》周刊上的封面图激发情绪和购买欲
装饰	装饰图像	书中和墙上的装饰图案
建立关系	填充图像	电视图标作为节目间隙的填充和识别物
本体	剪辑图像	抽象的油画本身作为目的
赋予能量	能量图像	图腾对持有者产生影响

这份清单的优势在于，它尽可能地涵盖了所有图像功能——从记录功能的新闻图像到科学示意图和本体绘画，再到能量图像的魔力实践。

与自身的学科特点一致，语用学强调图像在具体交际语境中的行动特征。为了突出与言语行为理论的接近，克莱姆提出了“图像行为”（【德】Bildakt）这一概念。图像实施的行为可以借助一种“通过……”（【德】indem）的语义关系来用语言表达出来。例如，一位政治人物通过使自己在人群中被拍到，并通过在自己的主页上发布这张照片，借此展示自己与民众保持紧密联系（Klemm 2011：195）。

与言语行为不同的是，图像行为没有施为动词，因此无法将施事行为可视化。图像自己不能说“我证明”或“我在此承诺与民众保持紧密联系”。然而，这并不一定是一个缺点。图像也可以暗示一种不适合用语言表达的含义，例如“我很好”（Klemm 2011: 201）或“游客很烦人”（Messaris 1997: 191）。

克莱姆和施特科尔（Klemm/Stöckl 2011: 14）在他们的导论书中提到了图像的七个基本功能：图解/增强吸引力、论证/说服、记录、合理化、解释、指示和叙述。其他作者（Meckel 2001, Ballstaedt 2012, Liebsch/Mössner 2012, Kroeber-Riehl 1996）也发展了其他的功能划分方法。在下文中，我们试图将Meckel、Klemm/Stöckl、Liebsch/Mössner和Kroeber-Riehl的方法整合在一个表格中，并提供相应示例。

表13：可能的图像功能列表和示例

图像功能	示例
引起注意	笑容灿烂的脸吸引了人们对选举海报的注意。
增强吸引力	信息图增强了货物进出口报告的吸引力。
记录	新闻照片记录了国际协议的签署。
告知	教科书中的一幅图画提供了关于人类消化器官的信息。

1　一种三维分子模型。——译者注。

（续表）

图像功能	示例
图解、形象说明	交流模型形象地说明了一种特定的交流概念。
论证	关于死亡人数的柱形图表明，应该禁止酒后驾车。
说服、证明	服药前后的照片证明了瘦身药品的效果。
宣传	海报上有吸引力的图像的目的是招徕人们去参加音乐节。
解释、指导	图画指引柜子的组装。
警告	瓶子上的骷髅头警示不能喝瓶里的东西。
激发情绪	一位洪水受害者的照片唤起了人们的同情心。
叙述	连环画讲述了一个故事。
娱乐	报纸上的每日图片笑话娱乐了读者。

这份图像功能的列举清单不是穷尽性的，而是为了使人们更清楚地看到图像可以具有许多不同的功能。在使用自己的材料具体进行研究时，图像的功能则须结合案例单独确定。

最后，在数字化图像处理的时代，对图像处理的考虑正变得越来越重要。如果操纵显而易见（例如一张怀孕的男人的图片），那么图像就满足了表格中列出的部分功能，如吸引注意力或娱乐性。然而，如果操纵的方式无法辨认，那这种图像就起到了造谣和误导的作用，甚至达到了欺诈或撒谎的目的。

实例分析

确定图像功能有多困难，这从P公司年度报告的配图（图28）中就可以看出来。根据标题，这是在“瑞士面包店奖杯赛”中拍摄的五张照片之一。图片中，一位专家正在试吃，他手里拿着一块梨子面包，胳膊下的桌子上放着一张评估表。这张照片显然同时满足了多个功能：它告诉人们比赛是如何进

图28：P公司年度报告（2012：7）

行的；它记录了这场特定的比赛确实发生了；它增加了整个年度报告的吸引力；它也在为企业打广告，当它还通过附带的文字说明："通过组织这样的活动，我们相信烘焙业的未来。［……］没有高质量的原料，没有面包师的烘焙技术，就没有高质量的产品！因此，P公司是链条上的重要环节……"（*Annual Report 2012*: 7）。

这个例子清晰地表明了，图像的功能只能在综合篇章的语境中确定。在某种程度上，信息功能在没有随附文字的情况下仍然可以被推导出来，但其他的功能只能通过将图像嵌入年度报告以及随附的标题和语言篇章来确定。

图文关系

与对图像功能的系统化相比，目前关于图文关系分析及其系统化的建议的差异性要更大。在概念使用时应当谨慎，因为部分上相同的概念在实际使用中往往被赋予不同的意义，例如"互补性"（【德】Komplementarität）在德尔克（Doelker 1997）和巴尔斯塔（Ballstaedt 2002）那里理解不同，"阐释"（【德】Elaboration）在巴尔斯塔（Ballstaedt 2002）和施特科尔（Stöckl 2011）那里又不同。施特科尔（Stöckl 2011）区分出以下基本范畴：

- 空间—句法模式：图像和语言篇章是如何编排的？
- 信息相关的模式：图像和语言篇章提供了哪些信息？
- 修辞—语义模式：图像和语言篇章在逻辑上是如何相互关联的？

在空间—句法模式中，施特科尔（Stöckl 2011：56-57）区分了图像是否延续了语言篇章的内容（线性模式），或图像和语言篇章是否重叠（同步模式）。然而，这种分类并不令人信服，因为它假设综合篇章总是从上到下来阅读的，而事实显然不是这样。在一个综合篇章中，这些元素是按照它们的显眼程度来被阅读的，即图像元素比文字元素更受欢迎（Meckel 2001，Kroeber-Riehl 1996）。因此，被放置在上方的篇章元素并不是在图像的"前面"，而只是在图片的"上方"。这里更实用的建议是在构图这个章节中克雷斯和范柳文（Kress/van Leeuwen 2006）的分类。

在与信息相关的模式中，施特科尔将“阐释”（【德】Elaboration）与“扩展”（【德】Extension）区分开来（Stöckl 2011：58）：前者指图像解释篇章或反过来，后者则是两种模态以多种方式相互补充。最后，他在修辞—语义模式中区分出协调性、层次性和游戏性三种联结模式，并对这些模式作了进一步区分。图像和篇章可以被联想式地联结起来（协调性），它们可以彼此建立复杂的语义关系，如因果关系（层次性）或者幽默（如隐喻字面意义上的可视化）（Stöckl 2011：60-61）。

施特科尔的分类体系是目前最详尽的，但在个别情况下，要确定图像和篇章之间的实际关系是非常困难的。

内特（Nöth 2000，转引自Ortner 2011：160-161）提出了一个包括四个类别的简化体系。他只区分了

- 冗余：图像和篇章表达的是同一件事；
- 主导：篇章或图像占主导地位；
- 互补：篇章和图像相互补充，各自以特定的方式为综合篇章的理解做出贡献；
- 差异：图像和语言篇章相互矛盾。

尽管这种分类法易于应用，但它存在以下问题：首先，类别“主导”与其他类别是平行的（冗余、互补和差异是互斥的，但主导不是）；其次，完全的冗余性很少出现，因为图像和篇章是不同的交流模态。从根本上说，它们表达的不完全是同一事物。

最后，具体到每一个文本都必须逐一确定图像和篇章如何相互作用，以创造某种效果和传达某种世界观。上面列出的术语可以提供帮助，但重要的是要识别出图像和篇章是如何相互影响的，即篇章如何控制着对图像的感知，反之亦然。

例如，《新苏黎世报》在报道意大利议会取消贝卢斯科尼总理的豁免权时，刊登了一张贝卢斯科尼闭着眼睛、嘴唇紧闭、扯着领带结的照片。[1]这幅图所传达的信息与篇章内容完全不同，因此很难说这幅图是对篇章的补充（互补）还是与之相矛盾（差异）。然而，该图像无论如何都具有评论的功能，它表达了情况越来越紧张的看法。

1 《新苏黎世报》（NZZ），2009年10月8日。

特殊情况：图例

当我们考虑图像和篇章之间的关系时，有一个篇章的元素值得特别注意，即图例（【德】Bildlegende）。与其他术语如“图像标题”相比，“图例”（源自拉丁文legendum，即“要读的东西”）这一术语清楚地表明，图例不只是对图像的描述。它不仅解释了图像中的内容，而且还规定了如何从作者的角度去阅读和解读图像。通过这种方式，它调节了对图像的感知和解读，并拥有巨大的操纵潜力。

下面举一个例子。在一本关于“荷兰的黄金时代”的小册子（*GEO Epoche*，2013年第7期）中，有两页转载了一幅油画：画面右侧边缘的两个女人正在用培根喂一个男人。老妇人轻轻地支撑着男人向后仰的头，而年轻妇人则用叉子把培根条推到他张开的嘴里。这名男子几乎无法抗拒，因为他的双手被一个酒杯和一个酒瓶占据，而他被夹在扶手椅和桌子之间。

然而，这幅画的图例写道：“日常场景是非常受欢迎的，即使它们像凡·洪特霍斯特（Gerrit van Honthorst，1592-1656）的《晚宴》（约1619年）那样展示了一些不登大雅之堂的东西：一个男人让一个女人喂他吃肉，而一位老妇人，可能是一个妓女，在旁边期待地看着”。在图例中，男人被塑造成一个（不仅仅是语法上的）主体，他以一种自主决定的方式允许一些事情发生在他身上。但这与画中的描绘是相反的，在画中男人显然是客体，而女人是行动的主体。这一图例不仅导致了对图画的错误“解读”，也是图例作者的性别歧视心态的表现——即使在男性明显是受女性制约的客体的情况下，他依然将男性视为主体。

在新闻行业中有着更多公然误导、甚至是欺骗性的例子。法新社发布了一张照片，照片显示一名教士在一座燃烧的建筑物前举起了手臂。配文是：“一位教士试图安抚群众。”然而，《明星报》（*Stern*）在刊登这张照片时配上了这样的图例：“一位教士在黎巴嫩首都挑起了恼怒的信徒的情绪。”[1] 在荷兰油画的例子中，细心的观察者可以发现图和图例之间的矛盾，而《明星报》的读者却难以识别出错误的信息。

结论：对图文关系的分析有助于确定图像和篇章为创造某种现实图景以何种形式被组合在一起，以及图像在综合篇章中承担了何种功能。

1　若无特别说明，图像和篇章由贝亚特·科斯曼（Beate Kossmann）提供。

实操练习：

实操练习19：

2013年11月6日，《标准报》（*Standard*）网络版发表了一篇关于奥地利学校缺乏对天赋型学生的支持的报导，并引发了近600条评论。下面摘录了该报告的部分段落。它的插图是机构的照片和克劳迪娅·雷施（Claudia Resch）的肖像照。[1]请描述图像所表达的内容以及它与篇章之间的关系，并讨论图例如何影响对图像的阐释。最后，请列举该图像所实现的功能。

有天赋的学生没有得到系统的支持

莉萨·艾格纳（Lisa Aigner）

来自天才促培中心的克劳迪娅·雷施说，更多的自主学习是必要的。

在每个年级组中，有15%至20%的学生有潜力取得很高的成绩。这是天赋研究者的假设。奥地利天才支持和研究中心的负责人克劳迪娅·雷施说，为了能够发挥这种潜力，他们首先需要一个有利的学习环境。[……]

有各种可以促进才能发展的手段。例如，学生可以跳过一个年级或提前入学。另一种可能性是“旋转塔模式”：特别优秀的学生可以在某些科目的高年级上课，或者在上课时间做自己的项目。一些学校还设置了“资优生班级”。暑期学校和作为特殊学生在大学学习也是可能的。然而，来自天才支持和研究中心的雷施（她本身也是一名受过培训的AHS教师）认为，课程期间的特殊支持应该覆盖到常规学校系统。但在目前的奥地利学校体系中，情况并非如此。只有少数学校实施了旋转塔模式。“遗憾的是，普通学校还没有系统地提供支持。”通常情况下，每个人都在同一时间学习同样的东西。但这正是天赋生培养的错误方式。[……]

自主学习使天赋生继续发展

1 《标准报在线》（*Standard online*），2015年6月27日。

实例分析

马斯特的书没有图画、虚构图和示意图，只有可视化图形。对于习惯于阅读科学文献的读者而言，这一点不令人惊讶。因为除了自然科学中的X射线等技术制图之外，照片和插画在科学书籍中是极不常见的。

然而问题在于，为什么会这样？如前所述，放弃照片而采用可视化图形，这意味着抛弃个案，选择表现普遍有效性和典型性。这样做是为了避免产生这样的印象：书中所说的内容只适用于具体考察的企业。一本教科书的内容应该是适用于“所有”企业的。

其他的原因还包括，一方面避免给人以大众化的印象。另一方面也是为了消除对自己的怀疑，即有接受照片中企业资助的嫌疑。因此，在科学中不使用照片完全是一种出于意识形态的决策：尽管科学认识一直是通过研究具体案例（在我们的例子中：企业）获得的，但通过可视化的方式可以故意制造出这些认识具有普遍有效性的印象。

在马斯特整整454页的书中共有72张“图表”。这里展示了其中的一张概念图。按照图例所解释的，它显示一家企业的“接触领域”。这个图像是高度抽象的，与语言外的现实没有任何相似之处。它是低情态的：没有视角，没有背景，没有彩色，只有黑色、白色和两种灰色。通过这种常规的表现形式，该图将自己展示为一种普遍有效的科学图表。

图是圆形的，这种形状代表着完美。因此，它宣称展示了整体。这个圆圈以企业为中心划分出八个区域，这些区域本身又被细分了。企业因而处于考量的核心，而资本市场或选民则构成了外围。图中的所有元素都用黑线清晰地勾勒出来，并相互分离。这些扇形同等大小，而且正好有八个，由此形成了完美的垂直和水平对称。这使人们认为，一个企业的环境是可管理的、有序的和可控制的。

这种呈现“过于美好以至于不真实”。为了清晰和审美，事实被牺牲了。一个企业的所有接触领域都是相同大小的，而且不存在重叠，这可以说是大错特错。这样的图助长了那种被管理大师们反复传播以及被他们的弟子们热切吸收的想法，即认为整个世界，特别是自己的企业，可以被全面掌控、理解和按照自己的想法来操控。

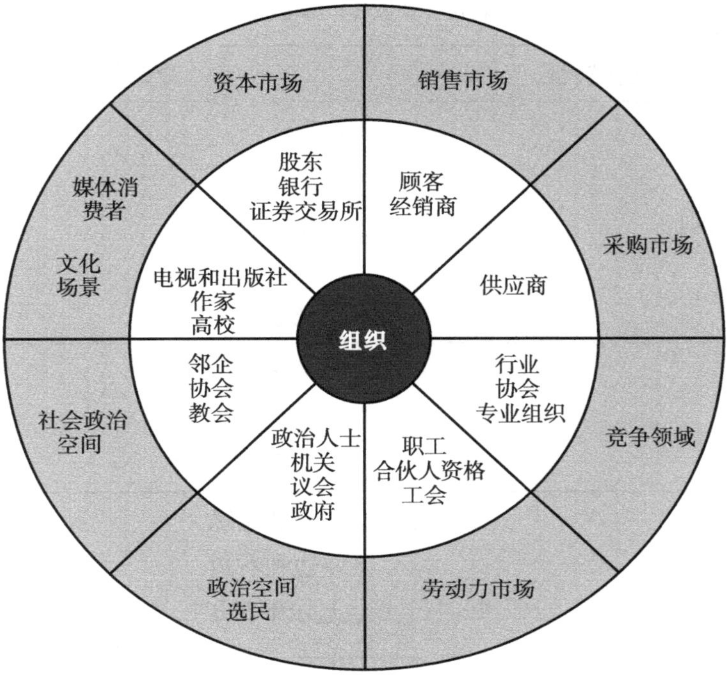

图29：企业的接触领域（Mast 2013：115）

项目实施：

请对您语料库中的图像进行全面的描述和解读。您看到的是什么（内容和景别）？它是如何被显示的（视角、构图、情态）？图像和篇章之间的关系是什么？这些图像实现了什么功能？

7.7 总结

以话语分析为导向的对单个图像的分析有助于确定在综合篇章背景下，该图像试图向观众传达什么样的世界观。下表概述了在研究中可关注的内容。

表14：图像分析标准概览

图像特征	分析标准
内容和景别	内容 景别 背景 删略部分 象征意义
视角	水平角度 垂直角度 视线方向
构图	中心和边缘 左边和右边 上方和下方 垂直、水平、对角线 重要性 边框和矢量
情态	颜色 光线 复杂度 锐度
图文关系	图像功能 图文关系 图例

深度阅读

在图像的话语分析领域，奠基性作品是Kress/van Leeuwen（2006）和Kress（2010）。Klug（2013）提出了另一个有趣的图像分析方案，即篇章语义分析（TexSem）。Diekmannshenke/Klemm/Stöckl（2011）的论文集对图像语言学的各种概念作了介绍。Meier（2008a）对网络话语语境中的图像使用进行了最为详尽的探讨。Glasze（2009）和Harley（1989）开辟了地图的话语视角。Liebsch/Mössner（2012）探究了科学领域中的图像。Pollack（2008）对影片分析进行了简明介绍。Ballstaedt（2012）则更注重应用导向。

8

话语层面：跨篇章模式分析

在前面三章中，我们展示了如何从话语分析的角度来研究单个篇章、对话和图像。这使我们得以揭示图像、对话或篇章所勾勒的、试图说服读者接受的世界观。如果我们选定了对于特定话语具有代表性的一个篇章，那么通常就已经找到了所研究话语的核心论证思路。

但是我们只能通过研究同一话语中的其他篇章，并考察其中可以找到的共同点来确保能做到这一步。通过分析同一社会领域中的不同语篇，我们可以溯构关于某个主题的“话语”：哪些主题被谈论？哪些不被谈论？作为主题的对象是如何被描述的？话语赞同什么以及用什么论据来佐证？跨篇章模式分析的主要问题是：

在所研究的话语中，哪些主题是主导性的？有哪些反复出现的阐释模式、论证模式和行为模式？话语通过言语和视觉的方式想让接受者相信什么？

研究的关键是确定在某一特定时期的某一特定社会中思想和论证的共同之处。我们将这一思路直观地展现在图30中。

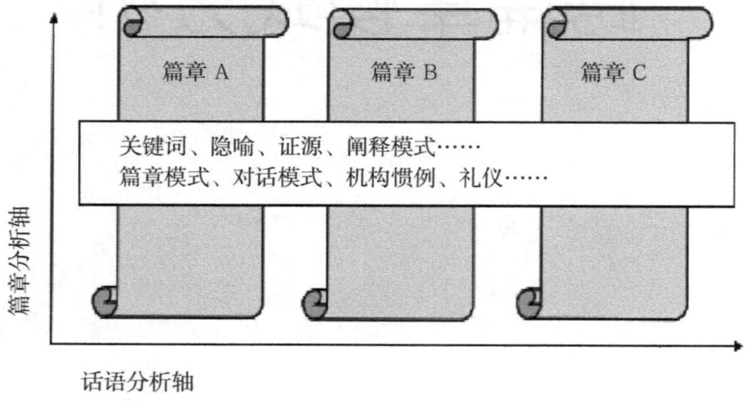

图30：篇章分析和话语分析的关系[1]

这些思想和论证中（以及与此相关联的在行为上）的共同点可位于不同的语言层面，并由研究者在不同的抽象水平上加以溯构。对于如何将这些反

1　这张图的构思来自于马赛尔·埃格勒（Marcel Eggler）。

复出现的思想模式和论证模式概念化，并配以相应的术语，学界也有着非常不同的建议，例如证源、论证模式、思想风格、集体符号、阐释模式、定型看法等等。

在下文中，我们将范围限定于五个概念，并认为这些概念有助于把握在多个篇章之上的特定主题的话语。在单独的语言行为层面上，它们是论证模式（【德】Argumentationsmuster，见8.1节）和阐释模式（【德】Deutungsmuster，见8.2节）；在复杂语言行为层面上，它们是书面语领域中的篇章模式（【德】Textmuster，见8.3节）、口头语领域中的行为模式（【德】Handlungsmuster，见8.4节[1]）以及视觉领域中的视觉定型（【德】visuelles Stereotyp，见8.5节）。

上述概念会被实际应用于管理教科书分析，借此溯构当代经济话语。下文还会将Mast（2013）这本盛名已久的书与Aerni/Bruhn（2013）、Lombriser/Abplanalp（2010）和Vahs（2012）等进行比较。这些书在前文已有介绍。

(!) 话语研究者在他们研究的篇章中首先要寻找的是思想和论证的共同点。因为正如刚刚论述的，他们想溯构某个特定时期的话语。然而，这一过程的危险在于，通过挑选出特定篇章和跨篇章模式，话语有可能被呈现得比实际情况更为统一，例如对国内“一种”新自由主义的描述。而在每一种话语中，除了主导的声音之外，也有反对的声音以及勇敢地反对主流意见的篇章和主体。话语研究者的研究伦理就在于，不把这些声音简单地作为统计上的异常值，而是认真看待它们，并在研究中引用它们，这在我们所举的例子中便是那些批评资本主义的作者。这样做的原因在于，话语研究者本身也是社会主体，他们有能力让人们听到特定的声音，或者使之静默。

8.1 论证模式

对论证模式的分析基本上是要在大量的篇章或篇章片段中，找出不断复现的提出理据与合法化的形式。论证模式是无法从篇章表层重复出现的词语中识别出来的，因为同样的论证可以出现在完全不同的语言形式中。一则广告里说“牙医给他们的孩子吃XY”，另一个广告说“由顶级的洗衣机制造商推荐”，两者使用的是同一种形式的论证，即诉诸权威。

1 实际章节内容为“对话模式”。——译者注。

在一本教科书中可以读到："实践从应用中的错误吸取教训，理论接受了合理的批评并进一步发展了这个概念"（Lombriser/Abplanalp 2010：73）。另一本教科书则写道："有必要批评指出，结构组织和流程组织的分离显然是不可能的，在实践中也意义甚微"（Vahs 2012：59）。两者都使用了相同的证源，即理论和实践之间的原则性区别。

因此，这是一个如何在篇章深层语义层面识别反复出现的论证形式的问题。这并不总是容易做到，因为许多论证是不完整的，甚至是隐而不显的。上面提到的广告就是非常典型的例子，其中没有明说出来的推论规则是"专家所做的是正确的和值得模仿的"。

一旦确定了一个语料库中的论证，就可在第二步中根据它们的共同点对其进行分组。这样，论证的模式性就可得以显现。论证可以根据形式上的或内容上的共同点进行分组（详见下文）。事实往往证明，特定的话语只会被相对少数的重复性论证模式所支配。为了证实这一点，在第三步中应尽可能地将结果进行量化，计算出各论证模式出现的频率。而以大型语料库为依托，可以计算出不同社会群体间的差异（例如左派和右派的政治思想阵营）或历史进程中的嬗变。

第四步，也是最后一步，是结合语境对所发现的论证进行阐释，并思考借助它们可以提出什么有效权诉，或者藉此要求采取什么行动要求以及使之合法化。论证的作用是将有争议之事转化为无可争议之事，它们发生在具体的行动环境中，人们在其中追求明确的交流目标：将某种世界观确立为真实的，将某一规范确立为正确的，将某一行动确立为必要的。这些实际目标必须被溯构和还原。综上所述，论证模式分析的四个步骤如下：

1. 识别论证；
2. 将论证归类为形式模式或内容模式；
3. 计算频率，包括它们在不同类别中的分布；
4. 确定其所提出的有效权诉和要求。

在下文中，我们将介绍形式上和内容上的两类论证模式以及合法化的一些其他形式。

形式的论证模式

在5.6节，我们阐述了存在哪些形式的论证（【德】formale Argumentation）。在寻找论证模式时需要考察的是，特定的论证形式在所研究的话语中是否频繁地出现。这在研究初始似乎没有什么成效。然而，经过进一步仔细观察就会发现，论证在特定形式类型上的集聚出现完全可能是某种论证风格和思维方式的标志。

例如，在犹太传统中，对古代经文的熟悉和引用享有极高声誉，可以确保说话者及其所说内容的可信度，这充分说明了传统在犹太社会中的地位。然而，在其他话语共同体中，古代典籍几乎没有什么声望；没有一个物理学家会引用哪怕是二十年前的研究，更不用说两千年前的语篇了。

在广告中，诉诸权威非常流行，不仅借用各类专家，而且还有名人。当罗杰·费德勒（Roger Federer）为一份保险做广告时，所传递的信息不仅是人们应该在同一家企业购买保险，同时还传达了一种社会态度，即人们应该以（网球）明星的做法为自己的人生指引。因此，广告不仅代表了一种论证风格，也代表了一种思维风格，最终还代表着生活或消费的风格。

在自然科学中，因果关系的论证形式占主导地位。它不仅是一种论证风格，还代表着整个世界观，即一种机械论的世界观，认为每一种现象都可以用其原因来解释，也只有对原因的追溯才被接受为一种科学的解释。

在人文学科中，一个重要的论证形式是对其他学者的引用。这一模式基于一个相当平常的论证，即“如果XY说了这个，那么它很可能是真的”。这乍一看是一种诉诸权威的论证。然而，如果有足够多的学者不断地相互引用——这是形成“学派”的典型做法，那么就会产生一个相互引用的网络，最终的效果便是产生一种“所有人”观点一致的印象。因此，引用也是一种诉诸多数的论证形式。在人文学科中，科学真理最终不过是通过相互确认彼此的意见来产生的。

内容的论证模式

然而，为了能把握一个话语，仅仅洞悉论证的形式模式是不够的，我们还必须考察可以填充论据的内容。自古典修辞学以来，这种反复出现的论证内容模式就被称为“证源”（【德】Topos）。证源是一个人们在此可以找到令人信服的论据的“地方”（【德】Ort）。证源是可靠的指标，表明了哪些信念在特定社会群体中是普遍流传的，以及哪些是社会共识。它们之所以如此，是因为论证的意义和目的是通过诉诸于（表面上）确定的东西来澄清一个有争议的问题。因此，证源本身提供了关于一个社会（或者至少一个特定群体）的可靠知识和态度的信息（Wengeler 2013b；Niehr 2014）[1]。

回到我们开头引用的那个例子。“理论不等于实践”这一证源表明，在我们的社会中存在一种广泛的共识，即理论尽管是一种崇高的事物，但最终与世界格格不入，因此对于实践者来说无关紧要。这一证源不仅反映在关于综合性大学和应用科学大学毕业生的笑话中[2]，而且是贯穿整个高等教育话语的红线。在早期时，只有应用科学大学必须以其“实用导向”或“应用导向”来向综合性大学证明自己的合法性。但如今，综合性大学也面临着越来越大的政治压力，需要证明其研究和教学的“实用”效益。

在哪里可以找到社会接受的证源？亚里士多德建议从被告人个人特性方面，即从年龄、性别或社会地位方面寻找担责或免责的理由，这在当时被认为还是公正的（Ueding/Steinbrink 2005：243及后续数页）。到了今天，这样的论证（“作为一个犹太妇女，她别无它法”）会被认为是歧视性的。

哪些证源在当今流行，这只能通过实证研究确定，因为证源具有与话语、群体和时间相关的特殊性。例如，托马斯·尼尔（Niehr 2014：121-123）研究了一个电视节目关于2010年金融危机的600多条博客条目，发现了其中的六种论证原型（【德】prototypische Argumentation）[3]：

1. 投资者和/或银行家的贪婪导致了高额损失，为此不应感到惋惜。
2. 投资者自负其责，须自己了解信息。
3. 银行家或银行应对其交易承担责任。
4. 政府相关人员须尽到管控义务。
5. 银行应被国有化，投机交易应被禁止。
6. 应对金融交易征税。

有趣的是，同一个证源有时候会被一件事情的支持者和反对者同时使用。马丁·温格勒（Wengeler 2013b：205-207）研究了联邦德国在1960年至

1 正如“本身”（ergo）这个小词所表明的，这也已是一种论证，我们试图用它来支持这样的说法，即证源分析提供了关于集体知识库存的信息，另外还有对权威的引证支持。

2 来自技术学校的建筑师和来自大学的建筑师之间有什么区别？技术学校建筑师的房子还在，但他不知道为什么。大学建筑师的房子倒了，但他能准确地解释原因。

3 尼尔没有使用“证源”概念，而是谈到了“论证原型”。这也可以用来把握那些没有显示在清晰可辨的论证图式中，而必须从篇章通过自行转述推断出来的论证。论证原型位于比证源更高的抽象层面（Niehr 2014：117及后续数页）。

1965年、1970年至1975年和1980年至1985年三个时期的移民话语，发现当时的政治活动者使用了“现实证源”（【德】Realitätstopos），即外籍务工移民现在已经成为现实，人们必须从中得出相应的结论。其中，对接纳与融合更多外国人持反对和支持立场的人都使用了“移民国家”这一具有刺激性的词语。这再次凸显了我们不仅要确定证源本身，而且还要探究谁想利用它们来推行哪些措施。

其他合法化形式

我们在5.6节中已经看到，除了形式论证和证源之外，还有其他合法化形式，包括对价值、理性以及范例故事的援引。至于如何对这些合法化形式进行跨篇章的考察，以最终发现相应的模式。这一问题在文献中讨论不多，但也有一些具有示范意义的研究展示了有关考虑。

例如，雷耶斯（Reyez 2011）分析了美国总统布什和奥巴马的演讲，发现他们不仅通过理性的论证，而且还高度依赖情感来使其政治意图合法化。他指出了五种合法化策略：（1）情感（尤其是恐惧）；（2）假设的未来；（3）理性；（4）专家意见；（5）利他主义。

恰尔尼亚夫斯卡（Czarniawska 2015）探讨了故事对于企业的重要性。故事在企业里一再被讲述，它在当下也已成为企业实际管理和组织研究的一种方法。分析表明，“创始人的故事”，而不是创始人的死亡，可以成为企业身份的来源。林德（Linde 2001）还追踪了故事在企业中的多种功能，例如从维护企业的身份和连续性，到创造归属感和能力，再到解决实际问题。同样有意思的是在知名人士的传记中寻找“洗碗工故事”，或是那些关于“从错误中学习”或“战胜危机”的故事，这些都被作为他们具有超常品质的证据。

最后需要指出的是统计数据的重要性，它在公共话语中发挥着主导性的作用。这不仅是基于其数字上的精确性，而且还是由于其日益艺术化的视觉呈现。无论是关于经济和就业、社会不平等、健康问题还是教育政策[1]，统计数字都构成了当今公共讨论的基础。奇怪的是，这些统计数字的来源和有效性实际上几乎从未受到质疑。唯一具有争议性的仅是从中得出的结论（Hafner 2013）。

对于话语研究者而言，这里有两项任务有待完成：首先应解构统计数据

1 关于指标影响下的教育系统的变化，见Spilker（2014）的研究。

本身的起源以及它们所创造的世界观[1]，其次是考察统计数据在政治话语中如何被用于论证。这两个问题还远未得到解决。

哲学家和修辞学家已经广泛地讨论了一个问题：论证何时是“好的”，即可信的。这里经常提到的标准是论据的真实性、可能性、正确性、相关性、可靠性以及语言的恰当性（Kienpointner 1992：22）。与此相应，论证的说服力具有语言的、群体的、语境的和时代的特殊性（同上：138）。对于话语研究者来说，被分析的论证是合理的还是牵强的，以及主体（例如政府发言人）是否真诚地交流，这些在最初都是不重要的。他们只对人们实际上如何论证以及想通过论证达到什么目的感兴趣。然而，批评话语分析的代表们会使用上述标准作为出发点，以对话语实践进行有根有据的批评（参见9.3节）。

总结

从话语分析角度对论证模式的研究应该回答以下问题：

- 哪些形式的和内容的论证模式以及其他合法化形式出现在一个特定的话语中？它们的频率是多少？
- 论证模式在不同的社会群体或不同时期中是如何分布的？
- 主体想通过他们的论证来合法化、要求采取或阻止哪些行为？

实例分析

在研究的四本管理学教科书[2]中，有两种形式的论证模式占主导地位：因果关系和手段—目的关系。两者都可以用教科书的功能来解释。因果关系是自然科学语篇的一个典型特征，其目的是为了解释世界上各种现象之间的联系。企业经济学书籍的特别之处在于，同样的因果图式被应用于社会，其效果便是企业和人被呈现为具有明确因果关系的可控实体。手段—目的的关系之所以占据主导地位，是因为这些书的目的无非是教授学生为了成功地经营企业必须做什么。目标不是了解企业，而是获得行动授权。

贯穿这些教科书的最重要证源是“世界在变化，而且变化越来越快”；

1 一个经常受到批评的经济指标例如是国民生产总值，它是全球经济和发展政策措施的基础。但事实证明，它甚至不包括一个经济体所完成工作的一半——无偿的以及其中大部分由妇女完成的工作并没有被包含在统计数据中。

2 在以下实例分析中，书籍的缩写如下：Mast = M，Lombriser/Abplanalp = L/A，Vahs = V，Aerni/Bruhn = A/B。

为了能够在市场上生存，企业必须不断地调整。以下是两处相应的引用："环境的复杂性和动态性日益增长，这对组织解决问题的质量提出了更高的要求，鉴于此，组织学习作为一种学习解决问题的方案可以为长期确保组织的生存能力做出重要贡献"（V：468）。"在动态的环境中，只有那些依靠战略管理理念的企业才能保持成功。"（L/A：49）。

而环境或市场被明确定义为不受企业影响的事物（A/B：46）。企业自身的行动（如产品创新或降价）对市场的影响被系统地排除在外。[1]

动态环境的证源一方面被用于论证教科书中给出的成功管理建议，另一方面也是为了使书籍的出版和频繁修订合法化。书中所描述的"战略"举措借此被说成是"不可避免的"：例如"企业层面、竞争层面、客户层面和环境层面的核心变化迫使我们在传播政策中采取战略行动"（A/B：21）。

第二个反复出现的、特别是与变革过程的管理相关的证源是焦虑的、害怕变革的员工，他们受情绪支配，并且大多目光短浅："这种不确定性［……］使许多相关人员产生不安全、恐惧和无助的感觉。［……］只有少数人在即将到来的变化中看到了机会"（V：356）。"抗拒通常与情绪有关。［……］他们（相关人员）往往不知道自己抗拒的确切原因，或者是不敢谈论这个话题"（L/A：409）。

在几乎千篇一律的表述中，作者反复强调必须消除员工的恐惧，通过员工的反馈检查他们是否正确理解了来自管理层的信息，并尽可能清晰和简单地向他们进行解释："［……］然而，涉及业务的价值观，如客户导向、服务、效率［……］没有足够打动人心。对于员工而言，它们更像是达到目的的手段。因此，企业宗旨应始终包含感性的价值，如公平、正义、和谐、信任、尊重等可以引发积极情感的概念。［……］此外，只有在谈话中才能检查企业宗旨是否被理解、接受和付诸实践"（L/A：254，257）。诸如"复杂的事实应该尽可能简单地呈现出来，这通常最好是以图片或图表的形式进行"（L/A：380），这样的陈述给人的感觉完全是一种家长式作风。

最后，贯穿于全部管理学文献的还有另一种合法化形式：只要能保证"成功"，提高"效率"或有助于任何形式的"增长"，就能使自己自动合法化。资本主义的"越多越好"（"Immer mehr"）信条没有受到任何质

1 除了在Vahs的书中。

疑。即便采取生态和社会措施，也只是为了从长计议，改善形象，以增加赢利（L/A：246-247）。

实操练习：

实操练习20：

以下是2014年11月20日奥地利国民议会辩论的三段节选。他们讨论了一项涉及残疾人的暴力问题的动议。讨论过后，该动议获得一致通过。请考察哪一个证源在以下发言中反复出现，以及发言者使用该证源的目的。

> 社会民主党人乌尔丽克·柯尼希斯贝格尔-路德维希（Ulrike Königsberger-Ludwig）："针对残疾人的暴力当然也是一个非常特殊的禁忌话题。这里有一种双重禁忌：一方面伤害仍然是一个尚未被自觉讨论的话题，当然再加上对残疾人的暴力。"
>
> 奥地利自由党人卡门·席马内克（Carmen Schimanek）："我们的儿童必须得到保护，包括福利院中的儿童——他提到了福利院中的儿童；那里过去发生的事情真是一种耻辱——但对残疾人的性虐待也需要去禁忌化。"
>
> 新奥地利党人格拉尔德·莱家（Gerald Loacker）："这种共同的努力是为了解决暴力侵害残疾人的沉重问题，而不是对其视而不见，我认为这是重要的一步。"

项目实施：

请在您的语料库中寻找反复出现的形式论证模式以及证源或论证原型。请做一个完整的统计，以确定哪些论证模式以何种频率出现。如果没有任何发现，那就探究是否出现了其他合法化形式。最后，请考察哪些主体试图通过自己的论证达到什么目的，以及这些论证模式揭示了他们的何种世界观。

深度阅读

形式论证分析的最重要来源仍然是Kienpointner（1992）。证源分析作为话语分析的一种手段主要由Wengeler（2007，2013a，2013b）发展而来，但也被Spieß（2008，2013a）所采纳。Niehr（2014）描述了论证原型。与证源一词相关的集体象征概念在Link（2006）和Jäger/Jäger（2007）中有所论述。

8.2 阐释模式

论证模式在话语中被主体用于宣称自己的有效权诉或要求。说话者意识到这些论据，并有目的地使用它们，即使他们可能不知道这些论据是由那些在他们社会群体中广泛传播的证源所支撑的。

此外，还有一些反复出现的思想辞格（【德】gedankliche Figur），说话者甚至没有意识到它们，但在感知和解释世界时理所当然地依赖于这些辞格，因为他们与许多其他人一起共享对世界的同一解释。因此，这些阐释不仅出现在论证性段落中，也理所当然地出现在描述性和说明性的篇章段落中。

在话语研究中，人们为这些反复出现的思想辞格开发了各种术语。在认知语义学中有"框架"（【英/德】Frame）（Ziem 2013：233-234）、"图式"（【德】Schema）和"脚本"（【英/德】Script）（Warnke 2008）或"阐释框架"（【德】Deutungsrahmen）（Donati 2006，Gotsbachner 2008）。我们使用了源自知识社会学的术语"阐释模式"（Keller 2007a，2007b），因为它和本章中使用的其他范畴（论证模式、篇章模式、行为模式）一样，都是以模式化为目标，并且可以很好地与语用的语言概念相结合。

我们在2.3节中看到了，人们在世界中的行动是基于他们赋予现象的意义的。他们不断地阐释他们周围所发生的事情。这些解读和阐释可以是个人的。但另一方面，阐释模式是对世界的集体解读，它们通常是为成年人固定设置好的。学校和教科书是阐释模式的有力传播工具，它们并不仅仅是给学习者教授原始事实，而且还传授给他们对世界的全面阐释。

阐释模式可以被明确化和概念化。这方面的一个例子是"经济人"，它直到不久前还出现在经济学文献中，直到最近才逐渐失去了声誉。在这种阐释模式中，人被设想为理性地计算和追求个人利益最优化的利己主义者，他们在劳动力市场、证券交易所或政治上的行为是可以预测的。

另一方面，其他阐释模式仍然是隐含的，甚至可能是许多言说者都没有意识到的。例如，实操练习7中引用的博主写道："我还认为，在很多情况下，那些盗窃者根本没有意识到自己的错误。"这种阐释模式，即"他们根本没有意识到"，也一再出现在关于不客观的和受行业赞助的研究人员的篇章中："然而，[比腐败]影响更深远的是潜意识的利益冲突。因为这些都是在法律范围内运作，而且非常微妙，大多数医生根本没有意识到"（Lieb 2013:

37）。

另外，克里文（Collien 2014）研究了管理学期刊，发现在谈论员工时，种族或民族的归因已经消失了，并让位于不同的阐释模式。今天，员工之间的“文化”差异受到了关注，并常常被认为是不可逾越的。一个人有自己的文化不再被视为优越，而是被视为“完全不同”，因此被设想为与其他文化不相容（Collien 2014: 98）。

阐释模式是一个时代和一个社会群体的集体知识的表达。它们使这些群体成员更容易对事件和现象进行分类和处理，比如将造假视为“非故意的”，将文化差异视为“不可逾越的”。当然，这种解释也与行动的偏好有关，并可能成为一种自我实现的预言。当女性已经内化了“母爱”这一社会构念时，她们开始表现得像“好母亲”，从而创造了一种恰恰是证实了“母爱”阐释模式的有效性的现实（Keller 2007a：3.1节）。那些把科学中的造假行为归为“错误”，而不是“欺诈”的人将要求澄清而不是惩罚。因此，阐释模式是一个社会的话语实践和社会实践之间的重要铰链。

分类和隐喻复合体

阐释模式的两种特殊形式是分类（【德】Klassifikation）和隐喻复合体。分类是基于科学或行政依据对物体或人进行的系统程度不一的范畴化（关于“社会分类”，参见5.2节的有关论述）。分类总是带有特定的目的，因而不是对世界的中性描述。例如，居民被划分为不同的收入等级，以确定他们必须缴纳多少税款或是否有权利享有社会支持。

显然，这种分类促进了对于所有相关人员的一种“抽屉式思维”（【德】Schubladendenken），例如，把人只是分为“失业救济金领取者”或“千万富翁”，并相应地予以对待。关于分类和与之相关的标签的争议并不仅仅是关于政治正确的争议，而是针对受影响者的身份。今天，当我们在填写表格的性别栏目时，发现在“男性”和“女性”旁边还有“其他”这个类别。这是多年来性别辩论的结果，也是人类被严格划分为女性和男性的古老阐释模式被终结的一个标志。

隐喻复合体是一个由各个隐喻组成的连贯系统，它以一种有意义的方式将社会领域结构化（关于“隐喻”，分别参见5.2和5.5节的有关论述）。例如，在政治上，道路隐喻非常流行。在“正确的方向”上迈出了“第一步”，而对手却“走错了路”，要求“改变方向”甚至完全“返回”，想

“往前迈进”（即“取得进展”）和“领先”，但仍有“很长的路要走”，等等（Niehr 2014：99）。这种隐喻复合体赋予政治行动意义，因为它将政治概念化为一段走向（希望是更好的）未来的共同旅程。道路隐喻也是政治合法化的基础，因为任何推动进步的东西都自动是好的和正确的，而停滞不前从一开始就是不好的。

总结

从话语分析的角度研究阐释模式，是为了回答以下问题：

- 话语中存在哪些阐释模式、分类和隐喻复合体？
- 它们赋予了所考察的社会现象什么意义？
- 与它们相关的评价是什么？它们提请人们采取什么行动？

实例分析

在四本管理学教科书中有许多阐释模式，在此仅选取特别重要的两种进行分析。第一种阐释模式对于作者来说是不言自明的，以至于他们从来没有专门讨论过这个问题。相反，他们的整个写作都渗透着这样的理念：商业是企业间一种达尔文式的“生存斗争”的同义词。企业因此是为了争夺市场份额和优势地位而进行无情斗争的竞争者。

在这种情况下，道路隐喻和比赛隐喻在实际上较少使用隐喻的书中占据了主要地位：目的是成为第一、最快或“领先者”（V：230），取得“知识优势”（L/A：97），跟上“竞争”，克服“障碍”（V：356）、“阻碍”（A/B：30）或“既定”的思维与行为方式（V：468），改变“刹车人”的想法（V：367）。那些在比赛中跟不上的人就会可悲地倒下。“因为提供可替代的市场服务的企业通常会很快从市场上消失”（A/B：52）。因此，“速度是一切”（M：387）。

军事方面的隐喻比较少见，却更为鲜明。经常提到的有关于“战略”“战术”和“行动”的说法（L/A：37，A/B：23），竞争对手“进攻”（M：406），“价格战”（A/B：18）和“挤压战”（L/A：106）激烈进行，竞争对手“打入市场”（L/A：105）、“占有市场份额”（V：2），采取“进攻性和防御性的措施”（L/A：113），甚至“报复行动”（L/A：106）。

第二种阐释模式不太容易辨别。然而，大多数作者倾向于将企业拟人化，并将其直接或间接等同于管理层：“企业内部沟通的目的是［……］确保员工对企业及其决策者的长期信任”（M：224）。并且，通常是由“企业”来做决定、进行沟通和完成任务。

在这种阐释模式中，员工不是企业的一部分，而是企业的“利益攸关者”之一（L/A：246）。“只有将战略传达给员工，才能有效实施”（L/A：367）。在变革过程中，员工通常不是参与者，而是“受波及者”。在极端情况下，员工甚至是企业的对手：善于谈判的员工会“大大减少企业的利润”（L/A：111）。因为：“改革的积极反对者包括‘地下斗士’和‘公开反对者’”（V：358）。

以这种阐释模式为依据，对管理决策的批评被刻板定型为“阻力”，作者们花了很多笔墨解释如何打破这种阻力。除了一本书之外（L/A：411），其他三本教科书在任何地方都没有提到，管理层的决定有可能是错误的，而雇员的反对可能是合理的。

实操练习：

实操练习21：

请确定下文转载的《新苏黎世报》文章中有哪些结构化的阐释模式和隐喻复合体。其中的企业形象是如何建立的？哪些价值观被激发？

> 企业大合并在中国
>
> **列车制造商的婚礼**
>
> （德新社）为了在世界市场上与西门子（Siemens）和庞巴迪（Bombardier）等对手竞争，中国最大的两家列车制造商已经联合起来。中国北车集团（CNR）和中国南车集团（CSR）之间的大型合并案于本周三晚上宣布。两家集团的股票当天上午在香港大幅上涨，市值约为210亿欧元。据上海证券交易所的一份公告称，合并应“打造一个全新的跨国和世界领先的高质量轨道交通设备供应商”。在征服世界市场的过程中，合并也应能避免两家轨道交通装备制造商之间的“阵地战”。（《新苏黎世报在线》（*Neue Zürcher Zeitung Online*），2014年12月31日）

项目实施：

请找出篇章中的阐释模式和隐喻复合体。由于其中的阐释模式是如此的不言而喻，我们往往已经完全识别不出它们了，因此您最好和同伴一起做这项工作。请讨论阐释模式所传达的意义和价值；按照逻辑推理，从这些模式中可得出应采取哪些行动的结论。

深度阅读

Keller（2007a，2007b）介绍了阐释模式的概念。Ziem（2013）和Spitzmüller/Warnke（2011）描述了认知框架。Donati（2006）描述了政治分析中的阐释框架，Gotsbachner（2008）则是一项针对政治讨论中如何实施阐释框架的实证研究。

8.3 篇章模式

论证模式和阐释模式主要用于把握内容—概念层面上的跨篇章共性。本节讨论篇章在某些篇章类型（【德】Textsorte）中出现时所具有的形式上的共性。它们在话语中也发挥着作用，这一点乍看起来并不明显，但我们将在下文中揭示这一现象。

描述篇章类型是篇章语言学的核心任务。对该概念最知名的定义来自于布林克（Brinker 2010：125）："篇章类型是复杂语言行为的常规有效模式，可以被描述为（情景）语境、交际功能和（语法或主题）结构特征的典型组合。它们在语言社区中历史性地发展而来，构成了语言参与者日常知识的一部分"。

篇章的模式性（【德】Musterhaftigkeit）体现在各个层面（Hausendorf/Kesselheim 2008：176及后续数页），我们以一封求职申请书为例来说明这一点：

- 篇章物质载体的选择：白色A4纸，单面印刷；
- 分隔提示：地址引导部分在开头，附件说明在结尾；
- 结构提示：日期、主题词、正文、问候语、签名；
- 关联提示：按时间顺序排列的履历表；
- 篇章主题：积极描述本人及其工作动机；
- 篇章功能：标记为"求职"；
- 互文性提示：对招聘广告的提及。

大多数语言参与者借助这些线索可以相对容易地识别出常见的篇章类型。此外，对篇章类型的识别与特定的读者期望有关：例如，新闻读者期望它所包含的事实是正确的，这种期望在阅读小说时不会出现。

相较于识别，更困难的是要写出与篇章类型相符的篇章。因此，写作教学具有悠久传统，其目的不外乎是教学生如何写出符合特定篇章类型的文章：这就包括了从巴洛克时代的“信札集”到19世纪文理中学的写作课，再到当今大学里教授学生撰写研讨课论文的写作研讨课。在许多职业中，篇章模式能力的习得是培训的核心部分，如商务人士的商业信函或律师的判决申诉书等。

尽管存在这些困难，所有篇章语言学者都强调，篇章类型的模式性使篇章的生产和接受更为容易和更为可能：要理解和使用一个篇章，例如我们引用过的食谱（参见1.3节），其前提在于，人们已经识别出其篇章类型及其功能。

语言学话语分析同意经典篇章语言学的观点，即篇章一般都遵循特定的模式，但语言学话语分析对篇章本身的属性关注较少，而是更为关注使用篇章可以做什么的问题。从话语分析的视角来看，篇章类型（即“体裁”）是“一种社会认可的、与特定类型的社会活动相关的语言使用方式”（Fairclough 1995：14）。从这个角度看，求职信（首先）不是一个篇章，而是一种社会行为，必须以某种形式进行才能得到社会的认可。

篇章类型为生产者和接受者分配了社会地位或角色。以求职申请书为例，申请人必须披露个人数据（如学校成绩单），而企业主或人事经理则根据这些数据最终决定是否给予一份工作。社会权力关系被写入了申请书这样的篇章，甚至深深铭刻在整个经济体系中，并表明在这样的劳动力市场上，雇员必须提供他们的劳动力（供应方），以求幸运地被一位雇主（需求方）聘用。而在一个由同业公会组织的劳动力市场中，招聘广告和求职信的篇章类型不会以这种形式出现。因此，篇章类型位于篇章作为个人的社会行为和由机构维护的社会秩序之间的转接处（参见图31）。

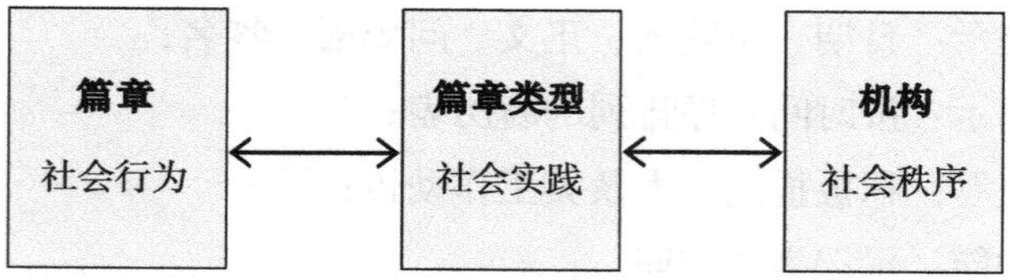

图31：作为篇章和社会秩序之间转接处的篇章类型

由于权力关系被写入了篇章类型中，那么接下来的问题就是，哪些主体决定了社会上使用哪些篇章类型，以及它们必须遵循何种模式。语言学者倾向于把语言规约看作是“第三种现象”（Keller 2003），即未经任何人策划和谋求的独立行动的效果。这一态度也明显体现在了布林克的观点中，他写道：篇章类型“从语言社区中历史性地发展而来”（参见同上），也就是说似乎是独自发展的。

的确，有些篇章类型可能是“野生的”，它现今的形式是撰写者们不断模仿和逐项适应的结果，例如明信片、传单和征友启事。然而，这不应该掩盖这样一个事实，即社会主体通过确立规范标准的形式对许多篇章类型进行了干预，例如从报纸编辑对讣告的设计建议，到申请信的写作指南和租赁合同的模板，再到只需在预先印好的方框内填上所需字母和数字的正式表格。

因此，从话语的角度来看，不仅要研究所考察的篇章遵循了哪些模式，借助这些模式进行了哪些社会实践，还要研究谁拥有推行这些模式的社会权力，以及这些模式背后有哪些利益。让我们回到求职申请的例子。企业在此的利益在于，可以收到关于所有申请人的相同的和（从他们的角度看）完整的信息——例如包括失业期在内的完整履历，而写作研讨课和求职指南的提供者则通过这一篇章类型追求商业利益。

最后要问的问题是，篇章模式对现实的建构有什么影响。在本书的第一个任务中我们就已经看到，即使是例如烹饪食谱这样一个看似无害的篇章类型，也会通过传播关于生活和饮食习惯的“正常性”的思想而产生一种规范效应。在这里，我们想探讨的是另一种篇章类型，即科学论文。它的模式性影响在我们看来似乎是特别有问题的。

示例：科学论文

科学期刊上的论文都有着相同的模式，这是出版商和审稿人的严格要求，特别是在自然科学领域中（Niederhauser 1997）：

- 标题/作者/摘要
  - 初始情况
  - 问题/假设
  - 方法
  - 结果
  - 讨论

• 参考文献/通讯地址

相同的结构反映在相当刻板的表述中，它们充当了提示个别章节的信号。因此，在一份关于大峡谷地质调查的摘要中，我们发现了以下表述[1]：

“对……有着激烈的讨论。在一种观点中……此外……<初始情况>。在这里，我们使用……数据<方法>调查了……<问题>。如果有任何一段是新近的，老峡谷的假说就被证伪了<假设>。我们重构了……<测量>。我们发现，……<结果>然而，……<讨论>。因此，……我们的结论是……<结论>”。

科学论文的僵化模式对我们的科学概念和对世界的理解有什么后果？它们的风格滋生了一种错觉，即科学是一个完全可规划和可控制的过程。通过这个过程，可以系统地产生认识，从而实现认识的持续和线性发展。

每一个在研究项目中工作过的人都知道，事实远非如此。研究总是一个思想的探寻、尝试、摒弃和实验的过程，而恰恰是那些带来了革命性认识的最大灵感往往不是一系列系统测试的结果，而是创造性思考者的智力成就。然而，这些创造性思考者被迫把他们的认识套进论文的结构中，这也通常意味着要事后拼凑出合适的前人建立的理论，并设计一个研究问题，然后将自己的认识打扮为“答案”进行发布。

科学论文还偏向于片面的（自然）科学世界观：只有那些可以用科学方法把握的、用科学词汇表述的东西才是存在的和真实的。所有其他获得知识的形式（例如梦、幻觉、直觉）以及知识传递的形式（例如故事、神话、漫画）从一开始就被排除在外。人们必须严肃地考问自己，在我们的社会中，有多少可能的知识由于无法用科学认可的篇章类型模式来表示而被错失。

最后，应该指出的是，篇章模式是可以改变的。这通常与社会实践和社会关系的变迁有关。例如，近年来，许多大学的学习指南越来越多地成为了营销文：潜在的学生实际上是要被招揽的，因此他们不再像过去那样被描绘成享有社会特权的国家补贴获得者，而是被塑造成顾客（Markard 2004；Bloor/Bloor 2007）。这往往伴随着社会关系的模糊化，最晚会在考试中重新显现出来：被招揽的“顾客”很快又变成了战战兢兢的候选人。

1 Karl E. Karlstrom u.a.（2014）: Formation of the Grand Canyon 5 to 6 million years ago through integration of older palaeocanyons. In: *Nature Geoscience*（26. Januar）。

总结

话语视角下对篇章类型的研究应该回答以下问题：

- 话语中存在哪些篇章模式？
- 何种社会实践与该篇章模式相联结，有哪些机构涉入其中？
- 哪些社会主体对这些篇章模式具有影响力？他们借此追求何种利益的实现？
- 篇章模式对现实的描述有何种影响？

实例分析

我们现在将带着这些问题探究我们语料库中的四本管理学教科书。我们将从篇章模式的描述开始，即书籍的外观、内部结构以及它们的风格。表15总结了这四本书的外观和内部结构。

表15：四本管理学教科书的外观和内部结构

作者	瓦斯（Vahs）	隆伯瑞斯/阿普拉纳尔普（Lombriser/Abplanalp）	马斯特（Mast）	埃内/布鲁恩（Aerni/Bruhn）
标题	《组织》	《战略管理》	《企业沟通》	《整合性企业沟通》
页数	633页	621页	499页	338页
封面	精装，希腊神庙的照片	精装，艺术家的油画	平装，网格图画	A4平装，带有悬空字母的插图
颜色	双色印刷：黑和蓝	不同灰度值的黑白色	不同灰度值的黑白色	双色印刷：黑和绿
结构	序言 正文 参考文献 关键词索引 作者	序言 正文 案例研究 参考文献 关键词索引 作者	序言 正文 参考文献 关键词索引	序言 正文 答案 词表 关键词索引 作者

（续表）

章节划分	10章和4级子标题	9章和3级子标题	16章和3级子标题	23章和1级子标题
图像	每章最多60张图表	每章最多32张图表	72张图表	很多表格，少量图片
练习	复习题和答案	案例最后的问题	无	每章后的复习题
例子	来自实践的许多例子	来自实践的许多例子	无	少量例子
其他特别之处	理论借助虚构的企业来演示	一位艺术家为每一章创作的配图		搭配例子的黑白照片

四本书内容丰富，题目宽泛。它们借此提出了展示企业管理或企业沟通所有相关内容的诉求。所有这些内容被分为许多章节和子章节（直到四级标题），这种编排带来一种系统性的印象。参考文献和主题索引是科学性的信号，而实际的例子保证了与实践的相关性，这在商业管理文献中是非常重要的。这就是为什么篇章中总会提到什么已经被“实践”证明，什么没有被证明。最后，所有的书都有大量的插图，它们清楚地将撰写的内容进行了可视化。

风格

这些书在风格上也有相似之处。下面我们介绍五个选定的文体特征，并借一些引文加以说明。

1）贯穿始终的非个人化：作者本人在所有篇章中都几乎完全被抹去，只有罗曼·隆伯瑞斯（Roman Lombriser）和彼得·阿普拉纳尔普（Peter Abplanalp）偶尔使用了“我们”的人称形式。这样做的目的是为了制造这样的印象：这些书不是在介绍任何个人观点，而是在介绍普遍接受的“最新技术现状”（【英】state of the art）。在企业和社会中，还有许多事情是在行为者缺位的情况下发生的：

“新技术可以在很短的时间内取代已有的产品，但它们也可以开辟全新的机会”（L/A：101）。

即使是沟通也可以在没有人的情况下进行：

“信息过程涉及信息的交换和处理”（V：239）。

反过来，企业往往被拟人化，它被展现为具有自己独立意图和行动的主体：

“第二次世界大战后，企业希望从新的增长机会中获利”（L/A：33）。

这种非个人化风格的影响是，企业的活动似乎是在自行运转，没有任何可识别的、因而负责任的行为者。换言之，责任被分散在系统中。

2）定义的堆砌。在所有的书中都有大量的定义，其中有些被标明，有些则是相当随意地被列举出来：

“沟通政策指的是一家企业所有沟通工具和措施的整体。它被用于向相关的目标群体介绍企业及其服务”（A/B：13）。

此外，这种风格始终是“下定义式的”。基于此，书的基调大多是：情况是这样、那样……（So und so ist es.）。例如：

“劳动分析的出发点是最低级别的子任务，即基本任务”（V：56）。

3）描述性和规范性的混合：在所有四本书中，引人注意的不仅仅是其规范性，还有从描述性陈述到规范性陈述无缝衔接、悄无标记的转化。“是”转眼间就变成了“应该是”。这显然是一种典型的自然主义谬误（参见9.1.2节中的相关论述）：

“有必要批评指出，结构组织和流程组织的分离显然是不可能的，在实践中也意义甚微。结构的设计如果要有效，就必须同时考虑到过程”（V：59）。

4）创建因果链（参见8.1节）。所有作者的论证都基于一种（自然）科学的世界观，即世界是根据因果关系原则来运行的。这不仅适用于企业这一“系统”本身，也适用于人和他们的心理：

“通过委托员工更全面的任务领域和赋予更多的个人责任，可以激发新的动机潜力”（V：229）。

通过揭示不可改变的因果关系制造出的印象是，企业和人都可以被操纵和控制。

5）使用权威和实例进行论证。所有作者都经常引用其他作者的研究和书籍，并举出一些已经采取或没有采取某种措施的企业作为值得效仿或以儆效尤的例子。通过这种方式，他们将自己的陈述标记为“经过科学或实践证明的”。[1]

总而言之，“教科书”这一篇章模式的设计和语言都是为了满足读者的某种期望，即获知关于某个主题完整的、经过科学证明的真理，并且它们应是编排清晰和配有直观插图的。[2]

主体

教科书中最重要的主体当然是作者（【德】Autor），他必须对内容负责。他的主要利益是通过出版物来获得学术声誉。但我们不应忽视影响教科书形态的许多其他行动者，例如出版社（【德】Verlag）追求的是纯粹的商业利益，并努力借助图形设计和其他手段增加书籍的吸引力，从而促进销售。但是，购买者（【德】Abnehmer）也决定了哪些书可以留在市场上，譬如授课教师选择教科书作为必读书目，大学生自行购买。最后，书的形式和内容也受到那些被广泛引用的作者、企业顾问和相关从业人员的影响，他们对目前流行的管理方法有发言权。因此，教科书是管理行业话语中多声部共振的结果。

社会实践

教科书是一种专家与非专家的交流形式，有经验的学者或教师将他们积累的知识传递给学科初学者。这通常发生在大学机构背景下，而不是在工作场所中。然而，通过教科书，未来的管理者和专业人员不仅被告知经过明确定义的术语和组织概念，而且还以规范的方式被灌输了特定的思维和行为方式；实际上这是在让他们起誓接受某种“思想”。更具有戏剧性的是，学校里最后通常会有一场考试，这就增加了学生的压力，迫使他们毫无疑义地复制教材呈现的“正确”知识。当然，上述内容也适用于这本话语分析的教科书。

现实的呈现

教科书的系统性——章节层级直到小数点后第4位，暗示了一种井井有条和一目了然的世界观，它完全脱离了企业现实，与日常的混乱形成鲜明反

---

1 然而，瓦斯的写作策略是使用企业宣言和年度报告的引文作为某些组织主题的“证据”，例如“客户导向”的重要性，这似乎有些奇怪。

2 当然，这些书之间也有差异。例如在使用隐喻方面，瓦斯几乎没有使用任何隐喻，而隆伯瑞斯/阿普拉纳尔普在全书中使用了“产品生命周期”或“竞赛”等隐喻；在处理一般的男性语言方面。隆伯瑞斯/阿普拉纳尔普有时试图使用性别恰当的语言；或在使用不同学说方面，瓦斯仔细衡量不同的概念，埃内/布鲁恩和马斯特通常倾向于单独一种。然而，前述的共同点远远超过了这些差异。

差。诸多定义以及非个人化的、毋庸置疑的风格赋予这些陈述一种普遍有效性和精确性的光环，并给读者带来了一窥企业管理真相的宽慰之感。论证的类型和因果关系的构建与自然科学的世界观有关，并导致了系统性的复杂度不足。最后，篇章的规范性促进的是灌输，而不是反思。因此，这些书很可能会使读者沉迷于一种错觉，即企业和人都可以按计划来实施控制。[1]

实操练习：

实操练习22：请比较20世纪和21世纪的两份（匿名的）招聘广告。您可以识别出它们在篇章模式上的哪些差异？从中可以推导出哪些关于雇主和雇员之间的关系以及对工作世界的何种公开描述？

> 商号寻找能够尽快到岗、能干的女佣，要求擅长做家常菜，能独立处理所有业务。书面报名，说明工资要求；如若可能，附证书复本和推荐信，寄至Publicitas Luzern，邮编为P 30087 Lz。
>
> （《卢塞恩日报》（*Luzerner Tagblatt*），1930年1月4日）

> 公司标志
>
> K公司是一家现代企业，它生产高质量的面包、糕点以及面食。在店面改建、新建工作完成后，我们正在为我们在A村、B村、C村、A市以及靠近机场的面包房寻找乐于投入、亲切友好的面包糕点师（男/女）。
>
> 您的任务是：
>
> 您将作为团队的一员在我们位于芬塔西雅（Phantasia）分部的面包房工作，生产精美、新鲜的产品。作为一名面包糕点师，您懂得如何运用您的专业技能和落实高水平的卫生标准，以确保产品质量永保完美。作为一位坦诚、友好的专业人员，您将成为芬塔西雅所有客户的称职的联络人。

1 早在20世纪30年代，弗莱克（Fleck 1936/1983）就描述过，从论文到教科书的知识转移总是同时意味着将仍然不确定和正在讨论的东西转化为所谓“得到保证的知识”。

> 您的素质能力：
>
> 您已经完成了面包糕点师的学徒学习，并有至少2-3年的职业经验。您正在寻找一份可以发挥您专业和人际能力、内容丰富多彩的工作。您有团队精神，工作投入，并有良好的组织能力。
>
> 如果您热爱自己的职业，并喜欢与客户接触，我们希望能够认识您。请将您的申请发送给我们，并说明您希望的工作地点。
>
> K公司，姓名，信箱，D村 8603
>
> （2014年7月载于*jobs.ch*）

项目实施：

请检查您语料库中的篇章属于哪些篇章类型，如果您在创建语料库时还没有这样做的话。请运用篇章语言学的概念确定它们所属的篇章模式。这些篇章模式是被严格地遵循使用，还是存在变体？谁对这些模式发挥着影响作用？（例如：新闻学教科书影响着如今新闻的形态。）作者和读者被赋予什么样的社会关系？这些篇章类型被用于进行哪些社会实践？这些实践对参与者和对世界的描述有何影响？

深度阅读

Hausendorf/Kesselheim（2008）适用于对篇章类型的精确描述。Bednarek/Caple（2012）探讨了关于新闻篇章（包括新闻图片）的话语。许多导论书都零星提及了篇章类型的话语效果，论述最为详细的是Fairclough（1995，2005）。

8.4 对话模式

篇章模式针对的主要是书面篇章，对话模式（【德】Gesprächsmuster）则针对口头对话。正如在2.2节中已经解释过的，对话模式是用于应对反复出现的社会任务的集体性习惯做法（【德】kollektive Routine）。要在实证中确定对话模式有时是相当具有挑战性的，因为它们属于对话的深层结构，很少能从对话表层一比一地解读出来。像“我特此问候您”这样的施为性表述是很少见的；“问候”的行为价值通常要从“嗨，大家好”这样的语句中推断出来。为了能够推断出语词的行动价值，从而推断出它们在任务图式中的位置，最好是研究同一类型的多个对话。在研究机构对话时，靠研究者个人的直觉往往是不够的，还必须向机构代理人询问他们表达的意义和目的。

然而，确定自己数据中的对话模式只是在话语分析视角下进行阐释的第一步。与研究篇章模式一样，下一步是询问对话模式给互动者分配了哪些角色和身份。与此相关的问题是，参与者有哪些行动的可能性，哪些属于互动的权利和义务，哪些不属于。

第六章的电台谈话是一个示例。在这个对话中，保险主管和艺术家通过“电台谈话”这一对话类型被赋予了客人的角色和瑞士移民的身份，同时有义务回答主持人的问题，将自己的表达转述给奥地利听众，表现出合作态度，不对东道国发表任何贬低性的言论。在教学对话、公务谈话、电视采访等许多对话类型中，这方面对所有参与者的要求都很严格。

有无数的研究探讨了对话模式对参与者的影响。这些研究来自功能语用的对话研究、会话分析和互动社会语言学，可供话语研究者借鉴。话语研究者部分上也得出了结果：无论是在企业中的讨论，大学里的对外接待，医生的咨询，还是企业的投诉谈话，所有对话中都存在明显有利于上级或机构代理人的权力不平衡现象，并极大地限制了当事人的行动可能性。如果再加上交流中不无问题的习惯做法，那么对话的目标，即为所有参与者取得容易理解和有益的结果，就会受到严重损害。

接下来需要回答的问题是，哪些社会主体在对对话模式施加影响。比起书面篇章，那种认为对话模式产生自事务本身的传统观点早已经过时了。如今，许多企业就如何组织对话，给员工提出了详细的规定，并进行相应的培训，甚至提供相应的书面模板，员工年度评价表就是一个例子，它用来确保所有的评价谈话按照相同的模式、使用相同的标准来进行。

在企业的内部和外部，有一大批沟通事务顾问、培训师和教练正忙着教人们如何打电话、销售、谈判、面试、主持，甚至是如何进行寒暄。书店里的书架上摆满了关于如何成功展示、领导甚至是争论的指导书籍。开展对话已经成为我们社会中的一种社交技巧和一门大生意。

对话的完全理性化最终体现对话指南中，这些指南逐字逐句地告诉呼叫中心和舆论研究机构的员工他们要说什么或读出什么。所谓的培训课程被用来训练员工掌握特定的行为方式，并通过对电话的记录和监听来严格监控遵守情况。

除了关于如何进行对话的文字规定外，今天的对话模式也在很大程度上由所使用的技术决定（Matuschek/Henninger/Kleemann 2001）。客户在与企业员工接通之前，必须通过聆听和打字来完成冗长的目录菜单；呼叫中心的对话在很大程度上由软件决定，它规定了必须输入哪些信息（例如客户号码）以及按何种顺序输入（Bendel 2006）；现有的录音、剪辑和播放技术深深影响着媒体中进行的对话，节目将对话播放的开始和结束精确到秒。

表格、对话指南、计算机软件和个人培训——这些原本用于辅助员工的东西与绩效评估挂钩，已实际发展成为支配性工具，即一种权力配置，它们虽然仍赋予人们以行动的权力，但同时也施加强有力的控制。

机构对话的程式化仍在加剧，尽管当前所有的研究都表明，对话指南的使用效果是适得其反的：诵读而不是自由表达，降低了呼叫员的可信度（Hirschfeld/Neuber 2011）；员工评价表导致了内部的长期争执[1]，医生进行术前对话的方式并不适于给病人说明情况，而只是为了获得他们的签名，等等。

至于对话模式的完全理性化对参与者的心理有什么影响，这一方面仍需研究。初步迹象表明，培养“综合人格”对于相关人员来说是一种负担，而客户则认为是一种超现实的体验（Cameron 2000）。

然而，人们的交流行为永远不可能完全由他人决定。即便是在控制性很强的机构中，个体也有一定的活动余地，他也会利用这一点来维护自己的个人身份（Bendel 2007）。因此，在进行对话模式的话语分析时，须研究行为存在哪些自由空间，对话的组织进行是否有个人特点，是否有针对机构规定的抵制形式。

最后一个问题是，我们社会中的对话模式如何控制着人们对世界的感知，通过对话模式构建了什么样的现实。我们以电视上的政治节目为例来说明这一点。在公法电视台，有一些政治节目从其名称上就可以看出是在进行战斗：例如瑞士电视台每周播放的是“竞技场”[2]，而德国电视台则播放总理候选人的电视“决斗”。

---

1 尤其是当评估与收入挂钩，或者主管人员被要求在他们的部门中平均分配等级，而不是用“好”来评价所有的员工，这种情况就更明显了。

2 “竞技场”（*Arena*）是瑞士电视台的一档政治讨论节目，该节目每周五晚上10点25分在瑞士电视一台（SRF 1）播出，邀请知名政治家、专家和有关人士参加节目，讨论瑞士当前的政治话题。——译者注。

这些方案完全是为了对抗而设计的。其目的不是为了制定社会问题的共同解决方案，也不是为了寻求共识，而仅仅是为了加强自己的地位和打败反对者，从而赢得加分。对抗者必须能够在30秒内表达自己的观点——这当然使各有特色的论证无从实现。这种情况也同样适用于为新闻广播录制和剪辑的政治人物采访。

通过表演对抗和短采访等对话模式，电视传达的观念如下：一、政治是敌对的政党和个人之间的战斗，以异议为导向，以赢得胜利、战胜对手为目标；二、世界面临的问题可以通过30秒的陈述得以分析，甚至获得解决。在我们看来，媒体传达的这种政治形象忽略了民主的本质：民主的生命力终归不是来自斗争，而是来自基于利益的平衡。

仪式

对话模式的一种特殊形式是仪式（【德】Ritual），这是一种极其严格规范下的行为序列，它主要不是为了服务日常的实用目的，而是具有象征意义，常用于表达对神圣事物、神灵、人或思想的尊重。仪式是象征性的行为，代表着更高或神圣的秩序（Soeffner 2010：40）。神圣之物不仅在符号中被呈现，而且被具象化——圣饼不仅象征着基督的身体，而且其本身就是。仪式只有在以传统的形式进行，并同时满足审美要求的情况下才有效。因此，它们的执行通常留给专人完成——例如牧师或萨满（同上：48）。

仪式的概念最初只限于宗教领域。例如游行、礼拜或祈祷舞等的宗教仪式都是为了崇尚神力，同时也是为了召唤和使用神力（例如在祈祷、宣誓或祭祀行为中）。社会学扩展了“仪式”的概念，并将其应用于社会的其他领域，如政治（当选部长的宣誓）、经济（股东大会）、军事（阅兵）、司法（诉讼程序）、教育（毕业典礼）和卫生（主任医师查房）等等。在这些领域中，民主、绩效或正义等理念被宣誓并庄严地上演。这样的仪式被用于加强参与者的群体认同。

戈夫曼和其他学者把仪式的概念进一步扩展到所谓的日常仪式，例如问候、道歉或赞美。这些都是用来尊重人类主体的“神圣性”（Goffman 1971：62，转引自Kemper 2011：102）。这样一来，戈夫曼就接近了仪式的日常概念，它具有负面的涵义，被理解为内容空洞的客套行为，。

然而，把日常的习惯做法称为“仪式”，给“仪式”概念掺水，在我们看来，这样做对实现研究目的是没有意义的。表示尊重的行为可以用“礼貌”（【德】Höflichkeit）和“面子”（【英】face）这两个概念更好地涵盖和把握。因此，我们将“仪式”这个概念仅用在对集体观念和象征性秩序进行尊重表达的领域。

仪式对于话语分析来说是有趣的，因为它们是最具意识形态色彩的行为模式。仪式是鲜活的意识形态，它被神圣的光环所包围，因此从一开始就与批评相隔绝。谁会想通过批评奥林匹克誓言来质疑公平的理念呢？谁会嘲笑民众倡议活动中在伯尔尼联邦大厦前提交装有签名表的箱子这一仪式，从而借此质疑直接民主的理念呢？

肯珀（Kemper 2011）介绍了仪式的另一个方面，这对话语分析也很有益处。在肯珀看来，仪式首先是表现或定义社会关系的一种可能性。这是在两个维度上进行的，即地位维度和权力维度。仪式可以根据其是否有助于提高或降低一个人的地位，或是加强与削弱其权力而加以区分。

阿皮亚大街上的胜利游行为罗马皇帝提供了展示权力的机会，借此既清楚展示了在索链上被殴打的对手的劣势，还要求欢呼的公众效忠。生日聚会的目的是通过给一个人关注、时间以及礼物来提升被庆贺者的地位，但它也是对被邀请者的地位提升和对未被邀请者的地位降低。肯珀的研究清楚地表明，仪式不仅具有意识形态和宗教特征，而且在社会的权力结构中直接发挥功能。

总结

话语分析视角下对话模式的研究应该回答以下问题：

- 存在哪些对话模式？
- 它为互动者分配了什么角色和身份？
- 互动者具有哪些行动可能性，缺乏哪些行动可能性？个体有多大的自主空间？
- 哪些社会主体影响了对话模式？他们用对话模式追求何种利益？技术发挥了什么影响？
- 对话模式对现实的构建有什么作用？
- 机构的行为是否通过仪式得以提升？

实操练习：

实操练习23：下面是2013年10月发生在一家瑞士银行的主管（V）和雇员

（M）之间的两段培训对话，时长38分钟。[1]请尝试确定哪些角色是明确地和隐含地分配给参与者的，以及他们拥有或感知到哪些行动可能性。此外，请分析主管使用哪些修辞手段来试图教导员工的哪些行为模式。

转写符号

（.）	短停顿
（0.8/1.5/2.0……）	0.8秒/1.5秒/2秒等停顿
黑粗字体	重读

3	V	培训（.）是为了让你（.）能学到和练习一些东西而设的 而不是我告诉你怎么做或者如何展示 可以这么说这些应该是由你来制定的
4	M	嗯
5	V	重要的是要知道（0.8）在我们培训的时候（.）我不是你的团队领导或者你的主管 而是你的教练（.）我……
6	M	嗯
7	V	也就是说不要评价或评判你自己 而是我们必须一起解决或者由你（0.8）来解决
		[业务约见被界定为员工的问题，他们一起听一个对话录音]
36	V	你现在不能在那儿拐弯抹角，因为这正是人们感觉经常出现问题的地方（.）或者他们把一切都做好了，最后就不会询问了。
37	M	是的
38	V	或者说一些奇怪的话 这里有三件人们不应该做的事情（1.5）有一个你刚已经做了（3.0）你问了什么
39	M	您对我们的咨询感兴趣吗

1 访谈由米洛斯·拉科瓦茨、德扬·格尔吉奇和陶兰·拉马达尼记录和转写。为了便于理解，这里转载的节选已由瑞士方言转写成标准德语。

（续表）

40	V	人们总是会对某事有兴趣（2.0）您是否有兴趣参加一项（.）der link[3]的研究
41	M	没有（1.0）
42	V	好吧 大多数情况下人们都不感兴趣 大多数的人都没有兴趣（.）他们会对随便什么感兴趣 但不是对业务约见
43	M	嗯
44	V	还有人们不会有什么
45	M	（2.5）时间
46	V	就是这样（翻页）（2.0）所以 您下周有时间吗 不 我永远都没时间
47	M	嗯
48	V	人们还不会有什么
49	M	（2.5）兴致
50	V	就是这样（3.0）您下周（.）愿意要和我喝一杯吗 好的 很愿意但约时间谈业务我没有兴致 （（笑声））
51	V	所以你真的不应该说这三件事

项目实施：

如果您的语料库含有对话，请使用上面列出的问题来分析它们。即使研究问题可能有所不同，请完成关于您所研究的对话类型的对话分析。

深度阅读

Brünner（2000）提供了关于商业对话的概览。此外，几乎没有任何出版物研究对话模式的普遍话语效果，更多的是对个别对话类型的研究。德国语言研究所的对话分析信息系统（GAIS）中的书目是寻找文献的辅助工具。

1 瑞士一家知名的舆论研究机构。

8.5 视觉定型

作为话语层面的第五个也是最后一个方面，我们转向视觉层面的跨篇章共性，即图像设计的模式。简单翻阅报纸、小报杂志或教科书，很快就会发现，根据不同的领域和篇章类型，有许多重复出现的图像在内容或设计方式上惊人地相似，或者甚至在两方面都很相似：例如演讲台上的政治家、举着球拍的网球冠军、红地毯上的电影明星和高度结构化的交流模型等。

在学界研究中，对这种重复出现的图像有各种说法：关键形象、流行形象、视觉定型、标准形象、视觉类型。在这篇介绍中，我们使用了“视觉定型”（【德】visuelles Stereotyp）这一术语，因为对所展示的人物、地点或情况的定型往往与一种固定的表达相伴而生，无论是坐在地上的妇女作为难民的代表，还是在冰川前的高山小屋作为阿尔卑斯山国家的缩影。

其中一些视觉定型有着漫长的历史，未经考虑的图像制作者可能会无意间复制这些定型模式。例如，描绘一个腿上坐着小孩的女人而不引起人们对圣母的想象，这几乎是不可能的。或者记者没有在比赛的场景中展示一位黑人田径运动员，而是拍摄了他在休息时吃香蕉的照片，从而激活了——可能是无意的——关于懒惰的、吃水果的黑人的古老定型（van Dijk 2001：113）。

许多图像在设计上是高度规约化的。规约是“一种获得了社会同意的做事方式”（Lister/Wells 2001：71）。因此，即使婚礼或假期的私人照片完全是可以互换的，人们也希望向可能的观众展示自己是“真正的”新娘和新郎，或者是一个参观并拍摄了“正确”景点的游客。

除了不得不适应社会的压力外，技术也影响着图像的生产。照相机只容许拍摄矩形图像，计算机程序规定了可能的图形，甚至为输入的数字提供固定的图表。

然而，权力效应和意识形态也被牢牢镌刻在规约中（Kress 2010：63）。中世纪的规约是把有权势的人画得比不重要的人更大；班级集体照一百年来一直没有变化，其中学生们排成一排，目的是呈现出每个人都是平等的，而老师则在背景中稍远处，作为“牧羊人”看守着他的羊群。

另一种作用强大的意识形态是，有权有势的人在“上面”，不那么重要的人在“下面”（见7.4节）。因此，在所有的组织结构图中，领导职位被列在最上面，其他职位则在下方按重要性降序排列。由于观看习惯，大多数人不再意识到这种表现形式实际上是多么具有意识形态性：观看因而不再是认识，而是对长期以来已知和相信的东西的重新确认。

在许多情况下，例如画报或者互联网上的图集，图片仅有很少的文字说明。这样，虽然没有明确某种特定的阐释，但通过规约化的设计是可以引导读者意会的。通过这种方式，可以隐含地暗示一些如果口头表达就会很冒昧的陈述：销售品周围的光环表达了它的神圣性（Messaris 1997：224）；簇拥在人群中的政治家在表示自己有多受欢迎，而明说“我很受欢迎”则是无礼的（Klemm 2011：201）。

视觉定型存在于插图、虚构图、示意图、可视化图形、象形图等所有类型的图像中。尤其是象形图，它如果没有定型的设计就根本行不通。即使是在所有女性都穿着长裤走动的地方，一个穿着长裤而不是裙子的朦胧身影也无法作为女厕的提示。

视觉定型也可以具有象征性的特点。例如，爱心符号（♥）主要不是生物心脏的图示（和定型）呈现，而是象征爱情的传统符号（Klug 2013: 168）。在这方面，现代图像数据库是非常有趣的：它们为抽象的概念推荐了哪些照片或其他图像呢？

当人们在谷歌图片搜索中输入检索词“自由”（Freiheit或freedom，libertà，szabadsàg，liberté），返回来的检索结果包括女性在空中伸展手臂，甚至在空中跳跃的图片，并且背景通常是在夕阳前。这象征性地传达了这样一个事实：今天的自由一方面是完全个人的事情，另一方面只是一种感觉。自由可能与人权和政治承诺有关的事实被消除了。只有在法语的页面上，欧仁·德拉克洛瓦（Eugène Delacroix）的著名革命画作《自由引导人民》（*La Liberté guidant le peuple*）才出现在第一批图片中，该画作也是法国维基百科关于“自由”条目的配图。

因此，在对图像的话语分析中，人们首先必须探寻的是，在特定的社会领域和历史时期中有哪些视觉定型在流通，这些图像有什么意义。紧接着需要询问的是，使用这些图像在做什么，它们在话语中的功能是什么。如果视觉定型只是为了说明信息的核心内容，那么它们可能是无关紧要的，比如“政客握手”这一反复出现的题材[1]。

1 Ludes（2001）把这些图片称之为“关键图像”（【德】Schlüsselbild）。

然而，图像还可以作为简化的论据，以一种无差别的、语言上不明确的、往往是情绪化的方式来说服受众[1]：那些长着外国人面容的没有尽头的人群队伍让人联想到“难民潮”的危险，新插上山顶、月亮或海底的旗帜标志着成功的征服和对领土的主权要求，这些含义都无须再说出来。

珀尔克森（Pörksen 1997）展示了关于人口增长的指数曲线这一视觉定型[2]，即对“人口爆炸”的一种陈词滥调式的可视化是如何与极为不同的政治要求联系在一起的：例如要求控制生育，要求农业基因工程，或是要求核能。这令人印象深刻地表明，图像不仅能唤起强烈的内涵语义，而且还可以发出“呼吁”（Klug 2013），即邀请以某种方式采取行动。

图像对某一主题的公众认知有着重要贡献。视觉定型可以强化观看习惯，并以一种潜意识的、不经意的方式控制认知、阐释和情绪。图像还可用于操纵公众，当图像（特别是照片）被认为具有比篇章高得多的证据价值时，这就更加有效。伊拉克战争在这方面取得了可悲的恶名，美国人利用精心挑选的驾驶舱和导弹照片，使世界公众相信他们正在发动一场“更干净”的战争，在这过程中只有重要军事目标被精确地摧毁（Lohoff 2011）。

总结

话语分析的角度下对视觉定型的研究是为了回答以下问题：

- 存在哪些视觉定型？
- 视觉定型传达的意义是什么？
- 视觉定型在话语中被用于什么功能？

实例分析

四本所研究的管理学教科书都包含许多图像，它们几乎全是可视化图形。其中大部分是黑白两色的，最多再加上灰色的阴影（Vahs的书中是蓝色，Aerni/Bruhn那则是绿色）。在这些可视化图形中，有一些表格主要是用文字而不是数字填充的。此外，还有各种类型的图表，其中最常见的是以线或箭头相连的概念框或椭圆图。这些视觉化的作用是显示不同元素之间的联系。图32显示了瓦斯书中的一个例子：

1 这种图像也被称为“流行图像”（【德】Schlagbild）（Diekmannshenke 2011，Klug 2013）。关于图像的情感化特征见Ortner（2011）。

2 Pörksen（1997）把它们称为“视觉类型”（【德】Visiotyp）

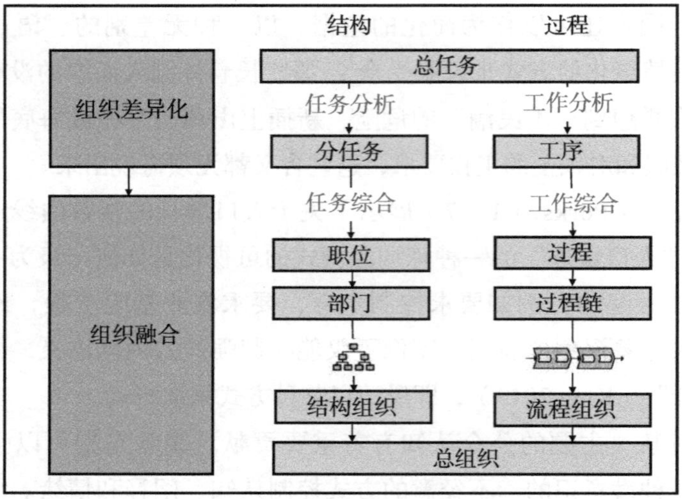

图32：管理学教科书中的典型可视化图形（Vahs 2012：60）

特别引人注目的是，这些图表通常为使数字可视化，还使用了折线图或柱状图等定量图表。然而，在所考察的书籍中，这些图都以文字填充，因此只显示了非常笼统的数量关系或时间上的关联，并没有反映出实证研究的结果。

图33展示了马斯特书中的一个例子：

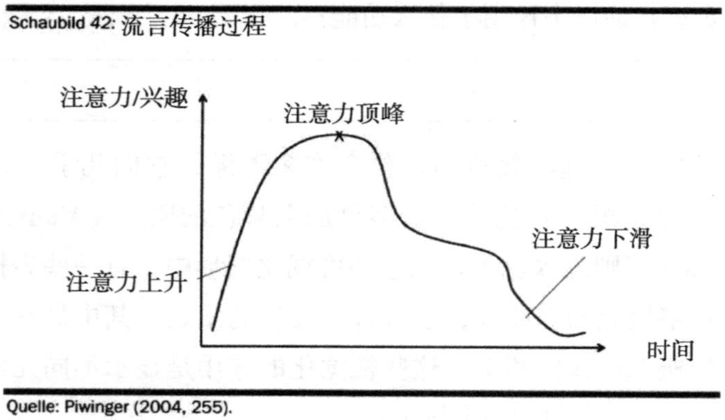

图33：普通折线图（Mast 2013：207）

管理学教科书中的可视化图形有以下三个特点[1]：

1. 高度简化：复杂的运营过程或因果关系被简化为少量概念和最简单的关联。

2. 偏爱清晰、对称的形式：实际上，只有由细或粗的箭头连接的矩形（有时带有圆角）和椭圆被用作基本图形。整体构图主要是圆形、四边形和三角形或者是从左到右阅读的时间轴。三角形总是一个对称的金字塔形状。

3. 极度抽象：可视化不显示任何具体的事件或数字，而只展现抽象层面上的联系。

所有这三个特点都可以在图34中看到。

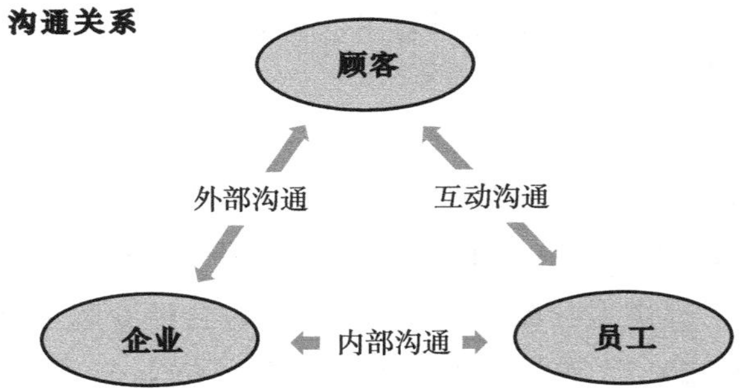

图34：简化抽象的可视化图形（Aerni/Bruhn 2013：13）

在这样的图片中，人们不得不认真地自问，认识的价值究竟是什么。也许这些可视化的主要功能恰恰在于对事物的（不可接受的）简化。其目的是给未来的负责管理和沟通的专业人员一种错觉，即企业是一目了然的，复杂的现实可以化约为寥寥几个概念，变量之间的联系是清晰的，组织工作领域是一个易于掌握和控制的和谐整体。追求完美的表现美学战胜了日常生活中难以忍受的混乱，因此带来“减压”的效果（Kieser 1996，Czarniawska 2003）。

1 每本教材确实各有特点，这主要是出于营销考虑。例如，在Lombriser/Abplanalp中，每一章的开头都有一幅艺术家的画作（这也可以在该出版社的其他书籍中找到）；在Aerni/Bruhn中，实例中配有黑白照片，但这些照片完全没有意义，大多来自数据库。在Vahs中，有一些孤立的小符号，例如灯泡或闪电。这些具体细节在我们的阐释中忽略不计。

实操练习：

实操练习24：请在谷歌图片搜索中输入“王室”一词，并研究这些照片。您可以发现哪些跨越国界的表现规约？这些图像表达了什么？它们在政治和社会话语中承担了哪些功能？

实操练习25：请您再次拿出自己最近一次拍摄的假期照片，并考察以下方面：您拍摄了哪些题材（人、建筑、风景）？您是否认识到您设计这些图片所依据的规约？关于“假日”这个社会习俗，您的照片表达了什么内容？

项目实施：

如果您的语料库中有已经单独分析过的图像，那么现在检查一下这些图像是按照什么规约设计的。请考察是否可以识别出视觉定型，调查这些视觉定型的历史以及它们今天所传达的意义。请您试着确定图像和篇章在所研究话语中具有的功能。

深度阅读

Klug（2013）对图像话语研究的意义和方法进行了简明扼要的总结。Diekmannshenke/Klemm/Stöckl（2011）收集了多种分析方法和实例分析。Pörksen（1997）提供了一部关于视觉定型的综合性专著。Wolf（2006）和Bednarek/Caple（2012）专门评述了新闻图像，Messaris（1997）则探讨了广告中的图像。

9

社会层面：知识和权力分析

在前面几章中，我们已经展示了如何分析单个篇章、对话和图像，以及如何把握跨篇章模式。这实际上是对所选定社会主题的话语的溯构。许多话语语言学家在这里停了下来，因为他们不觉得自己有责任突破纯粹的篇章分析（参见3.1节）。然而，其他话语研究者（这首先包括批评话语分析的代表性学者）则更进一步，把目标放在下一个更高的层次，即社会。他们感兴趣的是话语和社会关系之间的相互作用：是什么样的社会产生了我们所溯构的话语，而话语又是如何反过来影响社会的？这样，语言诊断汇聚为社会诊断。

然而，那些对话语和社会的相互构建感兴趣的人面临着一个方法问题：如何才能在不出现方法“短路”的情况下从话语层面得出社会层面的结论？在社会学中，这个问题被称为“结构与能动性困境”（Reed 2003），在对话研究中则被称为“微观与宏观问题”（Habscheid 2000）。

例如，当我观察到许多女护士与病人说话时特别有同理心，就会很容易得出结论，认为女性的沟通方式更关注人，更具有合作性，就如人们一再声称的那样（参见Anderwald 2014对此的批评）。但这很可能是一个错误的结论：她们的说话方式也可能是由她们的职业经验、年龄或宗教信仰带来的。简单地将篇章归因于性别或社会等级是行不通的（Schmitt/Heidtmann 2002）。

因此，一方面是被研究的篇章和主体，一方面是社会结构，在二者之间我们需要一个中间层次的概念。对此，学界有各种建议，下面我们仅介绍其中的两个。

梵迪克的基本假定是，在特定社会中成长起来的人形成了根深蒂固的信念，他将这种信念称之为“社会认知”（【英】social cognition）（van Dijk 2011: 395）。那些在美国或南非社会种族隔离时代长大的人无法不以种族主义的方式来思考和行动，因为他们一直相信白人和黑人是不同的，并依此区别性地与之互动。

这些根深蒂固的信念不是个人的，而是集体的，它们是社会上绝大多数人的共同信念，因此可被称为“社会认知”。社会认知塑造了关于白人和黑人的话语（例如在教育政策中），然后反过来影响具体的社会结构（例如为白人和黑人儿童建立分开的学校）。这就形成了如图35所示的一种循环。

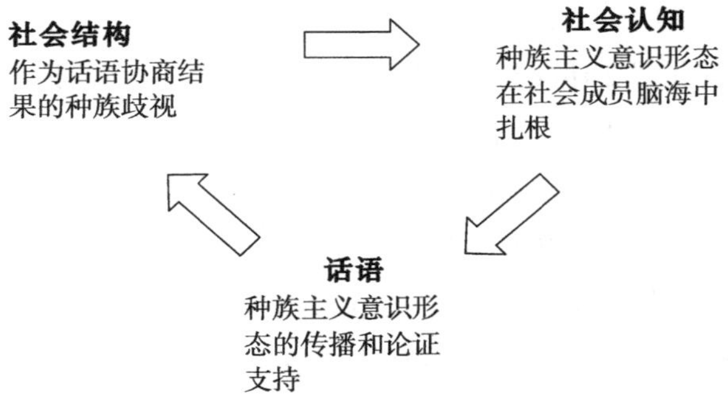

图35：作为社会和话语之间的中介的社会认知

费尔克劳则提议，把单个篇章或主体与社会结构之间的中介层次识别和描述为“社会实践”（【英】social practice）（Fairclough 2005: 38）。他将以下内容列为“社会实践”：

- 篇章类型（体裁），例如租赁协议或学校成绩单；
- 话语，例如关于核能或青年失业的话语；
- 风格，例如党员干部或嘻哈舞者的举止。

社会实践的一个例子是婚姻。一方面，我们的社会在很大程度上仍然是围绕着婚姻制度来组织的。这在婚姻法、收养法、税收法和继承法以及整个社会体系中都是显而易见的。婚姻制度得到了各种话语及其主体的支持与合法化：教会把婚配视为一种圣事，政治视家庭为社会秩序的最小单位，小说和电影业把婚姻作为浪漫爱情理想的实现。

另一方面，一些结婚的人通过举办婚礼——用大量的心形物品、婚纱、交换戒指、蛋糕、舞蹈和对孩子的希冀，一再确认爱情婚姻和理想家庭的社会意识形态。尽管费尔克劳提到的是不同的层面，我们仍然可以把他的模型可视化为如图36所示的一种循环。它可以被认为是对图2中已经提出的模型的具体化。

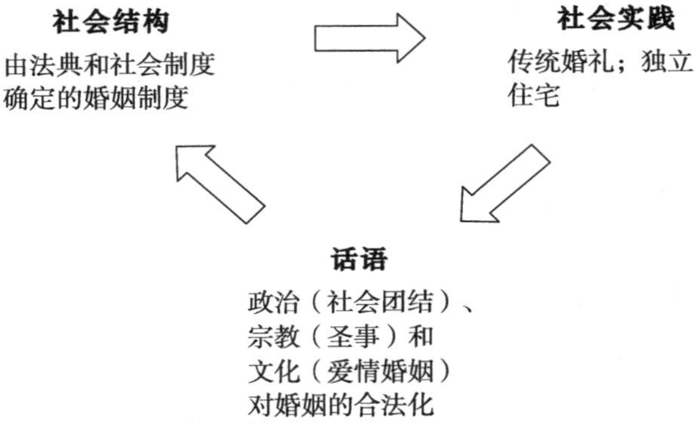

图36：作为社会和话语之间的中介的社会实践

只有了解话语所处于的历史环境和社会框架，才能识别和解释其社会实践。例如，只有了解20世纪纳粹对犹太人大屠杀（【德】Holocaust）的历史，人们才能理解今天关于犹太人在欧洲的地位这一话语。而为了解释依然存在的反犹太主义，就必须追溯得更为久远。

这意味着，我们在对较早的语篇进行阐释时，必须熟悉当时的社会条件，研究政治制度如何运作，科学技术状况如何，居民在收入、教育、宗教信仰等方面的构成，有哪些重大的历史事件，等等。历史典籍、统计数字、法律篇章或当时的百科全书等一手文献都可以帮助我们达到这个目的。

对于当今话语的社会框架，我们基本上是比较熟悉的。然而，对阐释当代语篇颇有助益的做法包括：参考政治学或社会学的社会分析，研究法律篇章或统计数据，并熟悉所研究领域的制度框架条件，例如电视的广播理念或在线网络平台的一般商业条款。这样做的原因在于，我们的日常知识通常不足以对所考察的领域做出有依据的陈述。最重要的是，我们自己向来也都是一方当事人。对于话语分析而言，身为被研究的社会群体中的一员原则上讲并不见得是一个优势，因为识别他人认知中的意识形态扭曲现象要比识别自己的容易得多。

社会层面的话语分析的核心是以下两个主导问题：

1. 如何通过话语建构出在某个社会的特定时期内被认为是“知识”或“真理”的内容?
2. 特定的意识形态是如何在某个社会的特定时期内占据霸权地位、并在多个分话语中得以推行与贯彻的? 这些意识形态又是如何与社会的权力结构关联在一起的?

9.1节主要探讨第一个问题，9.2节探讨第二个问题。最后，在9.3节中，我们提出了是否允许话语研究者对他们的结果采取批评立场的问题，如果允许的话，又如何实现?

9.1 话语与知识

根据一个广为传播的口号词，我们今天生活在一个知识社会。与这个口号词联系在一起的是关于知识和科学的一种特定观念，即认为我们可以了解世界的真实情况。科学的任务是考察这一现实，而且科学的进步就在于越来越接近真相。不仅大部分科学界人士一如既往地致力于这种实证主义范式（【德】positivistisches Paradigma），普通公众也是如此。在实证主义思想中，语言具有表征功能（【德】Repräsentationsfunktion），即它反映了世界的样子，与此相应，陈述可以区分为真或假。

话语研究则深受建构主义范式的影响，假定语言不（仅）反映世界，而是共同构建了世界（参见1.3节关于话语的第四个定义）。从这个角度看，知识不是确定的事物，不是人们可以一劳永逸地“拥有”，并储存在数据库和百科全书中的事物，而是话语协商过程的结果（Warnke 2009：113）。因此，话语分析不仅对一个社会在某一时期内可供调用的知识感兴趣，而且对知识产生的方式和它如何通过话语得到了保障感兴趣（Hartz 2014：31）。

下面举一个例子。在18世纪时，科学家们（几乎全部是男性）坚信，妇女没有能力进行科学思考。这种信念得到了科学“事实”的支持：女性的大脑比男性的小；女性有子宫（【希腊】hysterion），这赋予她们歇斯底里的性格。因此，女性无法像男性那样产生相同的理性思考结果。回顾历史，这种在当时被认为是事实的观点如今已是歪理邪说。然而，它对于那个时代的妇女有着严重的后果：她们被完全排除在科学工作之外。

话语分析视角下的知识分析方案以下列问题为导向：

• 在某一时期的社会中，什么被认为是确定的知识？什么（仍然）是有争议的？

• 这种知识是如何产生的？通过那些话语实践和社会实践得到了保障？

• 这些知识对个人、社会和环境有哪些实质性的影响？

在这个分析方案中，我们有理由不把知识概念过于狭隘地定义为“事实知识”（【德】Faktenwissen），而是界定为一种全面的“导向知识”（【德】Orientierungswissen），其中也包括基本信念、价值观、愿望和意图等。“冥想可以减少压力荷尔蒙的释放”，这一陈述不仅是在汇报生物医学上的一个事实，还代表了社会背景下的一种集体评价（压力是不好的）和愿望（找到减少压力的方法）。[1]

因此，话语分析视角下的知识分析接近赫尔曼斯提出的心态史研究。赫

1 如果没有当今对压力是个问题的集体意识，就不会有人研究压力和冥想之间的联系。这表明，即使是研究也总是由利益驱动的，因此它并非价值无涉。

尔曼斯认为，心态是“思考、感觉、意愿等倾向的总和，即认知、情感［……］和意志倾向的总和与一种集体性”（Hermanns 1995：76）。一个社会群体的心态反映在其语言使用上，可以通过分析它来把握：“语言的使用显示了一个语言群体的集体思维、感觉和意愿”（同上：71）。因此，话语分析视角下的知识分析不仅要研究围绕科学事实的话语，还要研究围绕善、美和理想值及其相关行动偏好的评价性和规范性话语。

在下文中，我们将说明在社会中，哪些话语手段被用于生产知识和真理。第一部分涉及的是一般情况下真理是如何被生产的问题，第二部分涉及如何在社会中生产正常性的问题。

9.1.1 真理的生产

知识的社会生产是在两个方向上进行的。一方面，主体努力创建事实，证明它们的正确性，推行自己的观点；另一方面，他们努力将相左的陈述和观点挤出话语，以建立一个单一、有效的真理。以下两节将介绍实现这一目标的手段。

生产机制：事实创建

我们在第5至第7章对个别篇章、对话和图像的分析中已经看到，事实是如何被创建和被论证其正确性的。第三人称单数的再现性陈述（参见5.4节情态）被证明是一种特别有效的语言手段。断言在其中既没有被证实，也没有被相对化或框定为个人意见，话语空间中的对象借此被确立为毫无疑问的真实存在。

创建事实的第二种有效语言形式包括不提及世界的各个方面，而是把它们当作前提（参见5.3节 话题结构分析）。通过不提及事情而把它们看作是已然存在，可以使它们获得无需讨论的确定性地位。

相比之下，论证（参见5.6节）在生产真理的话语能力方面要弱得多。乍听这和我们的直觉相反；因为人们会认为，在为自己的声明提供理由时，会获得更多的确定性。但情况恰恰相反。争论存在的本身就足以表明所说的内容是值得商榷的。因此，论证性篇章与其说是创建事实而不如说是为信念辩护的地方。评价（参见5.5节 评价）则主要用于建立或激活规范。

最后，事实可以用图像来创造，据此，在景别、视角和情态方面保持常规、未经操纵的照片最有可能被认为是真实的：照片显示的东西是存在的，怎么拍的，就怎么展示。在科学中，黑白双色的示意图被认为尤其符合现实，因此能够具有真实性（参见7.5节 模态）。

不应忽视的是，流通中进入话语研究者语料库的篇章和图像，往往只是“事实”生产和传播的最后一步。它背后是数据生产的复杂科学方法：多数人的意见是通过问卷调查产生的，一系列的测量是在科学实验中产生的，大量国家统计人员生产了关于人口的数据，企业借助于数据挖掘来研究消费者，等等。

以下判断适用于所有这些方法：它们不提供关于之前已经存在的、只需要记录下来即可的事物信息，而是通过“记录”这一行为来创建这些事物。在这其中，测量的方式基本决定了结果：人们在民意调查中得到的回答取决于所问的问题，获得的身体图像取决于显微镜或计算机断层扫描仪的强度。

当今生产真理的最重要手段是统计数据。可以用数字证明的、所谓统计性显著的东西不容许再被任何人怀疑。但统计学的问题在于，原则上它们只能记录可以用数字描绘的东西（Hafner 2013），而且即使是科学家也无法正确评估平均值和显著性检验的效力（Nuzzo 2014）。因此，统计数据产生了很多伪知识（【德】Scheinwissen），但这并不影响它们在科学和政治话语中的力量。

除了所使用的方法之外，一个时代可供使用的技术也在很大程度上影响了知识和真理的建构。无论是显微镜、卫星、核磁共振扫描器、高速相机还是超级计算机，技术的发明不仅带来了新对象的发现（如通过航空摄影的方式发现考古遗址）或现有模型的完善（如气象学中的测量气球），而且还影响了理论的形成。一个令人印象深刻的例子是对话研究，它是在录音机发明后才成为可能，现今借助摄像机在“多模态交流”领域获得了革命性进展。

技术对知识的呈现和传布也有着重大影响。文字处理、电子表格和演示程序为有吸引力的数据准备和分发提供了便利。互联网则带来了前所未有的公共话语的民主化和多元化，至少在富裕国家是如此。

总结：口头和书面篇章、图像、科学方法以及数据生成和传输的技术辅助工具是主体用于生产知识和维护真理权诉的手段。

排斥机制：话语限制

在话语中，真理不是仅仅通过断言事实、表达意见和建立规范而产生的。真理只有在不受不同意见影响的情况下才能持久。所以，福柯（Foucault

1997）在他著名的演讲《话语的秩序》（*Die Ordnung des Diskurses*）中指出，话语首先施展着一种限制性的力量，是为了防止“话语的野蛮生长”。对此，主体有各种语言实践以及社会配置手段可供支配。

限制话语的一个有效手段是让某些话题完全不被提及（参照5.3节主题结构分析），不引用别人的话，即只用一个声音说话（参照5.1节 视角），不让别人在对话中发言（参照6.2节 过程性和互动性），不呈现不喜欢的人或物的形象（参照7.2节 内容和景别）。

如果话语中的其他意见无法被忽视，可以尝试通过构建竞争性意义来实施对抗（参看6.2节 过程性和互动性），或者是诋毁主体（参看6.4节 自我和他人定位）。然而，那些必须为“自己的”真理而战的人总是已经处于弱势地位。[1]因此，在口头对话中创建事实，并表现得好像自己掌握了真理一样，这要困难得多。对方可以简单地以“但是”回应。[2]

话语限制的一个重要配置是篇章模式和对话模式。它们决定了在特定情况下可以说的内容。例如，电子表格将可以对企业或机关说的话限制在严格规定的项目内，人们仅需要点击和填写。标准化的租赁协议没有为个人协商预留位置。科学论文也不给其他的展示和论证模式留下空间，而是迫使研究者接续现有的话语，并在预先设定好的科学证明的道路上前进（参见8.3节 篇章模式的实例分析）。

在这一背景下，福柯提出了“知识型”（【德】Epistem）概念，并把它理解为“在一定时期内起作用的教条、信念和实践的网络”，这些教条、信念和实践使主体能够做出或预设关于真假的判断（Foucault 1997）。当前生物学中的进化论就是这样的一种知识型，它被认为实际上是对生物现象的唯一解释：生物的每一个外部特征以及所有动物和人类的行为方式都可以由选择优势来提供理据，而不是其他因素。目前，生物学话语几乎是密不透风地隔绝于任何其他观点选项。

这种话语的封闭是通过进一步的配置手段实现的，首要是通过教育、出版物和工作岗位分配中的接纳或排斥机制：讲师在课堂上只讲授公认的教

---

1 在这方面，作者六岁的儿子有着很高的话语意识，他习惯于在回答批评性问题时说：“这是我的真理。”

2 这正是哈贝马斯的话语伦理学的基本出发点，他将对话的支持和反对与共同寻找真理的希望联系起来。

义；期刊编辑和出版总监只发表符合科学主流的内容；私营部门的教授和研究负责人招募合适的年轻学者，并排除那些他们认为的横向思维者或幻想者。这就保证了主流学说几乎没有被推翻的可能。

最后，技术不仅有助于生产事实，同时也限制了事实。标准的字体、图形和元素极大地限制了创造力，结果便是同质化和理想化的图表，以及其整齐划一的方框和箭头（参见7.4节最后部分的有关论述）。带有预设标题和要点的PowerPoint版式不仅主导了演示实践，而且已经成为一种内化的思维和演讲风格，其特点是累加的、断言式的列举，而不是深思熟虑的论证和逻辑推论。

上面提到的所有话语实践和配置手段尽管作用强大，但它们在21世纪已经无法维持对“唯一”真理的信仰。正如我们在欧洲国家所发现的那样，真理的概念本身在自由、多元、民主和多文化的社会中处于危机之中；“宏大叙事”（利奥塔的“grand récits”，参见Stocchetti/Kukkonen 2011a: 110）不再有效。基督教的救赎故事和以自然科学为基础的资本主义对永恒进步的承诺，都失去了创造关于真和善的社会共识的力量。

因此，真理越来越多地被“性能”（【德】Performanz）所取代：可以执行的就是有效的。因此，科学家们不是在研究探寻什么能让我们更加接近已经成为了幻象的真理，而是在研究什么“有销路”（包括字面意义和转义上的）（Stocchetti/Kukkonen 2011a: 106）。政治家们不再宣示他们相信什么，而是根据最新的民意调查宣扬那些最受欢迎的信念。在当今的大众传媒中，节目单规划和评估方案的唯一标准是配额（【德】Quote）。科学和政治在以往是一种修辞活动；在缺乏基本共识的时代，这种情况比以往任何时候都更甚。

9.1.2 正常性的生产

如果说真理的生产最终是为了在（自然）科学的意义上理解世界，从而使它在自己的意义上可以被塑造，那么正常性（【德】Normalität）的生产则是为了在最广泛的意义上创造一种关于什么是“正确”“合理”和“好”的社会共识。它是关于世界是什么样的以及哪些是合理的，因而是正常的人类行为的基本信念。

正常性的显式生产

每个社会都有一些配置，它可以强制规定其成员的某些行为方式。一般来说，这些是法律和禁令，如义务教育、刑法、交通法或税法。它们都对个人的生活方式产生了深刻的影响，例如晚上十点以后保持安静的义务。法律的特殊之处在于，它无需社会的普遍共识，而只需要立法机构中的多数意见。因此，它们只在有限程度上适用于凝聚社会成员关于正确和好的信念。

除了对每个人都有约束力的法律之外，还有大量的机构在努力制定规范和准则，并为了机构自身和客户的利益加以推行落实。可以想到的包括企业的行为准则、青年旅馆的住宿规则、饮食建议[1]、求职面试的建议和各种行为准则等等。所有这些都将特定的行为模式强加给受影响或感兴趣的人，从而使他们了解什么是正确与合理的。

一套著名的、饱受争议的规则是美国精神病学协会出版的《精神疾病诊断与统计手册》，其中列出并描述了所有已知的精神疾病。2013年出版的第5版在世界范围内引起了激烈的讨论，因为与以前的版本相比，判定正常和精神疾病的阈值被大大降低了。《时代》报道了此事：

最受批评的变化之一涉及到抑郁症：根据新版诊断手册，正常的悲伤情绪在短时间内就成为了一种疾病。任何在亲人去世后感到没有食欲、没有动力、睡眠不好、整天情绪低落的人，现在只需要两个星期就会被诊断为抑郁症。[2]

作为一本有广泛影响力的医学手册，这部作品参与决定了哪些人群在社会中被认为是病人并应得到治疗——必要时甚至可违背他们的意愿，以及哪些人无权获得有偿治疗。

在迄今为止所提到的一切中，关于规范的话语是明确和公开的。受影响的人知道他们被期望做什么，他们也可以抵制和质疑现有的规范。而对于下面所列的微妙的作用形式，那就更难了。规范并不明确，但人们会以不同的方式理解它们应该是怎样的。他们还应把规范内化，并自己努力成为所被期待的样子。

---

1 您可以在谷歌中查询“饮食金字塔”。

2 Fritz Habekuss: *Heute noch normal, morgen schon verrückt*（《今天还很正常，明天就已经疯了》）. 载于：《时代在线》（*Die Zeit online*），2013年5月7日。

正常性的隐式生产

当今产生正常性的第一个有效手段是统计。自19世纪以来，社会越来越多地被统计和测量，从政治观点到体重到完成的志愿者工作，一切都被收集和评估。统计学之神是正态分布，每个人都可以从中读出自己是否“正常”，即他或她的观点、体重或社会参与是否处于中间位置。

曲线上的正常在哪里结束和不正常在哪里开始，这些问题往往没有准确的定义，必须经过话语协商。就血压或抑郁症倾向等健康数据而言，这些界限近年来被划得越来越窄。从制药业和医学界的意义上来说，这已经导致需要治疗的人数激增。

媒体对这些统计正常值的传播发挥了重要作用。一方面，他们发表和评论统计调查和民意测验的结果；另一方面，他们喜欢介绍不寻常的、离经叛道的、不正常的事情，从而间接地让读者知道什么还可以接受，什么不可接受（Bartz/Krause 2007）。在这场媒体的狂热中，个人在日常生活中的问题变得越来越紧迫：我还正常吗？（Jäger/Jäger 2007，Ellrich 2007）。

其次，关于生活方式的杂志和广告在很大程度上对正常性的生产负有责任。它们宣布当下哪些体育项目、电器、家居设置、旅游目的地或自行车符合时尚，提供关于服装、发型和化妆方面的建议，并通过选择模特来影响对理想身材的审美。这种关于生活方式的话语通过提出明确的推荐意见，或者开设专栏介绍每周的“最佳”和“最差”案例，在部分上是显性的；但是，某些理想并不作为主题被展开表达，而是被前设或着直接通过视觉方法呈现出来，所以，关于生活方式的话语部分上又是隐性的。一个典型例子是前文提到过的一则啤酒广告，它默示前设了关于体育运动能力和美丽的理想（参见5.3节有关论述）。

高光纸杂志和广告对人们的行为以及内化理想的影响程度有多大，对此，营销专家和心理学家之间还在争论。在我们看来，广告的力量不应被低估，因为就算所谓成熟的消费者可以自主做出决定，不理会广告宣传，他也无法逃脱舆论领袖的评判，自己有可能被他们归类为某种不合适的类型，例如太过肥胖、不合时尚、过于懒惰等等。

在政治和经济领域，有另一种不同的手段被用来生产正常性，即实际约束证源（【德】Sachzwang-Topos）。实际约束证源或者说是“实然—应然推论”是这样一种思维模式，即从某事物在世界上的现状这一事实中出发，得出该事物也必须如此，或者至少允许如此。比如这样的说法：情况就是这样，在经济活动中每个人都在寻找最便宜的报价。因为市场上所有其他竞争对手都在压低价格，我们也必须这样做。

这种实际约束证源几乎可以用来为所有的经济和政治行动（甚至更多的是“不行动”）辩护，因为按照这种逻辑事情是无法改变的。前面提到的管理学教科书中的劝告性风格（参见5.4节中的规范类表达）也属于这一类型：从人们今天在企业看到的情况可以直接推断出明天应该做什么。然而，所有的社会结构都是由人创造的，因此也是可以改变的，这一点在实际约束证源的考虑中常常被遗忘了。

下面再举一例。在苏黎世温特图尔应用科学大学的学生报纸《头脑风暴》上（第33/05号，第14页），一位讲师被问到他是否会接受4000万法郎的工资。他的回答是：“当然，作为一个有经济思维的人，我也会接受这样的工资”。这隐含的意思是，拒绝这个数额的工资的人不是一个有经济思维的人（因此也不是一个理性的人）。受访者在之后接着说：“我们的经济体系允许这样的工资。”这就是达到了极致程度的实际约束证源：经济体系允许什么，就可以接受什么，因此，这样的工资也是可以接受的。作为支撑整个论证的陈述，说话者认为以下论点是必须被接受的：“经济体系不能被人为干预”。这个例子表明，实际约束证源从根本上讲是无视道德标准的：它直接绕开了道德问题。

建立正常性的最有效形式是以事物的“本性”来证明信念和行为的合理性。费尔克劳称这种话语策略为“自然化”（【德】Naturalization）：“自然化赋予特定的意识形态表征以常识的地位，从而使它们变得不透明，即不再作为意识形态可见”（Fairclough 1995：42）。作为自然证源基础的推论规则是：如果X是一种人类无法影响的自然现象，那么X就是正常的，因此是不可避免的。进一步的结论是显而易见的：如果X是人类无法影响的自然现象，那么人类就允许或应该做X。这种从实然到应然的过渡也被称为“自然主义的错误推论”。[1]

对“合乎自然”的论证有时在直觉上是合理和可信的。一个人在烈日下

1 这个词可以追溯到英国哲学家乔治·爱德华·莫尔（George Edward Moore，1873-1958）。然而，“错误推论”一词包含了一种负面评价，最好避免在话语分析中使用。

有被晒伤的危险，因此最好坐在阴凉处，这一事实不需要给出长篇大论的理由。但这与由人类创造的体系不同。说经济体系迫使一个经理收下4000万法郎，这没有得到任何自然法则的支持。

与此同时，诉诸于人性是特别难以反驳的，因为谁会愿意违背自然规律呢？因此，当某些现象被视为“自然”的时候，话语研究者必须特别谨慎地看待。性别研究揭露了，许多所谓的男女之间的“自然差异”不过是一种神话，或者是针对性别的社会化过程的结果。即使是长期以来在经济学中占主导地位的“经济人”（【拉丁】homo oeconomicus）形象，即理性地计算并寻求利益最优化的人，现在也已开始动摇了。

然而，不容忽视的是，在蓬勃发展的遗传学和神经生物学领域的支持下，生物主义的思维方式和论证方式目前正在重新强力崛起，人类似乎越来越多地被他们的遗传倾向和大脑中的神经元回路所控制（参见Verhaege 2013）。

例如，越来越多的研究证明，孕妇的身体和心理状况对胎儿有巨大的影响，并会导致孩子的各种后期影响。[1]“母性”（【德】Mütterlichkeit）在以往曾被揭示为一种资产阶级的意识形态，如今又披着神经生理学的外衣卷土重来，它使所有的准妈妈面对着如何迎合儿童的巨大压力，对于这种压力，由于其科学的假象准妈妈们很难应对。

在一个社会中什么事物被认为是“自然”的，并不总是需要自然科学的恩赐。此外，对于什么是自然的，因而是正常的，通常也有着广泛的社会共识，即所谓的常识（【英/德】Common-Sense），它反映在谚语、隐喻、谴责和自发的判断中，例如：“旧情永不生锈。”“她就是一只护崽的母鸡。”“可不能这样做。”“这可不正常啊！”。

正常化的过程

在一个社会中什么被认为是正确的、合理的和正常的，是持久的话语协商过程的结果。人们可以把一个时代的社会知识想象为分层的状态。这一点可以通过讨论经理工资的例子来说明，并在图37中得到直观展现：

最内层的圈子是由常识形成的，即所有根本不被讨论而被视为理所当然

1 例如，一项研究据称能够证明：“即使是没有精神疾病的母亲，母亲和孩子之间‘依恋关系’的干扰［……］在怀孕晚期就已经很明显了。”（*Horizonte* 102/2014）

的知识和信念。例如，今天所有关于薪资公平的讨论都是基于这样的信念：原则上讲，人们努力追求超越生活必需水平的富裕程度。

第二层由那些在特定时代被认为无可争议的知识构成，并通过未经论证的断言、阐释模式和视觉定型表现出来。今天，没有人会质疑工资差异的合理性；唯一的争议是关于差异的可容忍程度。

第三层是围绕知识和真理进行争论的语义斗争区，即论证和评价区。例如，当今在进行关于管理人员工资水平和如何限薪的辩论。

最外层可以称为盲区，那些所有潜在的知识和思维都储存在这里。它们根本没有被讨论，而是从一开始就被排除了。每个人无差别地为集体贡献并从中得到回报的社会乌托邦目前是不存在的。

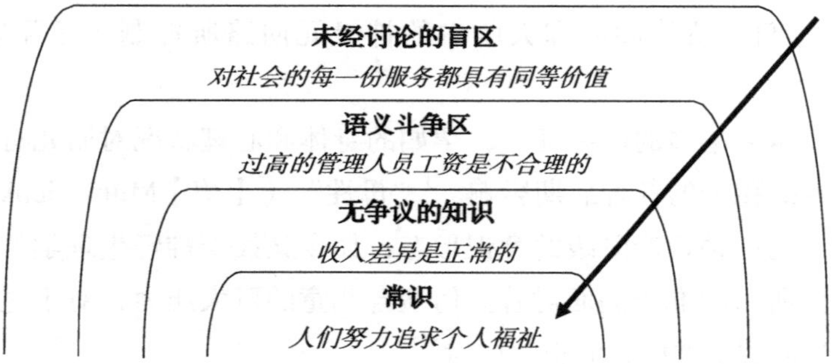

图37：社会知识的分层和正常化（箭头）

形象地说，当知识从外部进入内部时，就会发生正常化。图中的箭头象征着这一点。

例如，自然科学的学说从专业讨论转而进入到学校和大学教育的必读书目，并最终成为常识时，正常化就发生了。西格蒙德·弗洛伊德（Sigmund Freud）的无意识学说就是如此：在19世纪末，这种学说还处于不可言说的盲区，而今天却以“弗洛伊德式口误”（【德】Freud’schen Versprecher）等日常说法成为了共有知识。

然而，对福柯来说，正常化的过程不仅包括向常识迁移的信仰和知识体系，还包括使个体成为“正常”人的具体的社会实践，例如从对适应性行为发出承诺的广告，到采取国家强制措施的监狱和精神病强制治疗。考虑到儿童被诊断为行为异常以及接受治疗和采用药物安定手段的规模，可以说，近年来适应压力再度攀升了。

总结：话语语言学视角下的知识分析的目的是溯构从而解构一个社会在特定时期认为自己知道什么，以及这种知识如何以话语方式产生和得以保障。同时，本节批判性审视了在这个社会中什么被认为是合理和正常的，甚至是自然的，以及这些关于正常性和自然性的观念是如何被传播和推行的。

实操练习：

实操练习26：多年来，报纸《每日广告》的在线编辑团队一直在运营备受关注的“妈妈博客”，它的博文有时也会引起争议，引发超过200条的评论。在2014年12月4日题为“请您谈谈性”的帖子中讨论了保持忠诚是多么的困难。以下是141条评论中的三条。请您考察评论者预设的常识是什么，他们认为的既定知识是什么？语义斗争区在哪里？

摘自妈妈博客

玛雅：有一个非常简单的解决方案，即多配偶制。因为我们人类天生就不具备性的忠诚度。而且比起外遇，熟人之间发生关系更好，所有人都知情并同意，任何人都不应被欺骗。

卡罗琳娜：哦，是的，这也是一种说法——我们人类天生就不具备性的忠诚度。但事实是，我们拥有这种意愿。实际上，大多数人在进入一段关系时，都非常希望彼此忠诚。在保持这种关系过程中，这种愿望被确认或改变，这是另一回事。所以可以说，在一些关系中，性忠诚度和对伴侣关系的忠诚度是剥离开来的。为什么不呢？

帕帕旅馆：在我们的文化中，极少有能够忍受这种多重关系的人。这听起来不错，但在实践中通常行不通。

项目实施：

请您收集您的语料库中所呈现或预设的知识，尝试确定哪些知识储备是作为毋庸置疑的常识出现的，哪些是无可争议的事实，哪些是语义斗争区和盲区等。

深度阅读

关于话语的秩序和限制性权力的基础性著作是Foucault（1997）。Felder/Müller（2009）的论文集专门讨论了语言和知识之间的联系。关于正常化和自然化的基础性著作是Fairclough（1995，2001，2005）的出版物。在Bartz/Krause（2007a）的论文集中有关于正常化的令人感兴趣的研究。

9.2 话语和权力

我们在上一节中看到，在一个社会中被认为是真实、正确和正常的事物并不是一劳永逸确定下来的，而是话语协商过程的结果，并且必须长期在抵御不同观点的过程中维护它。但人们为什么要为真理而争论？为什么想保持正确？一般来说，这不是出于纯粹的好斗，而是因为对真理的拥有与实际的利益相关。那些持有被公认为真理观点的人可以获得教授职位、研究经费、政治职务、电视播放时间、公众的认可和国家特权。而谁站在错误的一边儿，则被认为是离经叛道者，从而无权获得公众的认可和支持。

因此，知识从来都不是中立的，而是与由知识建立起来的社会结构相互作用，并且反过来也产生了这种知识。真理往往服务于维持各种形式的不平等并使之合法化，无论是殖民主义时代所谓“进步”的欧洲人对所谓“落后”的非洲人的统治，还是直到今天企业领导层的指令权和高工资。

换句话说，这与权力相关。根据韦伯的观点，权力意味着“在一种社会关系中即使遇到抵制，也能贯彻自己的意志的每一个机会，而无论这个机会建立在什么基础之上”（Weber 2009：第一章第6节）。这里可以想到的是身体权力（体力、武器）、经济权力（金钱、土地、生产资料）、政治权力（立法、警察干预），但也包括智力权力（知识、权威）。从话语的角度来看，最后一种权力是值得关注的。

话语研究者探询的是话语、知识和权力之间的相互条件结构。福柯从理论层面论述了话语的生产性力量（参见Seier 1999）。根据他的观点，话语与其说是一种消极的、限制性的影响，不如说是一种生产性的力量，它生产了主题、知识储备以及社会身份。

同性恋现象是一个例子。一个社会谈论同性恋的方式可以使同性恋现象被看作生物学方面的情况或者社会问题，并给被称为同性恋的人分配某种身份，他们则接受或通过反话语（【德】Gegendiskurs）来修正这种身份，但无论如何，都参与了这种身份的构建。

同性恋的例子说明了话语和权力关系的另一个方面，即话语基于其强大的力量而写入了男人女人们的身体和情感中。同性恋者会以他们对“真正的”同性恋的期待来对待自己的身体和自我感觉。然而，他们的这些期望受社会的影响，近年来已相当接近于异性恋夫妇的情况。这最终使今天的同性恋者不仅（允许）结婚，而且还可以按照习俗乘坐马车前往结婚登记处。性需求及其实践，还有感情，这些都不是自然给定的，而是社会形塑的，这对于所有人来说都是如此。

在研究实践层面，费尔克劳区分了话语中的权力和话语背后的权力。在话语中的权力下，费尔克劳将所有在具体互动活动中使人们享有特权或处于劣势的事物都归入其中，即权力直接在互动中行使。例如，言论权在法院、医院或学校等机构中的不平等分配，大众媒体结构对特定陈述形式的要求和排除。

话语背后的权力是指那些在参与者背后建立起权力关系的意识形态和规约。例如“标准英式英语”的神话就是为了上层阶级的利益，把那些所谓英语不好的人阻挡在公职之外（Fairclough 2001：36-56）。

权力关系不仅可以由话语确立，还可以被质疑。幽默是一种久经考验的手段。不仅专业的宫廷小丑和歌舞表演者成功地动摇了权贵们的统治和真理权诉，普通的工人们也在锯掉这个世界的老板椅，工人们讥讽上面的指示，滑稽地模仿自己的上级，取笑办公室里的那些“窝囊废”，因为这些人不知道什么是真男人的真正工作（Mumby/Mease 2011：287-288）。

在当今社会中，对权力的要求由法规、强制和控制来执行的情况越来越少，而通过意识形态来执行的情况越来越多。因为正如费尔克劳所指出的，“通过赞同来统治要比通过强制来统治成本更低”（Faiclough 2001：28）。今天，人们是被建议而不是被命令，使他们自己“认识到”，如果按照劳动局职员建议的方式行事，是“为了他们自己的最大利益”（同上：60）。在现代企业中，人们看不到打卡机了，但是，那些将现代工作伦理已经内化于心的人在完全自发地尽可能多干，以避免在同事面前处于劣势（Mumby/Mease 2011：289）。

由于意识形态是通过话语行使权力的核心手段，我们下面用一个单独的章节来讨论它们。

意识形态

意识形态这个概念在过去和现在都有着不同的定义。在启蒙运动时期，意识形态被理解为统治阶级用来控制大众的一套学说，例如教会用来驯服听话的信众的教义。这种意识形态概念接近于我们的日常理解，但从话语理论的角度来看，它还过于简略，因为意识形态不仅包括目标明确地进行传播的学说，还包括人们以及统治者自己理所当然地相信的东西。

我们把意识形态理解为一个社会群体所共有的基本思想和态度的集合（Bloor/Bloor 2007：10）。意识形态决定了群体成员如何感知和解释社会事件和情况，以及他们如何说话和行动（van Dijk 2011：380）。意识形态不是个人的，而是集体的，因此是社会认知的一种形式（参见上文）。话语不是意识形态，但意识形态是话语的基础，就如同语法是语言使用的基础一样（同上：382）。梵迪克建议把意识形态想象成一个关于以下方面的命题网络。

表16：意识形态的各个方面（van Dijk 2011：386）

方面	核心问题	举例
身份	我们是谁？我们来自哪里？	民族主义、欧洲中心主义、种族主义
活动	我们做什么？什么是我们的任务？	职业、宗教、政治意识形态
目标	我们想要什么？	党纲
规范和价值	什么是好的和坏的、允许的和禁止的？	自由、自治、正义
群体关系	谁是我们的敌人？	我们/他们、社会主义、和平主义、民族主义
资源	我们的权力基础是什么？	信息、特权

意识形态先于话语，并且在话语中很少像是在党纲或宗教作品中那样被明确表述出来。大多数时候它们是不透明的，几乎活动在互动者的视野之外。但这并不意味着意识形态无法被分析。我们可以在具体篇章中探寻显露

的评价和论证（参见5.5和5.6节），还可以探寻前设、隐涵和预设（参见5.3节），挖掘篇章语料库中的论证模式与阐释模式（参见第8.1和8.2节），从而找到意识形态的踪迹。然而，分析者必须意识到，他们自己也身陷意识形态预先编制的网中。

意识形态并不是无害的，它们被用来为社会不平等现象辩护："意识形态是对世界各方面的表述，可以看到这有助于建立、维持和改变那些含有权力、统治和剥削的社会关系"（Fairclough 2005：9）。这一点明显体现在《新苏黎世报》周日版（2013年9月23日）上刊登的勒内·朔伊（René Scheu）的一篇文章中。下面是一段摘录：

"富裕社会的一个特点是，不断地展示出新的稀缺表象，从而将财富重新解释为贫穷。长期以来，这种扭曲的感知一直是政府研究报告中行之有效的方法：联邦统计局解释说，贫穷很难被客观地确定。所以我们使用的是相对贫困的概念：谁的收入低于中等收入的60%，谁就陷入了贫困。这样一来，贫困可以根据定义随意被制造［……］。

在我们长期躁动的民主制度中，社会比较文化盛行。每个人都将自己与其他人进行比较——每个人都在评判其他人。嫉妒的人往上看，焦虑的人往下看。结果便是：客观的繁荣和感受到的繁荣之间的分野越来越大。谁如果想改变这种情况，不必搞公众签名活动，而是要努力改变观点。在这方面，我们不需要善意的社会工程师和他们的平均主义理论。我们所有人事实上都生活在所有时代最富有的社会之一。实现自主决定的、成功的人生的机会比以往任何时候都要好。"

贫困不是一个绝对的数值，而是经话语协商产生的，这一本身正确的观察在第一段中被滥用了，作者借此声称，在瑞士贫困根本不是一个问题，而只是一种无事生非的说辞。在第二段中，作者使用了一个老生常谈的证源：为社会正义而斗争只是源于不太富裕的人的嫉妒。社会平等被诋毁为平均主义。

作者指责他的读者们有着扭曲的认知和错误的思维，敦促他们改变观点，指责他们意识形态化的思维。然而，他自己的论证也同样带有意识形态色彩。他的论点基于以下前提：

- 如果一个社会作为一个整体是富裕的，那么每个人都会过得很好；
- 社会差异是合理的；

• 那些感到处于劣势的人责任在自己。

这些前提源于新自由主义意识形态，即笃信每个人都是自己幸福的锻造者。它在这里以如此白纸黑字的形式呈现出来，但作者可能根本没有意识到，也许从没有感到有什么可疑之处。这是涉及到意识形态时的典型情形：我们以它为基础进行论证，却对其内容不加说明。意识形态从本质上讲是未经反思的（【德】unreflektiert）。它像一张无形的网贯穿了我们的整个思维、感觉和意愿，它是精神上的结缔组织，从心灵上将身体连结在一起，给我们提供支持和导向。

当然，人们也可以有意识地、有目的地利用意识形态来影响他人，即使他们自己并不相信它。这种过程我们称为操纵（【德】Manipulation）。操纵的高手当然是广告专家。一个生产黑黄红旗帜和印有瑞士十字旗的T恤衫生产商可以在世界杯前打响广告，并且销售良好，而自己却丝毫不爱国。在这个例子里，生产商显然是在利用民族自豪感的意识形态来操纵客户群。

霸权

霸权也属于意识形态概念。如果一种意识形态能够在一定的时间内宣称自己占据主导地位，不再局限于特定群体，那么它便是霸权的。这里有一个例子：19世纪出现的资产阶级工作伦理最初仅限于工厂主和商人的中产阶级。其时，贵族们通过游手好闲来定义自己，而工人们仅仅将工作视为生存的必要之恶；他们往往在存够下一周的钱时就离开工厂。为了防止工人离开，工厂主在牧师和福利机构的支持下，开始向工人灌输劳动是一种美德，任何一个足够勤奋的人都可以通过工作提升自己的社会地位。

成功是有说服力的：今天，这一资产阶级的工作伦理几乎被所有人内化于心了。许多人的工作远远超出了生活所需，而失业则被视为一种社会耻辱。一种特定的意识形态已然具有了霸权性质。这个例子还表明，霸权的意识形态通常来自于统治阶级，并使他们获益最大（Fairclough 1995：93）。直至今日，企业主们仍然能从员工的勤奋中获得最大的收益。

我们这个时代的霸权意识形态是相信自由市场可以最好地管控一切。“市场”原本是对可识别为主体的经济行为的隐喻，现在被人格化了，并被视为独立的主体（“市场希望如此”），而实际的主体则通过被动句、不定主语句（Man-Satz）或类似于“企业”“政治环境”“市场研究”等抽象词汇在语言上变得不再可见。代理人在语法上的系统性消失使人们不再需要充当负责任的行为者。

这种意识形态得到了系统理论（【德】Systemtheorie）的科学支持。该理论假设，例如经济等的系统是封闭的、自我参照的系统，不受人类影响。继卢曼（Niklas Luhmann）之后，阿德霍尔德（Aderhold 2013）写道："在这个意义上，组织将功能上的具体要求（如市场要求）转化为可管理的预期和指导方针，并以这种方式生产特殊形式的现实，借此建构出一个看似本体存在的现实。"这是科学助推的对具有霸权地位的市场意识形态的屈服，也是对自主做出决定并能为其承担责任的人的终结。

当今，有许多起劲儿的做法在使教育、卫生、教会甚至艺术都服从于自由市场的逻辑。大学在排名中争夺位置，医院在精心测算自己的"产出"，教堂开设商业性质的咖啡店，绘画被银行作为投资对象进行交易。从这离"个人公司"也就不远了：毕竟，个体也必须以最佳方式推销自己，恋爱和婚姻市场当然也被商业化约会平台牢牢抓在手里。

霸权意识形态的特点是，它们通常不需要进行论证，因为它们被假定为可以得到普遍接受。它们具有常识的地位（参见9.1节）。例如，任何提到"客户"想要什么的人都可以免除任何进一步的论证义务，可以随意延长商店的营业时间，从而延长员工的工作时间，可以在电视上播放任何有疑点的节目，在报纸和互联网上发布残忍的照片，一切都只是"因为顾客需要"。客户导向已经成为自由市场思想家们的杀手锏，正如哈布沙伊德和哈尔茨借助员工报纸所揭示的那样（Habscheid/Hartz 2007）。

但是，即使是最为霸权的话语也有反话语，如果不提这些话语，在学术上是不诚实的（尽管不诚实的情况也并不罕见）。许多批评话语分析的代表性学者在他们的研究中把大学和其他公共机构的经济化后果当作问题来讨论（Fairclough 1995，Mautner 2005），来自不同学科的有勇气的研究者在大众化书籍中谴责了竞争原则在健康和教育等领域所导致的毫无意义、病态丛生的结果（Binswanger 2010，Hörisch 2013，Verhaeghe 2013）。延森和朔伊普（Jensen/Scheub 2014）为我们的经济目标和逻辑设计了一种全新的再定位。每一个这样的声音的出现，都可以加大对霸权意识形态的反思与合法化压力。

结论：完整的话语分析探寻被研究的话语施行了哪些权力效应：它生产了哪些对象和主体？它有利于什么形式的不平等？统治者用哪些意识形态来确保他们的特权，并使该世界状态合法化？

实例分析

就像所有的教材一样，我们研究的管理学教科书也是强大的配置工具，用于生产和传播社会承认的知识。他们的风格特点是具有再现性的陈述、断言、定义和清晰的插图，以传达一个信息，即这就是企业界的运作方式。书中几乎没有对自己观点的论证；相反，给人的印象是只存在一种真理。其他观点被直接无视。

除了生产知识的功能，管理学教科书还具有强大的正常化力量。它们所教授的不仅是正确的，而且是合理和正常的。把自己的企业放在所有考虑因素的中心是正常的；自己所做的一切都以经济成功为导向是正常的；为了自己的利益操纵员工也是正常的。

所有这些行动的逻辑都基于不容置疑的观点所形成的普遍性常识，在此仅举几例：工作世界按照市场逻辑也就是无情竞争的逻辑运作；永久的增长对于社会的福祉是必不可少的；自然世界和精神世界按照因果图式运行，人们在本性上更多是胆怯和厌恶变化的。

此外，教科书中的正常化主要通过实际约束证源和实然—应然推论发挥作用的：如果谁想在艰难的市场中经受住考验，就无可避免地要按照书上写的方式行事。因为世界运转得越来越快，我们必须努力，以免被抛在后面。

这样，管理学教科书的基本意识形态就凸显出来了。它们基于这样的证源：世界正在快速变化，我们企业必须对其做出反应。社会、经济和政治环境被看作是一个既定事实，企业只是对其做出反应，其自身对经济事件的影响被否定了。而事实上，企业自身正越来越快地将新产品投放市场，推行具有攻击性的定价政策，进行恶意收购，用公关和营销操纵消费者，引进新的生产手段来创造或破坏就业岗位，开展政治游说，等等。企业通过引证总是由他者造成的“实际约束”而否认自己的权力，系统地逃避其了社会责任。[1]

实操练习：

实操练习27：请找到您所在学校的大学宗旨，用批判的眼光来审视它。您是否识别出与霸权的经济话语的关联？您对科学、教育和经济之间的关系

1 教科书本身的频繁修订也被宣称为是对经济变化的反应。一个人自己的书不被看作是变革的驱动力。管理学说的持续变化并不是作者的自我反思甚至自我批评的理由。

有什么看法？请与您的同学们讨论这个问题。

项目实施：

请将您在9.2节中读到的内容应用于分析您的语料库。您能在材料中发现哪些意识形态？是否存在借由这些意识形态进行固化，或借此对社会不平等形式与社会优势地位发起挑战的形式？您所研究的话语对社会结构和受波及者的身份有哪些权力效应？

深度阅读

关于权力分析的第一个推荐文献是Foucault（1978，也见Seier 1999）。Hirseland/Schneider（2006）对社会科学的意识形态概念进行了概述。van Dijk（2011b）和Fairclough（1995，2001）主要从语言学角度探讨了意识形态问题。

9.3 意识形态批判和社会批判

在这一节中，我们将探讨这样一个问题：是否允许话语研究者基于他们的分析来批评所研究的话语实践及其意识形态，以及应该在哪些科学规范的基础上进行批评。

在公众和科学研究者自己的理解中，当今的科学必须实事求是、客观中立。正是这些标准将它与政治或日常话语等其他社会系统区分开来。根据这一理想，科学家在研究和描述其研究对象时不带个人预设和利益，而是只致力于寻求真理，既不对结果进行评论，也不从中提出任何政治要求。

从目前所说的内容中应该很快就能看出，这纯属凭空想象。以下是反驳的理由：

- 科学研究的对象不是任意散落在那里、只是等待来被描述的事物。相反，它们首先是通过科学活动才被提取为值得研究的对象；
- 不存在任何话语外的真理。相反，科学程序本身决定了什么是被认可的真理；
- 没有人可以处于社会之外、不受任何利益影响地来研究所有事物。相反，每个人都融入了他们话语的过去和现在，因此总是一方当事人；
- 不存在任何不带规范性隐涵的理论、方法和科学术语；相反，诸如“阶层”或“遗传密码”等的术语包含了对社会或身体的评价性预设。

那种认为科学可以摆脱意识形态的观点本身就是我们这个时代最强大的意识形态之一。当然，这也适用于话语研究。即使是那些认为自己是描述者的话语语言学家，也不应该在这方面自欺欺人。他们并不是根据客观标准来选择主题（核话语、移民话语等），而是根据个人兴趣和政治热度。他们也使用以特定人类形象为基础的概念（意图、认知隐喻）和理论（功能语用学、礼貌概念）。他们还受制于学术共同体的铁律，例如被要求使用某些综述、撰写和论证形式，单是通过这些话语准则就已极大限制并引导了可能的和可说的空间。

因此，话语研究者不应与其他学科一起去维持这种对客观和中立科学的空想，而是应该往前一步去系统反思自己的行为——从问题的选择到分析方法再到结论。这可以说是批评的第一种形式，即自我批评（【德】Selbstkritik）。这是康德的传统，他在他的"批判"论著中探讨了人类认识的条件和可能性。这种批判实际上应该由所有研究人员来付诸实践。

然而，批评话语分析的目的并不止步于此。赖希格尔进一步区分了三种批评形式（Reisigl 2006：483-484）：

• 话语内部批评：其目的是指出所研究篇章中的对立、矛盾、悖论和困境，例如错误的论证；

• 社会诊断性批评：其目的是揭示话语实践中经常隐藏的宣传性特征以及主体的利益，指出其责任所在，揭露在伦理上有问题的话语实践的影响，例如社会不平等和歧视的形式；

• 前瞻实践性批评：它的目的是改善社会条件和交流条件。

许多话语研究者认为，这种最终以政治参与为目的的批评在科学上是不允许的，并与科学家的社会任务不兼容。我们的看法不同。在自然科学领域，询问研究的实际应用性是理所当然的。没有哪个医学人员研究一种疾病只是为了了解它，而不是为了治疗它。也没有哪个建筑工程师不是为了建造稳定的桥梁，而是出于自己的愿望来研究静力学规律的。

现在，人文学科的研究成果很少能如此直接使用。然而，人文学科的学者也应该询问自己所作所为的社会相关性。对语言实践的单纯描述通常没有什么社会意义。更糟糕的是，它们最终促成了对当前状况的确认，从而使之稳定下来。本德尔（Bendel 2008）以广告的语言学分析为例说明了这一点。仅仅是追踪广告策略的语言学本身会变成关于美好生活的社会话语的一部分，并成为传播健康、美丽、爱情等可疑观念的同谋。

一门批判性科学可能更具有社会意义。我们认为，话语分析的首要用途在于启蒙，它让人们睁开眼睛，看到自己一直以来如何身陷话语的桎梏之中：真理失去保障，常识成为意识形态，主体受话语调训，社会结构成为历史的产物，因而具有偶然性，但这也意味着是可以改变的。

对话语的溯构和由此带来的解构本身就带有启蒙意义。施莱歇尔特（Schleichert 2005：115）如此说道："颠覆性的论证不采取'你所相信的是错误的'这种外部批判的形式；它的内容是：'我在向你展示你真正相信的东西'"。在这方面，描述性话语分析已经具有潜在的颠覆性；它表明世界可以是不同的。批判性话语分析则是敢于进一步说出，世界应该是不同的。

但这样的批判可以建立在哪些规范性基础上？许多来自批评话语分析的早期研究在对意识形态和社会的批判中笼统地援引了"正义"或"团结"这样的价值。这种做法招致批评是有道理的，因为正义是什么，首先必须通过话语协商来确定。如果一个学者提到了"正义"而不作进一步解释，他就是自以为是地假定自己最了解什么是正义（Niehr 2014）。

为给科学批评奠定更加稳定的规范性基础，我们在下文中提出了一些非常具有现阶段特点的建议。

基于科学的批评标准

话语内在批评的基础最终只能由话语伦理来建立，即关于一般社会话语或个别话语应如何构成的明确陈述。哈贝马斯提出了一种非常普遍的话语伦理学。理想中典型的和不受权力支配的话语应该使真正的知识成为可能。为此，话语必须是理性的，在平等的基础上展开，允许所有的问题和质疑，并由真实的感情承载。最后，只有更好的论点才应该获胜。

一些话语研究者已经研制了恰当论证的标准（Reisigl 2006，Fairclough/Fairclough 2011），这些标准包括言论自由、说明理由的义务、诚实地提及已经说过的话、客观性导向、对共同出发点的承认、可信性、逻辑有效性或表达的清晰性（Reisigl 2006：476，注16）。

然而，在例如政治、媒体或经济等特定的社会领域中，关于合法的话语应该是什么样的，对此实际上并没有什么考虑；甚至关于私人谈话，什么是"好"的谈话，在这方面我们也在很大范围内失去了标准（Meier 2013）。对于规范性科学来说，发展一种话语伦理将是一项令人兴奋的任务，对于批判性科学来说则是有待弥补的空白。

社会诊断性批评若想进行科学合理的批评，求助于现有的法律法规是最安全的方式，因为这些法律法规不是源于研究者的个人观点，而是代表了社会的共识[1]。在这种情况下，不要笼统地援引“人权”，而是准确地说明某一陈述或文本违反了哪项人权或哪项法律，是有益的做法。

例如，本德尔和塞诺纳（Bendel/Senoner 2013）通过对保健品广告的篇章语言学研究，证明了许多广告违反了法律（如《反不正当竞争法》《媒体法》）和《新闻法》）：因为它们是经过编辑设计的，没有标明是广告或是与编辑文本相重合。这些证据为这些广告实践的批评提供了可靠依据。

除了实际的法律文本外，还可以使用专业协会（如上述的新闻准则）、学校或企业的行为准则。宗教典籍也不妨用作话语实践批评的基础。

但是，并不是所有的规范和价值观都有法典。如果想批评某项声明是伤害性、歧视性和不道德的，那只能说明自己是从哪个伦理或道德立场来提出批评的。如果我解释说，基于人本主义心理学，我持一种对人的积极看法，首先会把人们假定为具有良好的意愿、真诚和合作精神，那么某些管理学篇章中的某些陈述可以说是“蔑视人类的”。

最难的是建立前瞻实践性批评的基础。在这里，研究者只有公开自己的话语研究动机，说明想通过批评达到什么目的，话语和社会应该走向何方。从我们的角度来看，出于对环境和孩子们未来的个人关注去分析关于能源或公共交通的话语是绝对合法的，并可为替代性的思考、观察和言说方式制定建议。

在意识形态上把自己定位为一名具有批评意识的研究者，这一要求已经被一再提出（例如Pollack 2008），但除了少数例外（例如Mautner 2005a），这一要求从来没有落实过。在第一章中，我们已经展示了对这样的自我定位的设想。情况已经很清楚，批判性学术研究不仅仅是来自政治上的左翼阵营。任何话语分析的最高目标是打破根深蒂固的思维方式，并表明有其他选择。为此，话语研究者本身要保持开放的心态，不苛求对方持有某种特定的思想，这是不可或缺的条件。

1 然而，这往往是由有权势者之间协商的结果。

实例分析

在所研究的管理学教科书中，有许多可以批评的地方，在此我们仅限于四个方面：

• 企业内部和周围环境的流程被极大程度地简化，并且被化约为数量极少的因果链，以至于呈现出一种过于简单的企业经济现实图景。这助长了那种企业可以被个人控制的想法，并唤起了读者对可行性的幻想。

• 自身对商品市场和劳动力市场以及对政治、社会和环境的个人影响被系统地淡化了（见上文），从而免除了未来的管理者对自己行为的责任。

• 在书中，人消失在了各种流程和抽象的机构背后。在人出现的地方，他们要么是无懈可击、目标坚定、不流露情感的管理者，要么是信息闭塞、情绪用事的员工。后者经常与管理者作对，其工作热情有待激发。

• 市场和竞争的原则在任何时候都没有受到质疑，永久进步和增长的意识形态也同样没有受到质疑。

在我们看来，人们可以绘制出一幅截然不同的经济图景。企业的特点不是僵化的等级制度和巨大的工资差异，而是具有同等价值的人之间的活跃交流。雇员喜欢他们的工作，并致力于此；他们不抗拒，而是一起思考，贡献自己的想法，或者警告管理者不要做出错误的决定。管理者对自己在企业内外所做决策的结果负责。企业通过合作可以比通过竞争取得更多成就。经济以保障生存为目的，而不是以威胁生存的增长为目的。

今天的企业现实是多年来话语协商的结果。我们拥有开启另一种话语的自由，借此埋下另一种发展未来的种子。

项目实施：

您已经研究了社会分话语，溯构了阐释模式和意识形态。在您所发现的情况中有什么可批评的吗？从您的角度来看，在您所研究的社会领域中是否应该有一些不同的东西？如果是这样，那么有哪些适用于展开合理批评的政治、伦理、道德、宗教等方面的立场？

项目实施：

现在请您再次对自己的立场进行自我批评式的反思。您在政治上、道德上、伦理上、宗教上会把自己放在哪里？您的态度是否影响了您的研究工作，例如对主题、篇章和问题的选择甚至是对结果的影响？

10

回顾和展望

完整的话语分析的一部分是对自己的活动也投以批判的目光，并进行反思。我们做了什么以及我们的写作有哪些话语效果?

在长达数月的工作中，我们从阅读、观察、思考的无序混乱，到第一张思维导图和临时方案，最后慢慢推导出一个结构化的整体。我们还确定了术语、定义、概念、共同的信念和阐释。

现在，我们的语言学话语分析的概念将永远固定在这两页书封之间，它被系统地分布在全书10个章节和许多子章节中，并配有那些有趣的例子和我们常带有个人色彩的解释来加以丰富和充实。这本教科书是要宣扬多数人认可的关于话语分析的真理。尽管如此，它仍然只是众多声音中的一个瞬时缩影。

在这本导论书中，我们关注的是那些具有连结性而不是分裂性的内容。我们带着对前人工作的敬意，尝试从现有的各种话语研究方法中总结出共同点，并尽可能避免以破坏性的方式来与不同观点划清界限。在这样做的时候，我们遵循恰尔尼亚夫斯卡（Czarniawska 2003: 257）的建议，将科学更多地看作是一种对话而不是竞争。

此外，我们尽量使用易于理解的语言。因为我们不想显摆自己，而是想让人理解，还因为导论书本身不应该成为挑选学生的工具，从而成为一种权力的配置手段。

然而，单是它作为导论书并在纳尔出版社大学教材系列[1]中出版的这一事实，就足以令这本书施展权力影响。学生会把它当作自己工作的标尺，他们从中汲取明确的定义和关于如何进行话语分析的指示与建议。并且，就如同我们所分析的管理学教科书那样，即使是我们也会想要传播某种“思想”。

与此同时，这本书还会施展它的支配作用，至少是因为它（像其它所有的书一样）在意识形态上不是中立的。在一些地方，我们对社会问题采取了坚定的立场；而在其他地方，我们的价值观和偏好仍然相当隐蔽。这就是为什么我们在导言中介绍了自己，并披露了我们的观点的原因。

话语研究的未来任务

当前，话语研究正经历着高度繁荣。它不断开辟新的课题，探究越来越

1　纳尔大学教材（narr Studienbücher）是德国Narr Francke Attempto出版社的核心系列丛书之一。该系列丛书主要根据大学课程的学习要求设计，面向大学一年级学生、高年级学生和教师等群体。它们适合自学，也适合作为大学研讨课的基本读物。——译者注。

多的现实构建方式，如电影、音乐或地图等。我们认为，今后应更加关注以下几点：

• 应更多关注话语中的主体。与其只研究作为成品的篇章，不如更多地询问谁在什么样的机构、个人或技术条件下生产了这些篇章（Roth/Spiegel 2013b）。

• 物质方面（【德】das Materielle）也应该受到更多的关注，因为物体往往具有权力配置的功能（Spieß 2013b），它塑造了我们对世界的感知和行动。可以想到的包括从脱毛仪到3D打印机等技术设备，GPS或App等的新的通信技术，还有建筑和空间规划等等。

• 除了种族主义或核能等重大议题外，还应研究更多的日常话语（【德】Alltagsdiskurs），如行政话语（Heinemann 2003）或公共交通话语。

上述三点都可以很好地与功能语用学的传统相匹配，它从一开始就旨在对机构进行全面分析。

我们还希望看到的是，在大学里提高对所有科学的话语特点的认识。对自己的学科及其术语的话语性质的了解，应该是每个学者的基本教育的一部分。那种认为任何人都知道世界到底是怎样的天真想法，以及与之相关的自然科学和人文科学（以及所谓的“非科学”观点）之间的战壕战，都应该成为过去。

最后，话语研究以其自身严密的话语体系，很容易成为一门象牙塔里的学问。它最终应该做更多的事情，在公共领域发挥它的效用。话语研究的认识和方法应该以一种简明的形式进入文理高级中学教育。话语研究者还应该想办法实现自己启蒙社会的权诉，并相应地寻求新的平台来传播自己的研究成果：科学演讲挑战赛[1]、博客、报纸采访、电视纪录片等等。最后，我们还应做出具体的政治承诺。

1 科学演讲挑战赛（Science Slam）是一个面向大众的科学交流平台，主要由年轻学者挑战在10分钟的简短演讲中，以一种可理解的、有趣的和简洁的方式向大众解释他们的研究项目。该赛事于2006年发源于德国，后来也在德国之外的多个欧洲国家举行。——译者注。

练习参考答案

实操练习1

菜谱是四人份的，也就是说它是为一家四口的典型小家庭或是两对夫妇的聚餐邀请而设计的。默认为前提的是，所列举的配料（如团子或肉汤等成品以及芦笋）都可以毫无困难地获得，并且是每个人都能负担得起的。同样被默认的还有广博的知识，具体包括了解g、TL、dl和kcal等的缩写，“蒸”和“浇汁”等烹饪术语，以及什么是“少量黄油”和如何清洗芦笋的知识。换言之，这里假定的是，人们当今在小团体中生活和用餐，他们可以在货物齐全的超市里购物，并具备基本的烹饪知识。

此外，菜谱撰写者们还默认，今天的私厨严格控制食物的成分和能量，并注重食物所含的蛋白质成分和卡路里数。他们通过图形对“快速”“素食”和“清淡”等概念进行了强调，这显然是为了被读者用来当作菜谱选择的关键词。也就是说，菜谱撰写者们认为，当今的家庭伴侣很少有时间做饭，会有意识地选择肉食或素食，并注重自己的身材，因而喜欢快速、清淡的菜肴。

实操练习2

对于研究计划而言，重要的是不要选择那些可能是对政治人物进行转引的媒体篇章，而是要找到原始声明。可取的篇章选择标准如下：袭击发生后14天内（时间段）在德国、奥地利或瑞士（空间）发表的所有政府声明、议会讲话、采访以及部长和政党领袖（主体）的个人网页条目（篇章类型）。

实操练习3

实际上，对于这项研究只有开放的语料库是可以考虑的。因为在研究初期无法预见的是，在哪些文档中可以找到哪些有用的陈述，以及篇章类型的选择会如何在历史进程中被剧烈改变。首先，可以确定要研究的时间段，例如：法国旧制度[1]时期/拿破仑时期/法国波旁复辟时期/德意志帝国时期/瑞士新联邦时期/世纪之交/两次世界大战期间/战后时期/千禧年。然后找到可能的篇章类型，例如家庭杂志、少女小说、礼仪书、征友广告、商业广告、最新的电视剧或互联网指南。

实操练习4

该企业宗旨始终是用人称"我们"来撰写的，即选取了企业的角度作为出发点。第一段给人的印象是，"我们"代表公司的所有员工——这是可以预期的，因为企业宗旨应该为所有员工确定行为原则。然而，当第四节谈到对员工的责任或者说"我们鼓励员工"时，则是切换到了一个未经进一步限定的管理者视角。在企业沟通语境的许多语篇中，人称代词"我们"都展现出这样一种臭名昭著的模糊性，从中可以看到的是一种领主式的管理理念，即管理层一方面被等同于企业，另一方面又有权力代表所有人发言。

实操练习5

对奥地利队的称名：萨尔茨堡红牛/萨尔茨堡人/队伍/球队/球员/我们。

对土耳其队的称名：费内巴切/伊斯坦布尔/土耳其亚军/我们。

对观众的称名：观众/驱动器/球迷。

对个人的称名：费内巴切的中场球员克里斯蒂安/萨尔茨堡的后卫马丁·辛特雷格/萨尔茨堡的教练罗杰·施密特/德国人/斯洛文尼亚人坎普尔/安德烈亚斯·乌尔默。

对土耳其人的述谓：无。

对奥地利人的述谓：可以成为更好的球队/必须拿出所有本领/必须利用出现的机会/渴望/为晋级下一轮的机会而战/期待着比赛/有乐趣/平静地看向。

这份报道的引人注目之处在于其一贯的国家倾向性。土耳其队和奥地利队之间有一条明确的界限，"我们"指的是各自的队伍。有趣的是，非奥地利籍的教练和一名球员也被提及。同样引人注目的是，土耳其球员只提到了名字，斯洛文尼亚球员只提到了姓氏，而奥地利选手则同时提到了名字和姓氏。

1　（尤指1789年法国大革命前的）社会及政治制度。——译者注。

除了开头的那段话外，全部内容都是关于奥地利人的，特别是教练所说的具体的话。这支球队被描绘成非常活跃的，渴望比赛，甚至期待着女巫魔锅赛场，但同时也很平静。正如足球比赛中常见的那样，比赛的表达方式（赛事、队员、胜利）与战争的表达方式混合在一起：战斗、队伍、团队。在篇章节选的最后，有大量的隐喻。仔细观察之下，它们并不相称，例如全心全意、全力以赴和激励。

实操练习6

主题和话语：该文致力于讨论体育运动中对兴奋剂的使用问题。这个话题被当作政治话语（而不是道德或法律话语）的一部分。第二个主题是曾经的东西德冲突。由于篇章简短，该主题不可避免地被处理得极为简单。然而，引人注目的正是其高度的概括性：被提到的是“运动”和“西方”，而不是特定种类的运动或单个国家的兴奋剂问题。

主题发展模式：评论并不像人们所期望的那样，是论证性的，而是叙事性的：它以“从前”或“当柏林墙仍然矗立”这样的语句为开端，按时间顺序列出选定的事件，并以故事的寓意结束：“干净的西方体育的童话成为了历史。”

删略：仔细阅读后，会发现该篇章在相当程度上是不完整的。除了两个名字外（Brigitte Berendonk，Wolfgang Schäuble），其他名字一直被省略。因此，哪些联邦部委发布了兴奋剂研究的委托任务，哪些研究人员进行了什么样的研究，谁扣留了最后的报告，谁被激怒了，谁将失去他们的良好声誉，这些都仍然不得而知。这些信息的缺失削弱了文章的可信度。

预设：该文显然带有大量预设。那些不了解冷战历史，特别是体育史的人会很难理解这篇文章。它带有许多的蕴涵：“童话”这一表述蕴涵了陈述的非正确性，“玷污名声”的说法则意味着现在的名誉仍然是好的，等等。持有低沉嗓音的女性形体暗指各种丑闻，即当时民主德国的女运动员以如此男性化的外表参加比赛，以致于她们的性别受到了怀疑。然而，该篇章不仅预设了有关体育历史的知识，还默认使用兴奋剂是不好的，以及东德的行为应该受到谴责。

实操练习7

在文章的第一部分，作者对一个事件进行了转述。自始至终使用了再现类言语行为，但也通过“显然”（2次）和“文章称”等弱化表达清楚地表明这是未经证实的信息。在第三部分，作者介绍了“创意盗窃”的问题，但将其框定为自己的个人经验（“以我的经验”），因此再次削弱了表达。第四部分由弱化表述“我还相信”引入，后面紧跟普通的陈述句。在最后一节，作者的立场变得更加清晰，并两次使用强化表达（“清楚”、“明显”）来强调他的陈述。该文最后以“应该”这一较弱的规范性表述确立了行动准则。

从整体印象来看，这段文字是相当矛盾的。作者通过一种非常激烈的词语选择来表达他的愤慨：反复谈论到的是“窃取”或“思想盗窃”“盗窃者”“盗窃”和“偷窃”，最后还用“寄生虫”这一具有历史意义的隐喻来指代创意窃取者。然而，激烈的选词与众多弱化的表达形成了鲜明对比，表明作者最终选择了回避将他的观点框定为无可争议的事实。

实操练习8

在书评的第一部分，哈尔曼引用了所评论书籍的作者评价。在这里，道德负面的词汇占了主要内容，如色欲、暴食等，这些都被贴上了宗教上的深重罪孽标签。动词“违规”（“sündigen”，原指违反教规）也来自宗教话语，但在这里被褒义地使用：适度的违规使我们更有乐于助人、更聪明、更知足。这三个形容词来自于道德和日常话语。

在第二部分，评论员主要使用了形容词：生动有趣、新颖、易于理解、巧妙、扎实——这些都是主要来自于媒体话语的形容词。此外，还有隐喻“红线”、动词“会心一笑”（schmunzeln）以及与电视连续剧《罗扎蒙德·皮尔谢》（*Rosamunde Pilcher*）的贬低性对比。可见，这一评论基于这样的理念：科普书籍必须是扎实的、可理解的，但首先是娱乐性的。

实操练习9

a) 作者的前提是，如果动物实验能带来统计学上有效的陈述，那么便是合理的。

b) 作者的前提是，民主制度下的选民只追求利己的目标。

实操练习10

默克尔使用了相当不同的论证方式。在匿名英雄的范例故事中，她宣扬了公民勇气和乐于助人的美德。她使用逻辑推理来宣传她的政府政策：为了创造就业机会，德国对研究进行了投资（目的），因为研究会创造就业机会（因果）。她通过援引权威德谟克利特的话来呼吁更多的勇气。最后，她通过援引（共同的）价值观来呼吁团结和共同努力。所有的论据都支撑了她这篇演讲的核心主旨：一个人性化的、成功的德国。

实操练习11

在所有的公共广播节目中，新闻演播室都被刻意布置得简洁朴素，灯光明亮。这首先是为了避免演播室本身透露出信息（例如通过可能被象征性解读的装饰），其次是为了避免隐私或舒适的氛围，并在视觉上与其他节目划清界限。每天的场景布置都是相同的，这保证了可识别性，也带来了某种程度上的节目仪式感。

男播报员无一例外地穿着西装和打着领带，女播报员则大多穿着朴素的单色服装。妆容得体，并且大多禁止佩戴首饰。男女播报员的脸上都涂着厚厚的粉，这样在聚光灯下就不会出现脸部反光。播报员站在高桌子后面，所以只能看到他们身体的一部分，就像人们平时在正常高度的桌子上坐下时那样。他们直视镜头，给观众带来一种直接交谈的印象。

新闻播报员不允许用胳膊或手来做手势；他们的前臂须固定在桌子上。仔细观察的话，这种不自然的姿势会通过手指、肩膀、头部、眉毛或嘴巴的非常小的动作来弥补，这些肢体动作配合了句子的重音。在语调方面，一些播报员的重音非常频繁，而且过于清晰，这强调了所讲述内容的重要性，还可能是对缺失的手势的弥补。

整个节目的制作旨在强调节目的严肃性，并尽可能地消除表演者任何的个人和私人表达。他们被称为新闻“播报员”不是没有道理的：他们只应该以可理解的方式宣读经过语言修饰的客观新闻，而不应该做出任何自己的阐释。

实操练习12

对话组织和行为构成最初由主席R操控，他通过发言“我建议 我们就开会”（第14行）把行为模式确立为会议，同时也确定了整个会议的程序。然后，M打开了会议记录，提出了自己的想法，并向全体成员提出了问题（第17行，第39行），R回答了这一问题。然而，在好几处，M的发言权在停顿中被夺走，这主要是由R，但D也通过提出意见加入了发言。

这里讨论的两个主题都是由M引入的（第17行，第37行）。R（第18行）详细地允准了“上线活动”这一主题，借此强调了他在主题选择方面有优先特权。当M想在第31行再次讨论一个R认为已经结束的话题时，他相当迅速地打断了她（第32行），并明确地中止了话题（第34行）。因此，主题控制权也在R身上。

意义的构建主要是合作性的，但在部分上也是竞争性的。M首先问大家是否还有人有什么建议（第17行）。这是某种形式的模糊，然后她表达了自己的观点，并明确进行了强调（“完全没有意义”，第21行）。D用“回声”（【德】Echo）表示她跟随M的思路（第22行）。此外，M明确要求T的同意（第23行）。针对R的讽刺性插话（第24行），M、T和D共同反对R，向他指出故障总会出现。在第39行中，M的问题被R和T以不同的方式回答，谁是正确的仍然保留开放。最后的决定是由R做出的（第30行，第34行）。因此，总的来说，主要是五位工作人员相互支持，而主席R则表达了更多的竞争性意见。

实操练习13

会议的背景被多次提及：M提到的是会议记录（第15行，第37行），而R则提到了议程（第18行）。在场者的熟悉程度从他们都使用“你”这一人称的事实中可以看出。会议前设了大量的共同知识，例如当M用定冠词提到那个“新”主页的“上线”时（第17行），就已显示出会议是内部人士之间的对话。

积极的礼貌只出现在一处，即R赞扬了M（第16行）。消极礼貌的形式在许多地方都可以找到。R用笑声软化了他的责备性插话“它必须”（第20行）；员工们甚至认为主页的推出可能出错的指责被他用讽刺的话语包装起来（第24行）。M直接责备R说总会出错（第29行），但M马上提出要做一些事情（第31行）来弥补。T并没有说R在第40行的陈述是错误的，而是在沉默中纠正它，并通过停顿和“原则上”的模糊表达来缓和它（第41行）。总而言之，尽管有意见分歧，但每个人都努力为所有在场的人保留面子。

实操练习14

在一开始，M就强调她已经仔细阅读了会议记录（第15行），从而将自己定位为一位勤奋的员工。主席R用一句赞美的话确认了这一定位（第16行）。然后她把自己定位为专家，明确表达自己的观点（“这绝对不行”，第23行），要求得到批准（第23行），甚至责备上司（第29行）。R主席明确地将自己定位为等级最高的人，他赋予自己对其他人的发言进行评论的权利，并且总是第一个回答问题。其他人员没有在本段落中定位。

实操练习15

在《每日导报》中，可以看到一张公司负责人在演讲中的特写。他的身势语似乎是在表现订单目标翻倍的要求。这一图片和标题是典型的人物化报道：企业的成功和战略都归功于老板一个人。

《东南瑞士报》展示了该公司一个工厂大厅的半全貌。可以看到的是生产中的产品和工作的人们。这一图片和标题表明，成功是整个公司的成功，并且得归功于员工的劳动。

实操练习16

效果大概是这样的。其他人和背景被剪掉得越多，这个人就显得越重要。同时，这幅肖像因为摆脱了背景，而显得越来越不受时间的影响。在这之后，景别越小，肖像就显得越亲切。然而，如果仅有脸部被保留，肖像就会显得不自然、古怪或者像一名罪犯。

实操练习19

图为四名中学生在小组任务期间一起在一张纸上写东西。这张图片代表着团队合作，借此展示了奥地利学校的现状，即报告中批评的“所有人在同一时间学习同样的东西”。图例试图纠正这种解读，引导读者将这些学生视为“独立”的学习者——而且是潜在的天才。然而，所展示的典型的小组合作式学习与文中所述的资优教育形式难以调和，因此图例具有误导性。语言篇章在这篇报道中占主导地位，图片本身几乎没有独立的信息价值；它更像是一种充数之物，只是实现了新闻图片的基本功能，即吸引注意力和增强阅读的吸引力。

实操练习20

在所有政党的发言中几乎都出现了这样的证源：对残疾人的暴力是一个禁忌话题，人们不谈论它，对它视而不见。这句话是真是假在这里并不重要，重要的是说它的目的是什么。这个证源的论证功能是为了证明研究的必要性，以使议案获得通过——现实中也是这样发生了。

实操练习21

在这篇文章中，企业的形象是要在世界市场上争夺主宰地位的竞争者。在此被使用的是诸如“征服”和“阵地战”等战争隐喻。所传达的价值是，规模和实力是值得追求的，并可以得到股东的奖励。与此形成鲜明对比的是第二个隐喻，它来自隐喻复合体“家庭”。就如同在合并时常提到“婚

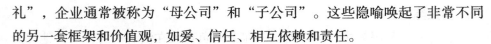

礼”，企业通常被称为“母公司”和“子公司”。这些隐喻唤起了非常不同的另一套框架和价值观，如爱、信任、相互依赖和责任。

实操练习22

1930年的招聘广告非常短小，只有两句话。刊登的只有一个邮编，以使雇主保持匿名。措辞符合当时的惯例：寻找具有B品质和C技能的A。性别是指定的。没有承诺任何报酬，还具体说明了哪些文件应附在书面“报名”中。

2014年的招聘广告要长得多，该篇章结构也是今天常见的，包括了公司介绍、职位名称、任务、要求、福利、联系方式。雇主是公开的，并以积极的姿态展示他的公司。求职者，不管是男性还是女性，都被直接提及。公司要求被委婉地表述出来：求职者“可以”“作为”友好的专业人员贡献自己的专业素质。广告发布了一个联系人的名字，他们“希望”了解招聘人员。

1930年的广告刊登者仅仅表达有一个职位空缺，并清楚地列出要找的人必须能做什么。申请人应提供他们的劳动能力，包括他们的薪水期望。社会关系因而被表现为纯粹的劳资交易，即使“女佣”可能住在雇主家里，这种关系也将会是非常密切的。对于拥有技能的人来说，工作不过是一种必需品。

2014年的广告刊登者不是在做职位广告，而是通过以最高的言辞赞美自己的公司、工作和福利来招聘人员。未来的员工似乎只会从工作中获益，而公司方面的要求则被委婉地包装起来。工作的世界似乎是一个美好的地方：在那里，训练有素、品行端正的人带着喜悦和投入生产完美的产品。招聘启事已经成为系统掩盖劳动力市场的真实状况的广告文本。

实操练习23

主管在对话步骤的第3步、第5步和第7步中把自己的角色定位为支持雇员改善业务约见的教练。但是，她在会话过程中实际扮演了“教官”的角色，给培训生规定什么该做和什么不该做。主管保持了长时间的独白，并向雇员提出非常具体且部分具有封闭性的问题，使其表达往往被限缩为允准和简单的回应，几乎没有其他的行动可能。

主管展开了一种典型的苏格拉底式对话：表面上“解决方案”是由培训生提出的，但问题的提出方式只能得出老师想要的答案。整个教导的目的是给雇员详细规定允许和不允许说的内容。因此，这并不是可以让雇员制定自己的问题解决策略的辅导培训。

实操练习24

除了节日照片外，王室家族会在房间或阳台上排成一排，最多两排，然后从正前方被拍摄。女士们身穿节日的套装，通常是及地长裙，有时会以腰带或勋章装饰，在极少数情况下还会戴上皇冠。

这种表现方式所遵循的惯例可以追溯到几个世纪前、乃至远在摄影出现之前的时代。除了权力、财富、传统意识和高雅之外，这些照片还表达了王室成员的家庭感。所展现的孩子们代表了王朝的延续性。这些图像的政治功能是将君主立宪制的理念现代化，并强调了即使在民主时代，贵族的重要性也依然存在。从社会的角度来看，王室家族是是市民家庭的榜样，是国家的标志性人物，偶尔也是高级时尚的风格标志。

实操练习26

尽管立场各异，但所有评论者都认为，人们有强烈的性需求以及未经商议的出轨会造成伤害。这些信念代表了常识。这三个人也都认为应该知道不能把忠诚当作理所当然。卡罗琳娜在拒绝玛雅的人类“天性”推理的同时，也发现忠诚涉及意志的努力。语义斗争区涉及如何处理性欲和忠贞愿望不相容的问题，即是否允许一个人在双方同意的情况下出轨或者最好不要出轨。帕帕旅馆的论证所基于的证源是理论与实践之间的区别。

实操练习27

单是大学宗旨的存在本身就已经表明，当今的大学将自己视为企业，并按照管理原则进行自我组织。在许多大学宗旨中，可以辨识出一种竞争原则的导向。例如，克拉根福大学的宗旨写着：“大学提供的研究服务应该具有国际知名度和竞争力，我们的（年轻）科学家应该能够在国际竞争中（例如争取科研职位和研究资助）立足。”

此外，还存在着某种形式上的增长导向。更多的学生、更多的研究基金、获得更多的商业伙伴。例如，海德堡大学的大学宗旨指出：“海德堡大学希望进一步扩大与经济领域的合作伙伴的良好关系［……］，以便为其关切的事业获得更多的信念和物质支持［……］它将继续提高它对国外杰出研究人员和学生的吸引力，并扩大其国际网络。”评级、排名和卓越倡议也都朝着这同一个方向。从我们的观点来看，非常值得怀疑的是，增长和竞争是否是衡量教育和科学的正确标尺。

参考文献

Abell, Jackie/Myers, Greg. 2008. Analyzing Research Interviews. In: Wodak, Ruth/Krzyzanowski, Michal (Hrsg.): Qualitative discourse analysis in the social sciences, S. 145–161. Basingstoke: Palgrave Macmillan.

Abels, Heinz. 2004. Interaktion, Identität, Präsentation. Kleine Einführung in interpretative Theorien der Soziologie. 3., durchges. Auflage. Wiesbaden: Verlag für Sozialwissenschaften.

Adamzik, Kirsten. 2004. Sprache: Wege zum Verstehen. 2. Auflage. Tübingen: Francke.

Aderhold, Jens. 2013. Eliten als Brennpunkt gesellschaftlicher Selbstvergewisserung. In: John, René/Rückert-John, Jana/Esposito, Helena (Hrsg.): Ontologien der Moderne, S. 271–301. Wiesbaden: Springer VS.

Aerni, Markus/Bruhn, Manfred. 2013. Integrierte Kommunikation. Grundlagen mit zahlreichen Beispielen, Repetitionsfragen mit Antworten und Glossar. 3., überarb. Auflage. Zürich: Compendio Bildungsmedien.

Anderwald, Lieselotte. 2014. You Just Don't Understand – Nichtverstehen zwischen Männern und Frauen. In: Niebuhr, Oliver (Hrsg.): Formen des Nicht-Verstehens. (=Kieler Forschungen zur Sprachwissenschaft 5), S. 113–127. Frankfurt am Main: Peter Lang.

Antos, Gerd. 1999. Mythen, Metaphern, Modelle. Konzeptualisierungen von Kommunikation aus dem Blickwinkel der Angewandten Diskursforschung. In: Brünner, Gisela/ Fiehler, Reinhard/Kindt, Walther (Hrsg.): Angewandte Diskursforschung. Band 1: Grundlagen und Beispielanalysen, S. 93–117. Opladen: Westdeutscher Verlag.

Ballstaedt, Steffen-Peter. 2002. Schreibstrategien zum Medienwechsel. Text-Bild-Design. In: Perrin, Daniel/Böttcher, Ingrid/Kruse, Otto/Wrobel, Arne (Hrsg.): Schreiben. Von intuitiven zu professionellen Schreibstrategien, S. 139–150. Wiesbaden: Westdeutscher Verlag.

Ders. 2012. Visualisieren. Konstanz: UVK.

Bamberg, Michael G. W. 1997. Positioning between structure and performance. In: Journal of Narrative and Life History 7, S. 335–342.

Bartel, Daniel/Ullrich, Peter/Ehrlich, Kornelia. 2008. Kritische Diskursanalyse – Darstellung anhand der Analyse der Nahostberichterstattung linker Medien. In: Freikamp, Ulrike u.a. (Hrsg.): Kritik mit Methode? Forschungsmethoden und Gesellschaftskritik, S. 53–72. Berlin: K. Dietz.

Bartlett, Tom. 2012. Hybrid voices and collaborative change. Contextualising positive discourse analysis. (= Routledge critical studies in discourse 4). New York: Routledge.

Bartz, Christina/Krause, Marcus (Hrsg.). 2007a. Spektakel der Normalisierung. (= Mediologie 17). München: Fink.

Bartz, Christina/Krause, Marcus. 2007b. Einleitung: Spektakel der Normalisierung. In: Dies. Spektakel der Normalisierung. (= Mediologie 17), S. 7–24. München: Fink.

Beasley, Ron. 2002. Persuasive signs. The semiotics of advertising. (= Approaches to applied semiotics 4). Berlin: De Gruyter.

Becker-Mrotzek, Michael/Brünner, Gisela (Hrsg.). 2004. Analyse und Vermittlung von Gesprächskompetenz. (= Forum Angewandte Linguistik 43). Frankfurt am Main: Peter Lang.

Becker-Mrotzek, Michael/Meier, Christoph. 1999. Arbeitsweise und Standardverfahren der Angewandten Diskursforschung. In: Brünner, Gisela/Fiehler, Reinhard/Kindt, Walther

(Hrsg.): Angewandte Diskursforschung. Band 1: Grundlagen und Beispielanalysen, S. 18–45. Opladen: Westdeutscher Verlag.

Bednarek, Monika/Caple, Helen. 2012. News discourse. London: Continuum.

Bell, Philip. 2001. Content analysis of visual images. In: Van Leeuwen, Theo/Jewitt, Carey (Hrsg.): Handbook of Visual Analysis, S. 10–34. London: Sage.

Belliger, Andréa/Krieger, David J. 2013. Ritual und Ritualforschung. In: Dies. (Hrsg.): Ritualtheorien. Ein einführendes Handbuch. 5., aktualisierte Auflage, S. 7–34. Wiesbaden: Springer VS.

Bendel, Sylvia. 1998. Werbeanzeigen von 1622–1798. Entstehung und Entwicklung einer Textsorte. (= Reihe Germanistische Linguistik 193). Tübingen: Niemeyer.

Dies. 2001. Die interaktive Bearbeitung von Servicefehlern: Problemgespräche und Gesprächsprobleme zwischen Gästen und Angestellten an der Hotelreception. In: Gesprächsforschung. Online-Zeitschrift zur verbalen Interaktion, Ausgabe 2, S. 115–140. Online (4.2.2015): http://www.gespraechsforschung-ozs.de/fileadmin/dateien/heft2001/ag-bendel.pdf

Dies. 2006. Zwischen Automation und Dialog: Kunden identifizieren im Bank Call Center. In: Boenigk, Michael/Krieger, David/Belliger, Andréa/Hug, Christoph (Hrsg.): Innovative Wirtschaftskommunikation. (= Europäische Kulturen der Wirtschaftskommunikation 9), S. 129–141. Wiesbaden: Deutscher Universitätsverlag.

Dies. 2007. Sprachliche Individualität in der Institution. Telefongespräche in der Bank und ihre individuelle Gestaltung. Habilitationsschrift Universität Bern. Tübingen: Francke.

Dies. 2008. Werbestrategien hinterfragen statt reproduzieren – Plädoyer für eine kritische Wissenschaft. In: Bendel, Sylvia/Held, Gudrun (Hrsg.): Werbung – grenzenlos. Multimodale Werbetexte im interkulturellen Vergleich. (= sprache im kontext 31), S. 229–244. Frankfurt am Main: Peter Lang.

Dies. 2012. Werbekommunikation diskursanalytisch. In: Janich, Nina (Hrsg.): Handbuch Werbekommunikation. Sprachwissenschaftliche und interdisziplinäre Zugänge, S. 229–241. Tübingen: Francke.

Bendel Larcher, Sylvia/Senoner Daniela. 2013. Werbung für die Gesundheit: Irreführung der Kundschaft als zeitgemäße Strategie? In: Deutsche Sprache. Zeitschrift für Theorie, Praxis und Dokumentation 2013 (2), S. 165–185.

Berger, Peter L./Luckmann, Thomas. 1969/2000. Die gesellschaftliche Konstruktion der Wirklichkeit. Eine Theorie der Wissenssoziologie. 20. Auflage. Frankfurt am Main: Fischer.

Berthelot-Guiet, Karine/Marti de Montety, Caroline/Patrin-Leclère, Valérie. 2013. Entre dépublicitarisation et hyperpublicitarisation, une théorie des métamorphoses du publicitaire. In: Semen 36 (Novembre), S. 53–68.

Billig, Michael. 2008. The language of critical discourse analysis: the case of nominalization. In: Discourse & Society 19 (6), S. 783–800.

Bilut-Homplewicz, Zofia. 2013. Gedanken und Thesen zur textlinguistisch geprägten germanistischen Diskurslinguistik. In: Berdychowska, Zofia/Bilut-Homplewicz, Zofia/ Mikolajczyk, Beata (Hrsg.): Textlinguistik als Querschnittsdisziplin, S. 129–148. Frankfurt am Main: Peter Lang.

Binswanger, Mathias. 2010. Sinnlose Wettbewerbe. Warum wir immer mehr Unsinn produzieren. Freiburg: Herder.

Blommaert, Jan. 2005. Discourse. A critical introduction. Cambridge: Cambridge University Press.

Bloor, Meriel/Bloor, Thomas. 2007. The practice of critical discourse analysis. An introduction. London: Hodder Arnold.

Bluhm, Claudia/Deissler, Dirk/Scharloth, Joachim/Stukenbrok, Anja. 2000. Linguistische Diskursanalyse: Überblick, Probleme, Perspektiven. In: Sprache und Literatur in Wissenschaft und Unterricht 88, S. 3–19.

Böke, Karin. 1995. ‚Männer und Frauen sind gleichberechtigt'. Schlüsselwörter in der frauenpolitischen Diskussion seit der Nachkriegszeit. In: Stötzel, Georg/Wengeler, Martin (Hrsg.): Kontroverse Begriffe. Geschichte des öffentlichen Sprachgebrauchs in der Bundesrepublik Deutschland, S. 447–516. Berlin: De Gruyter.

Braun-Thürmann, Holger. 2013. Innovative Praktiken, instabile Werte: Zur Ontologie des globalen Klimawandels. In: John, René/Rückert-John, Jana/Esposito, Helena (Hrsg.): Ontologien der Moderne, S. 167–188. Wiesbaden: Springer.

Breez, Ruth. 2012. Legitimation in corporate discourse: Oil corporations after Deepwater Horizon. In: Discourse & Society 23 (1), S. 3–18.

Brinker, Klaus. 2010. Linguistische Textanalyse: Eine Einführung in Grundbegriffe und Methoden. 7. Auflage, bearbeitet von Sandra Ausborn-Brinker. (= Grundlagen der Germanistik 29). Berlin: Erich Schmidt.

Brinker, Klaus/Sager, Sven. 2010. Linguistische Gesprächsanalyse: eine Einführung. 5., neu bearbeitete Auflage. Berlin: Erich Schmidt.

Brinker, Klaus/Antos, Gerd/Heinemann, Wolfgang/Sager, Sven (Hrsg.). 2000. Text- und Gesprächslinguistik. (= Handbücher zur Sprach- und Kommunikationswissenschaft 16). Berlin: De Gruyter.

Brock, Alexander/Meer, Dorothee. 2004. Macht – Hierarchie – Dominanz – A-/Symmetrie: Begriffliche Überlegungen zur kommunikativen Ungleichheit in institutionellen Gesprächen. In: Gesprächsforschung – Online-Zeitschrift zur verbalen Interaktion 5, S. 184–209.

Bröckling, Ulrich. 2003. Der anarchistische Manager. Fluchtlinien der Kritik. In: Weiskopf, Richard (Hrsg.): Menschenregierungskünste. Anwendungen poststrukturalistischer Analyse auf Management und Organisation, S. 319–333. Wiesbaden: Westdeutscher Verlag.

Brown, Penelope/Levinson, Stephen C. 1987. Politeness. Some universals in language use. (= Studies in Interactional Sociolinguistics 4). Cambridge: Cambridge University Press.

Brünner, Gisela. 2000. Wirtschaftskommunikation. Linguistische Analyse ihrer mündlichen Formen. (= Reihe Germanistische Linguistik 213). Tübingen: Niemeyer.

Dies. 2015. Linguistische Diskursanalyse und Wirtschaftskommunikation. In: Diaz-Bone, Rainer/Krell, Gertraude (Hrsg.): Diskurs und Ökonomie: Diskursanalytische Perspektiven auf Märkte und Organisationen. 2. Auflage, S. 179–206. Wiesbaden: Verlag für Sozialwissenschaften.

Brünner, Gisela/Fiehler, Reinhard/Kindt, Walther (Hrsg.). 1999. Angewandte Diskursforschung. Band 1: Grundlagen und Beispielanalysen. Band 2: Methoden und Anwendungsbereiche. Opladen: Westdeutscher Verlag.

Brünner, Gisela/Graefen, Gabriele (Hrsg.). 1994. Texte und Diskurse. Methoden und Forschungsergebnisse der funktionalen Pragmatik. Opladen: Westdeutscher Verlag.

Bubenhofer, Noah. 2013. Quantitativ informierte qualitative Diskursanalyse. Korpuslinguistische Zugänge zu Einzeltexten und Serien. In: Roth, Kersten Sven/Spiegel, Carmen (Hrsg.): Angewandte Diskurslinguistik. Felder, Probleme, Perspektiven. (= Diskursmuster 2), S. 109–134. Berlin: Akademie-Verlag.

Bublitz, Hannelore. 2004. Differenz und Integration. Zur diskursanalytischen Rekonstruktion der Regelstrukturen sozialer Wirklichkeit. In: Keller, Reiner/Hirseland, Andreas/Schneider, Werner/Viehöver, Willy (Hrsg.): Handbuch Sozialwissenschaftliche Diskursanalyse. Band 1: Theorien und Methoden, S. 227–262. Wiesbaden: Verlag für Sozialwissenschaften.

Bublitz, Hannelore/Bührmann, Andrea D./ Hanke, Christine/Seier, Andrea. 1999. Diskursanalyse – (k)eine Methode? Eine Einleitung. In: Dies. (Hrsg.): Das Wuchern der Diskurse. Perspektiven der Diskursanalyse Foucaults, S. 10–21. Frankfurt am Main: Campus.

Bührmann, Andrea D. 2012. Das unternehmerische Selbst: Subjektivierungsform oder Subjektivierungsverweise?. In: Keller, Reiner/Schneider, Werner/Viehöver, Willy (Hrsg.): Diskurs, Macht und Subjekt, S. 145–164. Wiesbaden: Verlag für Sozialwissenschaften.

Dies. 2014. Die Dispositivanalyse als Forschungsperspektive in der (kritischen) Organisationsforschung – Einige grundlegende Überlegungen am Beispiel des Diversity Managements. In: Hartz, Ronald u.a. (Hrsg.): Organisationsforschung nach Foucault. Macht – Diskurs – Widerstand, S. 39–60. Bielefeld: Transcript.

Bungarten, Theo (Hrsg.). 1994. Kommunikationstraining und -trainingsprogramme im wirtschaftlichen Umfeld. (= Beiträge zur Wirtschaftskommunikation 12). Tostedt: Attikon.

Burger, Harald. 2005. Mediensprache. Eine Einführung in Sprache und Kommunikationsformen der Massenmedien. 3., völlig neu bearbeitete Auflage. Berlin: De Gruyter.

Busch, Albert. 2007. Der Diskurs: ein linguistischer Proteus und seine Erfassung – Methodologie und empirische Gütekriterien für die sprachwissenschaftliche Erfassung von Diskursen und ihrer lexikalischen Inventare. In: Warnke, Ingo H. (Hrsg.): Diskurslinguistik nach Foucault. (= Linguistik – Impulse & Tendenzen 25), S. 141–164. Berlin: De Gruyter.

Busse, Dietrich. 2005. Sprachwissenschaft als Sozialwissenschaft?. In: Busse, Dietrich/Niehr, Thomas/Wengeler, Martin (Hrsg.): Brisante Semantik. Neuere Konzepte und Forschungsergebnisse einer kulturwissenschaftlichen Linguistik. (= Reihe Germanistische Linguistik 259), S. 21–43. Tübingen: Niemeyer.

Ders. 2007. Diskurslinguistik als Kontextualisierung – Sprachwissenschaftliche Überlegungen zur Analyse gesellschaftlichen Wissens. In: Warnke, Ingo H. (Hrsg.): Diskurslinguistik nach Foucault. (= Linguistik – Impulse & Tendenzen 25), S. 81–106. Berlin: De Gruyter.

Ders. 2013. Linguistische Diskursanalyse. Die Macht der Sprache und die soziale Konstruktion der Wirklichkeit aus der Pespektive einer linguistischen Epistemologie. In: Viehöver, Willy/Keller, Reiner/Schneider, Werner (Hrsg.): Diskurs, Sprache, Wissen. Interdisziplinäre Beiträge zum Verhältnis von Sprache und Wissen in der Diskursforschung, S. 51–77. Wiesbaden: Springer VS.

Busse, Dietrich/Niehr, Thomas/Wengeler, Martin (Hrsg.). 2005. Brisante Semantik. Neuere Konzepte und Forschungsergebnisse einer kulturwissenschaftlichen Linguistik. (= Reihe Germanistische Linguistik 259). Tübingen: Niemeyer.

Busse, Dietrich/Teubert, Wolfgang. 1994. Ist Diskurs ein sprachwissenschaftliches Objekt? In: Busse, Dietrich/Hermanns, Fritz/Teubert, Wolfgang (Hrsg.): Begriffsgeschichte und Diskursgeschichte. Methodenfragen und Forschungsergebnisse der historischen Semantik, S. 10–28. Opladen: Westdeutscher Verlag.

Busse, Dietrich/Teubert, Wolfgang (Hrsg.). 2013. Linguistische Diskursanalyse: neue Perspektiven. Wiesbaden: Springer VS.

Cameron, Deborah. 2000. Good to talk? Living and Working in a communication culture. London: Sage.

Chilton, Paul. 2005. Missing links in mainstream CDA: Modules, blends and the critical instinct. In: Wodak, Ruth/Chilton, Paul (Hrsg.): A new agenda in (critical) discourse analysis. Theory, methodology and interdisciplinarity. (= Discourse approaches to politics, society and culture 13), S. 19–52. Amsterdam: J. Benjamins.

Collien, Isabel. 2014. Vielfalt repräsentieren. Eine postkoloniale Diskursanalyse in der diskurstheoretischen Tradition Foucaults. In: Hartz, Ronald u.a. (Hrsg.): Organisationsforschung nach Foucault. Macht – Diskurs – Widerstand, S. 85–106. Bielefeld: Transcript.

Coulmas, Florian. 1981. Routine im Gespräch. Zur pragmatischen Fundierung der Idiomatik. Wiesbaden: Athenaion.

Czachur, Waldemar. 2012. Kontrastive Diskurslinguistik – deskriptiv oder kritisch?. In: Grucza, Franciszek (Hrsg.): Akten des XII. internationalen Germanistenkongresses Warschau 2010, S. 389–394. Frankfurt am Main: Peter Lang.

Czarniawska, Barbara. 2003. The styles and the Stylists of Organization Theory. In: Tsoukas, Haridimos/Knudsen, Christian (Hrsg.): The Oxford handbook of organization theory, S. 237–261. Oxford: Oxford University Press.

Dies. 2015. Narrative, Diskurse und Organisationsforschung. In: Diaz-Bone, Rainer/Krell, Gertraude (Hrsg.): Diskurs und Ökonomie: Diskursanalytische Perspektiven auf Märkte und Organisationen. 2. Auflage, S. 79–104. Wiesbaden: Verlag für Sozialwissenschaften.

Davies, Bronwyn/Harré, Ron. 1990. Positioning: the discoursive production of selves. In: Journal for the Theory of Social Behaviour 20, S. 43–63.

Debatin, Bernhard. 2011. Die Rationalität metaphorischer Argumente. In: Jung, Matthias (Hrsg.): Metaphern der Gesellschaft. Die Bedeutung der Orientierung durch Metaphern, S. 185–203. Wiesbaden: Verlag für Sozialwissenschaften.

Deppermann, Arnulf. 2008. Gespräche analysieren: eine Einführung. 4. Auflage. Wiesbaden: Verlag für Sozialwissenschaften.

Deppermann, Arnulf/Blühdorn, Hardarik. 2013. Negation als Verfahren des Adressatenzuschnitts: Verstehenssteuerung durch Interpretationsrestriktionen. In: Deutsche Sprache 41 (1), S. 6–30.

Diaz-Bone, Rainer. 2006. Critical Discourse Analysis. The Elaboration of a Problem Oriented Discourse Analytic Approach After Foucault. In: Forum Qualitative Sozialforschung 7 (3). Online (22.4.2013): http://www.qualitative-research.net/index.php/ fqs/article/view/148.

Ders. 2015. Qualitätskonvention als Diskursordnungen in Märkten. In: Diaz-Bone, Rainer/Krell, Gertraude (Hrsg.): Diskurs und Ökonomie: Diskursanalytische Perspektiven auf Märkte und Organisationen. 2. Auflage, S. 309–338. Wiesbaden: Verlag für Sozialwissenschaften.

Diaz-Bone, Rainer/Krell, Gertraude. 2015. Einleitung: Diskursforschung und Ökonomie. In: Dies. (Hrsg.): Diskurs und Ökonomie: Diskursanalytische Perspektiven auf Märkte und Organisationen. 2. Auflage, S. 11–40. Wiesbaden: Verlag für Sozialwissenschaften.

Dieckmann, Walther. 2012. Wege und Abwege der Sprachkritik. Bremen: Hempen.

Diekmannshenke, Hajo. 2011. ‚Schlagbilder'. Diskursanalyse politischer Schlüsselbilder. In: Diekmannshenke, Hajo/Klemm, Michael/Stöckl, Hartmut (Hrsg.): Bildlinguistik. Theorien – Methoden – Fallbeispiele. (= Philologische Studien und Quellen 228), S. 161–184. Berlin: Erich Schmidt.

Diekmannshenke, Hajo/Klemm, Michael/Stöckl, Hartmut (Hrsg.). 2011. Bildlinguistik. Theorien – Methoden – Fallbeispiele. (= Philologische Studien und Quellen 228). Berlin: Erich Schmidt.

Djonov, Emilia/Van Leeuwen, Theo. 2012. Normativity and Software: A Multimodal Social Semiotic Approach. In: Norris, Sigrid (Hrsg.): Mulitmodality in Practice. Investigating Theory-in-practice-through-methodology, S. 119–137. London: Routledge.

Doelker, Christian. 1997. Ein Bild ist mehr als ein Bild. Visuelle Kompetenz in der Mediengesellschaft. Stuttgart: Klett-Cotta.

Ders. 2011. Visuelle Kompetenz – Grundzüge der Bildsemantik. In: Hug, Theo/Kriwak, Andreas (Hrsg.): Visuelle Kompetenz. Beiträge des interfakultären Forums Innsbruck Media Studies, S. 9–27. Innsbruck: Innsbruck university press.

Donati, Paolo. 2006. Die Rahmenanalyse politischer Diskurse. In: Keller, Reiner/Hirseland, Andreas/Schneider, Werner/Viehöver, Willy (Hrsg.): Handbuch Sozialwissenschaftliche Diskursanalyse. Band 1: Theorien und Methoden, S. 147–178. Wiesbaden: Verlag für Sozialwissenschaften.

Dreitzel, Hans Peter. 1987. Rollentheorie. In: Ammon, Ulrich/Dittmar, Norbert/Mattheier, Klaus J. (Hrsg.): Soziolinguistik. Handbücher zur Sprach- und Kommunikationswissenschaft 3, S. 114–119. Berlin: De Gruyter.

Drommler, Michael/Kuck, Kristin. 2013. Krise aus Metaphern – Krise in Metaphern. Metaphorische Konstruktionen von Krisenkonzepten am Beispiel der Debatten zur „Agenda 2010" und zur „Finanzkrise 2008/09". In: Wengeler, Martin/Ziem, Alexander (Hrsg.): Sprachliche Konstruktion von Krisen. Interdisziplinäre Perspektiven auf ein fortwährend aktuelles Problem, S. 209–239. Bremen: Hempgen.

Dzudzek, Iris/Kunze, Caren/Wullweber, Joscha (Hrsg.). 2012. Diskurs und Hegemonie. Gesellschaftskritische Perspektiven. Bielefeld: Transcript.

Eggler, Marcel. 2006. Argumentationsanalyse textlinguistisch. Argumentative Figuren für und wider den Golfkrieg von 1991. (= Reihe Germanistische Linguistik 268). Tübingen: Niemeyer.

Ehlich, Konrad/Rehbein, Jochen. 1986. Muster und Institution. Untersuchungen zur schulischen Kommunikation. (= Kommunikation und Institution 15). Tübingen: Narr.

Ellrich, Lutz. 2007. Normativität und Normalität. In: Bartz, Christina/Krause, Marcus (Hrsg.): Spektakel der Normalisierung. (= Mediologie 17), S. 25–51. München: Fink.

Ernst, Thomas. 2004. Und die Wahrheit starb im Fussnoten-Massaker. Zur Sprache der Wissenschaft im Zeitalter ihrer Deligitimation. In: Ernst, Thomas u.a. (Hrsg.): Wissenschaft und Macht, S. 65–76. Münster: Westfälisches Dampfboot.

Fairclough, Norman. 1993. Critical discourse analysis and the marketization of public discourse: The universities. In: Discourse & Society 4, S. 133–168.

Ders. 1995. Critical discourse analysis. The critical study of language. London: Longman.

Ders. 2001. Language and power. 2. Auflage. Harlow: Longman.

Ders. 2005. Analyzing discourse. Textual analysis for social research. London: Routledge.

Ders. 2006. Globaler Kapitalismus und kritisches Diskursbewusstsein. In: Keller, Reiner/Hirseland, Andreas/Schneider, Werner/Viehöver, Willy (Hrsg.): Handbuch Sozialwissenschaftliche Diskursanalyse. Band 1: Theorien und Methoden, S. 339–356. Wiesbaden: Verlag für Sozialwissenschaften.

Fairclough, Norman/Fairclough, Isabel. 2011. Practical reasoning in political discourse: The UK government's response to the economic crisis in the 2008 Pre-Budget Report. In: Discourse & Society 22 (3), S. 243–268.

Fairclough, Norman/Mulderrig, Jane/Wodak, Ruth. 2011. Critical Discourse Analysis. In: Van Dijk, Theun A. (Hrsg.): Discourse Studies, 2. Auflage, S. 357–378. London: Sage.

Felder, Ekkehard. 2006. Semantische Kämpfe in Wissensdomänen. Eine Einführung in Benennungs-, Bedeutungs- und Sachverhaltsfixierungen. In: Ders. (Hrsg.): Semantische Kämpfe. Macht und Sprache in den Wissenschaften, S. 13–46. Berlin: De Gruyter.

Ders. 2013. Linguistische Diskursanalyse im Forschungsnetzwerk Sprache und Wissen. In: Viehöver, Willy/Keller, Reiner/Schneider, Werner (Hrsg.). 2013. Diskurs, Sprache, Wissen. Interdisziplinäre Beiträge zum Verhältnis von Sprache und Wissen in der Diskursforschung, S. 167–198. Wiesbaden: Springer VS.

Felder, Ekkehard/Müller, Marcus (Hrsg.). 2009. Wissen durch Sprache. Theorie, Praxis und Erkenntnisinteresse des Forschungsnetzwerkes „Sprache und Wissen". (= Sprache und Wissen 3). Berlin: De Gruyter.

Fiehler, Reinhard/Kindt, Walther. 1994. Reklamationsgespräche. Schulungsperspektiven auf der Basis von Ergebnissen diskursanalytischer Untersuchungen. In: Bartsch, Elmar (Hrsg.): Sprechen, Führen, Kooperieren in Betrieb und Verwaltung. Kommunikation in Unternehmen. (= Sprache und Sprechen 29), S. 255–269. Basel: Reinhardt.

Fleck, Ludwik. 1936. Das Problem einer Theorie des Erkennens. In: Ders.: Erfahrung und Tatsache. Gesammelte Aufsätze, herausgegeben von Lothar Schäfer und Thomas Schnelle, S. 84–127. Frankfurt am Main: Suhrkamp.

Flick, Uwe. 2012. Qualitative Sozialforschung. Eine Einführung. 5., vollst. überarb. u. erw. Auflage. Reinbek: Rowohlt.

Foucault, Michel. 1974. Die Ordnung der Dinge. Eine Archäologie der Humanwissenschaften. Frankfurt am Main: Suhrkamp. (Frz. Original: Les mots et les choses. 1966.)

Ders. 1977. Der Wille zum Wissen (Sexualität und Wahrheit, Bd. 1). Frankfurt am Main: Suhrkamp.

Ders. 1978. Dispositive der Macht. Michel Foucault über Sexualität, Wissen und Wahrheit. Berlin: Merve.

Ders. 1981. Archäologie des Wissens. Frankfurt am Main: Suhrkamp. (Frz. Original: L'archéologie du savoir. 1969.)

Ders. 1991. Die Ordnung des Diskurses. Mit einem Essay von Ralf Konersmann. Frankfurt am Main: Fischer Verlag. (Frz. Original: L'ordre du discours. 1972.)

Ders. 1992. Was ist Kritik? Berlin: Merve.

Ders. 1994. Überwachen und Strafen. Die Geburt des Gefängnisses. Frankfurt am Main: Suhrkamp. (Frz. Original: Surveiller et punir. La naissance de la prison. 1975.)

Fraas, Claudia/Meier, Stefan. 2013. Multimodale Stil- und Frameanalyse – Methodentriangulation zur medienadäquaten Untersuchung von Online-Diskursen. In: Roth, Kersten Sven/Spiegel, Carmen (Hrsg.) 2013. Angewandte Diskurslinguistik. Felder, Probleme, Perspektiven. (= Diskursmuster 2), S. 135–161. Berlin: Akademie-Verlag.

Freikamp, Ulrike. 2008. Bewertungskriterien für eine qualitative und kritisch emanzipatorische Sozialforschung. In: Freikamp, Ulrike u.a. (Hrsg.): Kritik mit Methode? Forschungsmethoden und Gesellschaftskritik, S. 215–232. Berlin: K. Dietz.

Freikamp, Ulrike/Leanza, Matthias/Mende, Janne/Müller, Stefan/Ullrich, Peter/Voss, Heinz-Jürgen. 2008. Einleitung: Zum Verhältnis von Forschungsmethoden und Gesellschaftskritik. In: Dies. (Hrsg.): Kritik mit Methode? Forschungsmethoden und Gesellschaftskritik, S. 7–18. Berlin: K. Dietz.

Frick, Ellen. 2012. Grammatik multimodal. Wie Wörter und Gesten zusammenwirken. Berlin: De Gruyter.

Frischherz, Bruno/Demarmels, Sascha/Aebi, Adrian. 2011. Wirkungsvolle Präsentation vorbereiten – halten – auswerten. Zürich: Versus.

Fuchs, Helmut/Huber, Andreas. 2011. Metaphern der Organisation – Organisieren und Führen durch Metaphern. In: Jung, Matthias (Hrsg.): Metaphern der Gesellschaft. Die Bedeutung der Orientierung durch Metaphern, S. 141–164. Wiesbaden: Verlag für Sozialwissenschaften.

Gardt, Andreas. 2007. Diskursanalyse – Aktueller theoretischer Ort und methodische Möglichkeiten. In: Warnke, Ingo H. (Hrsg.): Diskurslinguistik nach Foucault. Theorie und Gegenstände. (= Linguistik – Impulse & Tendenzen 25), S. 27–52. Berlin: De Gruyter.

Gasteiger, Ludwig. 2008. Michel Foucaults interpretative Analytik und das unbestimmte Ethos der Kritik. In: Freikamp, Ulrike u.a. (Hrsg.): Kritik mit Methode? Forschungsmethoden und Gesellschaftskritik, S. 33–52. Berlin: K. Dietz.

Geden, Oliver. 2004. Wissenschaft als Politikersatz? Über blinde Flecken und unintendierte Nebenfolgen der qualitativ-empirischen Beforschung marginalisierter Lebenswelten. In: Ernst, Thomas u.a. (Hrsg.): Wissenschaft und Macht, S. 77–85. Münster: Westfälisches Dampfboot.

Giles, Howard/Coupland, Nikolas/Coupland, Justine. 1991. Accommodation theory: Communication, context, and sequence. In: Dies. (Hrsg.): Contexts of Accommodation. Developments in applied sociolinguistics, S. 1–68. Cambridge: Cambridge University Press.

Glaser, Barney G./Strauss, Anselm L. (2010): Grounded Theory. Strategien qualitativer Sozialforschung. 3. Auflage. Bern: Huber. (Das englische Original erschien 1967).

Glasze, Georg. 2009. Kritische Kartographie. In: Geographische Zeitschrift 97 (4), S. 181–191.

Göpferich, Susanne. 2008. Textverstehen und Textverständlichkeit. In: Janich, Nina (Hrsg.): Textlinguistik. 15 Einführungen. S. 291–312. Tübingen: Narr.

Gorny, Hildegard. 1995. Feministische Sprachkritik. In: Stötzel, Georg/Wengeler, Martin (Hrsg.). 1995. Kontroverse Begriffe. Geschichte des öffentlichen Sprachgebrauchs in der Bundesrepublik Deutschland. (= Sprache, Politik, Öffentlichkeit 4), S. 517–562. Berlin: De Gruyter.

Gotsbachner, Emo. 2008. Durchsetzung von Deutungsrahmen in politischen Fernsehdiskussionen. In: Gesprächsforschung. Online-Zeitschrift zur verbalen Interaktion 9, S. 269–299.

Ders. 2013. Aus der Eurokrise politisches Kapital schlagen. Heterogene Wahrnehmungen von politischen Deutungsangeboten in Fernsehdiskussionen. In: Wengeler, Martin/Ziem, Alexander (Hrsg.): Sprachliche Konstruktion von Krisen. Interdisziplinäre Perspektiven auf ein fortwährend aktuelles Problem, S. 127–151. Bremen: Hempgen.

Grice, Herbert. 1975. Logic and Conversation. In: Cole, Peter/Morgan, Jerry L. (Hrsg.): Speech acts (= Syntax and Semantics 3), S. 41–58. New York: Academic Press. [In deutscher Sprache: Logik und Konversation. In: Meggle, Georg (Hrsg.). 1993. Handlung, Kommunikation, Bedeutung, S. 243–265. Frankfurt am Main: Suhrkamp.]

Gruber, Helmut. 2008. Analyzing communication in the New Media. In: Wodak, Ruth/Krzyzanowski, Michal (Hrsg.): Qualitative discourse analysis in the social sciences, S. 54–76. Basingstoke: Palgrave Macmillan.

Habscheid, Stephan. 2000. Das „Mikro-Makro-Problem" in der Gesprächsforschung. In: Gesprächsforschung. Online-Zeitschrift zur verbalen Interaktion 1, S. 125–148. Online unter: www.gespraechsforschung-ozs.de.

Ders. 2006. ‚Selbstorganisation'. Zur gemeinsprachlichen Anatomie und ‚laienlinguistischen' Deutung eines ‚umkämpften' Begriffs. In: Felder, Ekkehard (Hrsg.): Semantische Kämpfe. Macht und Sprache in den Wissenschaften, S. 289–312. Berlin: De Gruyter.

Habscheid, Stephan/Hartz, Ronald. 2007. Konsenserzählungen in Mitarbeiterzeitungen. Am Beispiel des Globalisierungsdiskurses. In: Habscheid, Stephan/Klemm, Michael (Hrsg.): Sprachhandeln und Medienstrukturen in der politischen Kommunikation. Festschrift Werner Holly zum 60. Geburtstag. (= Reihe Germanistische Linguistik 279), S. 1–19. Tübingen: Niemeyer.

Habscheid, Stephan/Thörle, Britta/Wilton, Antje. 2013. Sicherheit im öffentlichen Raum: Eine sprach- und kulturvergleichende Diskursanalyse am Beispiel des Körperscanners (2009–2012). In: Zeitschrift für Angewandte Linguistik 58, S. 99–132.

Hafner, Urs. 2013. Jenseits der qualitativen Färbung. In: Horizonte 98, S. 19–21.

Hark, Sabine. 2006. Feministische Theorie – Diskurs – Dekonstruktion. Produktive Verknüpfungen. In: Keller, Reiner/Hirseland, Andreas/Schneider, Werner/Viehöver, Willy (Hrsg.): Handbuch Sozialwissenschaftliche Diskursanalyse. Band 1: Theorien und Methoden, S. 357–376. Wiesbaden: Verlag für Sozialwissenschaften.

Harley, John Brian. 1989. Deconstructing the map. In: Cartographica 26 (2), S. 1–20.

Harré, Ron/Van Langenhove, Luk (Hrsg.). 1999. Positioning theory: Moral contexts of intentional action. Oxford: Blackwell Publishers.

Hartz, Ronald. 2008. Die sprachliche Inszenierung von Konsens in Organisationen: Qualitative Befunde zu Mitarbeiterzeitungen. In: Habscheid, Stephan/Knobloch, Clemens (Hrsg.): Einigkeitsdiskurse. Zur Inszenierung von Konsens in organisationaler und öffentlicher Kommunikation, S. 177–206. Wiesbaden: VS-Verlag.

Ders. 2014. Vom Ethos zum Verfahren – Diskursanalyse als Element einer kritischen Ontologie der Gegenwart. In: Ders. u.a. (Hrsg.): Organisationsforschung nach Foucault. Macht – Diskurs – Widerstand, S. 17–38. Bielefeld: Transcript.

Hausendorf, Heiko (Hrsg.). 2007. Gespräch als Prozess. Linguistische Aspekte der Zeitlichkeit verbaler Interaktion. (= Studien zur Deutschen Sprache 37). Tübingen: Narr.

Hausendorf, Heiko/Kesselheim, Wolfgang. 2008. Textlinguistik fürs Examen. Göttingen: Vandenhoeck & Ruprecht.

Heinemann, Wolfgang. 2003. Texte in Verwaltungsdiskursen. In: Hagemann, Jörg/Sager, Sven (Hrsg.): Schriftliche und mündliche Kommunikation. Begriffe – Methoden – Analysen, S. 117–128. Tübingen: Stauffenberg.

Heller, Eva. 2001. Wie Farben wirken. Farbpsychologie, Farbsymbolik, kreative Farbgestaltung. 11. Auflage. Reinbek: Rowohlt.

Heit, Helmut. 2004. ‚Über den Wolken ...' Zur Aktualität der Aristophanischen Wissenschaftskritik. In: Ernst, Thomas u.a. (Hrsg.): Wissenschaft und Macht, S. 24–41. Münster: Westfälisches Dampfboot.

Hejl, Peter M. 2011. Text oder Grafik? Zur visuellen Wirklichkeitskonstruktion in der Wissenschaft. In: Hug, Theo/Kriwak, Andreas (Hrsg.): Visuelle Kompetenz. Beiträge des interfakultären Forums Innsbruck Media Studies, S. 207–235. Innsbruck: Innsbruck university press.

Herkman, Jan. 2011. The critical tradition in visual studies: An introduction. In: Stocchetti, Matteo/Kukkonen, Karin (Hrsg.): Critical media analysis. An introduction for media professionals, S. 39–53. Frankfurt am Main: Peter Lang.

Hermanns, Fritz. 1995. Sprachgeschichte als Mentalitätsgeschichte. Überlegungen zu Sinn und Form und Gegenstand historischer Semantik. In: Gardt, Andreas/Mattheier, Klaus/Reichmann, Oskar (Hrsg.): Sprachgeschichte des Neuhochdeutschen. Gegenstände, Methoden, Theorien, S. 69–101. Tübingen: Niemeyer.

Ders. 2007. Diskurshermeneutik. In: Warnke, Ingo H. (Hrsg.): Diskurslinguistik nach Foucault. Theorie und Gegenstände. (= Linguistik – Impulse & Tendenzen 25), S. 187–210. Berlin: De Gruyter.

Hirschfeld, Ursula/Neuber, Baldur (Hrsg.). 2011. Erforschung und Optimierung der Callcenterkommunikation. Berlin: Frank & Timme.

Hirseland, Andreas/Schneider, Werner. 2006. Wahrheit, Ideologie und Diskurse. Zum Verhältnis von Diskursanalyse und Ideologiekritik. In: Keller, Reiner/Hirseland, Andreas/Schneider, Werner/Viehöver, Willy (Hrsg.): Handbuch Sozialwissenschaftliche Diskursanalyse. Band 1: Theorien und Methoden, S. 377–406. Wiesbaden: Verlag für Sozialwissenschaften.

Holly, Werner. 2005. Zum Zusammenspiel von Sprache und Bildern im audiovisuellen Verstehen. In: Busse, Dietrich/Niehr, Thomas/Wengeler, Martin (Hrsg.): Brisante Semantik.

Neuere Konzepte und Forschungsergebnisse einer kulturwissenschaftlichen Linguistik. (= Reihe Germanistische Linguistik 259), S. 337–353. Tübingen: Niemeyer.

Holmes, Janet. 2005. Power and Discourse at Work: Is Gender Relevant?. In: Lazar, Michelle M. (Hrsg.): Feminist Critical Discourse Analysis. Gender, Power and Ideology in Discourse, S. 31–60. Basingstoke: Palgrave Macmillan.

Hörisch, Jochen. 2013. Man muss dran glauben. Die Theologie der Märkte. München: W. Fink.

Hübler, Axel. 2001. Das Konzept „Körper“ in den Sprach- und Kommunikationswissenschaften. Tübingen: Francke.

Hundt, Markus. 2009. Verhaltensregulierung und Identitätsstiftung durch Unternehmensverfassungen. Corporate Governance unter sprachlichen Aspekten. In: Felder, Ekkehard/Müller, Marcus (Hrsg.): Wissen durch Sprache. Theorie, Praxis und Erkenntnisinteresse des Forschungsnetzwerkes „Sprache und Wissen“. (= Sprache und Wissen 3), S. 479–502. Berlin: De Gruyter.

Innerwinkler, Sandra. 2012. Die wissenschaftliche Sprachkritik und ihr Beitrag zur Textlinguistik. In: Gruzca, Franciszek (Hrsg.): Akten des XII. internationalen Germanistenkongresses Warschau 2010, S. 79–85. Frankfurt am Main: Peter Lang.

Jackson, Tim. 2011. Wohlstand ohne Wachstum. München: Oekom.

Jäger, Margarete/Jäger, Siegfried. 2007. Deutungskämpfe. Theorie und Praxis kritischer Diskurstheorie. Medien – Kultur – Kommunikation. Wiesbaden: Verlag für Sozialwissenschaften.

Jäger, Siegfried. 2004a. Kritische Diskursanalyse. Eine Einführung. 4., unveränd. Auflage. Münster: Unrast.

Ders. 2004b. Zum Objektivitätsanspruch der Naturwissenschaften aus diskursanalytischer Sicht. In: Ernst, Thomas u.a. (Hrsg.): Wissenschaft und Macht, S. 58–64. Münster: Westfälisches Dampfboot.

Ders. 2006. Diskurs und Wissen. Theoretische und methodische Aspekte einer Kritischen Diskurs- und Dispositivanalyse. In: Keller, Reiner/Hirseland, Andreas/Schneider, Werner/Viehöver, Willy (Hrsg.): Handbuch Sozialwissenschaftliche Diskursanalyse. Band 1: Theorien und Methoden, S. 83–114. Wiesbaden: Verlag für Sozialwissenschaften.

Ders. (Hrsg.). 2008a. Wie kritisch ist die kritische Diskursanalyse? Ansätze zu einer Wende kritischer Wissenschaft. Münster: Unrast.

Ders. 2008b. Von der Ideologiekritik zu Foucault und Derrida. Ein (noch sehr vorläufiger) Beitrag zu einer möglichen Wende kritischer Wissenschaft. In: Ders. (Hrsg.): Wie kritisch ist die Kritische Diskursanalyse? Ansätze zu einer Wende kritischer Wissenschaft, S. 18–37. Münster: Unrast.

Janich, Nina. 2008. Textlinguistik. 15 Einführungen. Tübingen: Narr.

Januschek, Franz. 2008. Kritische Diskursanalyse als Spiel. In: Jäger, Siegfried (Hrsg.): Wie kritisch ist die Kritische Diskursanalyse? Ansätze zu einer Wende kritischer Wissenschaft, S. 87–102. Münster: Unrast.

Jensen, Annette/Scheub, Ute. 2014. Glücksökonomie. Wer teilt, hat mehr vom Leben. München: Oekom.

Jewitt, Carey. 2011a. An introduction to multimodality. In: Ders. (Hrsg.): The Routledge handbook of multimodal analysis, S. 14–27. London: Routledge.

Ders. 2011b. Different approaches to multimodality. In: Ders. (Hrsg.): The Routledge handbook of multimodal analysis, S. 28–39. London: Routledge.

Jung, Matthias. 2006. Diskurshistorische Analyse – eine linguistische Perspektive. In: Keller, Reiner/Hirseland, Andreas/Schneider, Werner/Viehöver, Willy (Hrsg.): Handbuch Sozialwissenschaftliche Diskursanalyse. Band 1: Theorien und Methoden, S. 31–54. Wiesbaden: Verlag für Sozialwissenschaften.

Kallmeyer, Werner (Hrsg.). 1996a. Gesprächsrhetorik. Rhetorische Verfahren im Gesprächsprozess. (= Studien zur Deutschen Sprache 4). Tübingen: Gunter Narr.

Ders. 1996b. Einleitung: Was ist „Gesprächsrhetorik"?. In: Ders. (Hrsg.): Gesprächsrhetorik. Rhetorische Verfahren im Gesprächsprozess. (= Studien zur Deutschen Sprache 4). S. 7–15. Tübingen: Gunter Narr.

Kallmeyer, Werner/Schütze, Fritz. 1976. Konversationsanalyse. In: Studium Linguistik 1, S. 1–28.

Kappler, Ekkehard. 2011. Visuelle Kompetenz für Unternehmen. In: Hug, Theo/Kriwak, Andreas (Hrsg.): Visuelle Kompetenz. Beiträge des interfakultären Forums Innsbruck Media Studies, S. 251–269. Innsbruck: Innsbruck university press.

Keller, Reiner. 2007a. Diskurse und Dispositive analysieren. Die Wissenssoziologische Diskursanalyse als Beitrag zu einer wissensanalytischen Profilierung der Diskursforschung. In: Forum Qualitative Sozialforschung 6 (2): Artikel 19. Online (25.2.2013): http://www.qualitative-research.net/index.php/fqs/article/view/243/538

Ders. 2007b. Diskursforschung. Eine Einführung für SozialwissenschaftlerInnen. 3., aktualisierte Auflage. (= Qualitative Sozialforschung 14). Wiesbaden: Verlag für Sozialwissenschaften.

Ders. 2013. Das Wissen der Wörter und Diskurse. Über Sprache und Wissen in der Wissenssoziologischen Diskursanalyse. In: Viehöver, Willy/Keller, Reiner/Schneider, Werner (Hrsg.): Diskurs, Sprache, Wissen. Interdisziplinäre Beiträge zum Verhältnis von Sprache und Wissen in der Diskursforschung, S. 21–49. Wiesbaden: Springer VS.

Keller, Reiner/Hirseland, Andreas/Schneider, Werner/Viehöver, Willy (Hrsg.). 2006a. Handbuch Sozialwissenschaftliche Diskursanalyse. Band 1: Theorien und Methoden, 2. aktualisierte und erweiterte Auflage. Wiesbaden: Verlag für Sozialwissenschaften.

Keller, Reiner/Hirseland, Andreas/Schneider, Werner/Viehöver, Willy. 2006b. Zur Aktualität sozialwissenschaftlicher Diskursanalyse. In: Dies. (Hrsg.): Handbuch Sozialwissenschaftliche Diskursanalyse. Band 1: Theorien und Methoden, S. 7–30. Wiesbaden: Verlag für Sozialwissenschaften.

Keller, Rudi. 2003. Sprachwandel. Von der unsichtbaren Hand in der Spache. 3., durchgesehene Auflage. Tübingen: Francke.

Kemper, Theodore D. 2011. Status, power and ritual interaction. A relational reading of Durkheim, Goffman and Collins. Farnham: Ashgate.

Khijniak, Irina. 2007. Das neue Bild der Erde und wie es gelesen wird. Zur Funktion der ‚Steuerungscodes' bei den Fotoessays in GEO. In: Roth, Kersten Sven/Spitzmüller, Jürgen (Hrsg.): Textdesign und Textwirkung in der massenmedialen Kommunikation, S. 109–122. Konstanz: UVK.

Kienpointner, Manfred. 1992. Alltagslogik. Struktur und Funktion von Argumentationsmustern. (= Problemata 126). Stuttgart-Bad Cannstatt: Frommann-Holzboog.

Kieser, Alfred. 1996. Moden & Mythen des Organisierens. In: Die Betriebswirtschaft 56 (1), S. 21–39.

Kilian, Jörg. 2005. Assoziative Stereotype. Sprachtheoretische, sprachkritische und sprachdidaktische Anmerkungen zum lexikalisch verknüpften Mythos, Aberglauben, Vorurteil. In: Busse, Dietrich/Niehr, Thomas/Wengeler, Martin (Hrsg.): Brisante Semantik. Neuere Konzepte und Forschungsergebnisse einer kulturwissenschaftlichen Linguistik. (= Reihe Germanistische Linguistik 259), S. 117–132. Tübingen: Niemeyer.

Kilian, Jörg/Niehr, Thomas/Schiewe, Jürgen. 2013. Es gibt kein Falsches im Angemessenen. Überlegungen zu einem sprachkritischen Analysemodell. In: Mitteilungen des Deutschen Germanistenverbandes 60 (4), S. 300–320.

Klemm, Michael. 2011. Bilder der Macht. Wie sich Spitzenpolitiker visuell inszenieren (lassen) – eine bildpragmatische Analyse. In: Diekmannshenke, Hajo/Klemm, Michael/Stöckl, Hartmut (Hrsg.): Bildlinguistik. Theorien – Methoden – Fallbeispiele. (= Philologische Studien und Quellen 228), S. 187–210. Berlin: Erich Schmidt.

Klemm, Michael/Stöckl, Hartmut. 2011. ‚Bildlinguistik' – Standortbestimmung, Überblick, Forschungsdesiderate. In: Diekmannshenke, Hajo/Klemm, Michael/Stöckl, Hartmut (Hrsg.): Bildlinguistik. Theorien – Methoden – Fallbeispiele. (= Philologische Studien und Quellen 228), S. 7–18. Berlin: Erich Schmidt.

Klug, Nina-Maria. 2013. Bilder als Texte. Methoden einer semiotischen Erweiterung angewandter Diskursanalyse. In: Roth, Kersten Sven/Spiegel, Carmen (Hrsg.): Angewandte Diskurslinguistik. Felder, Probleme, Perspektiven. (= Diskursmuster 2), S. 163–188. Berlin: Akademie Verlag.

Knoblauch, Hubert. 2006. Diskurs, Kommunikation und Wissenssoziologie. In: Keller, Reiner/Hirseland, Andreas/Schneider, Werner/Viehöver, Willy (Hrsg.): Handbuch Sozialwissenschaftliche Diskursanalyse. Band 1: Theorien und Methoden, S. 209–226. Wiesbaden: Verlag für Sozialwissenschaften.

Koller, Veronika. 2005. Critical discourse analysis and social cognition: evidence from business media discourse. In: Discourse & Society 16 (2), S. 199–224.

Krell, Gertraude. 2015. Gender Marketing: Ideologiekritische Diskursanalyse einer Kuppelproduktion. In: Diaz-Bone, Rainer/Krell, Gertraude (Hrsg.): Diskurs und Ökonomie: Diskursanalytische Perspektiven auf Märkte und Organisationen. 2. Auflage, S. 237–262. Wiesbaden: Verlag für Sozialwissenschaften.

Kress, Gunther. 2010. Multimodality. A social semiotic approach to contemporary communication. London: Routledge.

Kress, Gunther/Van Leeuwen, Theo. 2006. Reading images. The grammar of visual design. 2. Auflage. London: Routledge.

Kretzenbacher, Heinz L. 1995. Wie durchsichtig ist die Sprache der Wissenschaften? In: Kretzenbacher, Heinz L./Weinrich, Harald (Hrsg.): Linguistik der Wissenschaftssprache (= Akademie der Wissenschaften zu Berlin. Forschungsbericht 10), S. 15–40. Berlin: De Gruyter.

Kroeber-Riel, Werner. 1996. Bildkommunikation. Imagerystrategien für die Werbung. München: Vahlen.

Kukkonen, Karin. 2011. The map, the mirror and the simulacrum: Visual communication and the question of power. In: Stocchetti, Matteo/Kukkonen, Karin (Hrsg.): Critical media analysis. An introduction for media professionals, S. 55–67. Amsterdam: J. Benjamins.

Lakoff, George/Johnson, Mark. 1980. Metaphors we live by. Chicago: University Press.

Lakoff, George/Wehling, Elisabeth. 2008. Auf leisen Sohlen ins Gehirn. Politische Sprache und ihre heimliche Macht. Heidelberg: Auer.

Lamb, Eleanor. 2013. Power and resistance: New methods for analysis across genres in critical discourse analysis. In: Discourse & Society 24 (3), S. 334–360.

Lazar, Michelle M. (Hrsg.). 2005a. Feminist critical discourse analysis. Gender, power and ideology in discourse. Basingstoke: Palgrave Macmillan.

Dies. 2005b. Politicizing Gender in Discourse: Feminist Critical Discourse Analysis as Political Perspective and Praxis. In: Dies. (Hrsg.): Feminist Critical Discourse Analysis. Gender, Power and Ideology in Discourse, S. 1–30. Basingstoke: Palgrave Macmillan.

Lazar, Michelle M./Kramarae, Chris. 2011. Gender and Power in Discourse. In: Van Dijk, Teun A. (Hrsg.): Discourse Studies, 2. Auflage, S. 217–240. London: Sage.

Lemnitzer, Lothar/Zinsmeister, Heike. 2010. Korpuslinguistik – Eine Einführung. 2. aktualisierte Auflage. Tübingen: Narr.

L'Hôte, Emilie. 2010. New Labour and globalization: Globalist discourse with a twist?. In: Discourse & Society 21 (4), S. 355–376.

Lieb, Klaus. 2013. Mein Essen bezahle ich selbst! In: Spekrum der Wissenschaft 6, S. 36–40.

Liebert, Wolf-Andreas. 2006. Naturwissenschaftlicher Fachdiskurs als Kontroverse. In: Felder, Ekkehard (Hrsg.): Semantische Kämpfe. Macht und Sprache in den Wissenschaften, S. 251–288. Berlin: De Gruyter.

Ders. 2011. Mit Bildern Wissenschaft vermitteln. Zum Handlungscharakter visueller Texte. In: Diekmannshenke, Hajo/Klemm, Michael/Stöckl, Hartmut (Hrsg.): Bildlinguistik. Theorien – Methoden – Fallbeispiele. (= Philologische Studien und Quellen 228), S. 357–368. Berlin: Erich Schmidt.

Liebsch, Dimitri/Mössner, Nicola (Hrsg.). 2012. Visualisierung und Erkenntnis. Bildverstehen und Bildverwenden in Natur- und Geisteswissenschaften. Köln: H. von Halem.

Linde, Charlotte. 2001. Narrative in Institutions. In: Schiffrin, Deborah/Tannen, Deborah/ Hamilton, Heidi E. (Hrsg.): The Handbook of Discourse Analysis, S. 518–535. Malden: Blackwell.

Link, Jürgen. 2006. Diskursanalyse unter besonderer Berücksichtigung von Interdiskurs und Kollektivsymbolik. In: Keller, Reiner/Hirseland, Andreas/Schneider, Werner/Viehöver, Willy (Hrsg.): Handbuch Sozialwissenschaftliche Diskursanalyse. Band 1: Theorien und Methoden, S. 407–430. Wiesbaden: Verlag für Sozialwissenschaften.

Linke, Angelika. 2003. Sprachgeschichte – Gesellschaftsgeschichte – Kulturanalyse. In: Henne, Helmut u.a. (Hrsg.): Germanistische Linguistik: Konturen eines Faches. (= Reihe Germanistische Linguistik 240), S. 25–66. Tübingen: Niemeyer.

Lister, Martin/Wells, Liz. 2001. Seeing beyond belief: Cultural Studies as an approach to analysing the visual. In: Van Leeuwen, Theo/Jewitt, Carey (Hrsg.): Handbook of Visual Analysis, S. 61–91. London: Sage.

Lohoff, Markus. 2011. Mediale Transformationen. Vom technisch-operationalen Bild zum globalen Stereotyp. In: Diekmannshenke, Hajo/Klemm, Michael/Stöckl, Hartmut (Hrsg.): Bildlinguistik. Theorien – Methoden – Fallbeispiele. (= Philologische Studien und Quellen 228), S. 333–354. Berlin: Erich Schmidt.

Lombriser, Roman/Abplanalp, Peter A. 2010. Strategisches Management. Visionen entwickeln, Erfolgspotenziale aufbauen, Strategien umsetzen. 5., vollst. überarb. und erw. Auflage. Zürich: Versus.

Ludes, Peter. 2001. Schlüsselbild-Gewohnheiten. Visuelle Habitualisierungen und visuelle Koordinationen. In: Knieper, Thomas/Müller, Marion G. (Hrsg.): Kommunikation visuell: Das Bild als Forschungsgegenstand – Grundlagen und Perspektiven, S. 64–78. Köln: Herbert von Halem.

Luginbühl, Martin. 1999. Gewalt im Gespräch. Verbale Gewalt in politischen Fernsehdiskussionen am Beispiel der „Arena". Bern: Peter Lang.

Machin, David/Mayr, Andrea. 2012. How to do critical discourse analysis. A multimodal introduction. Los Angeles: Sage.

Machin, David/Van Leeuwen, Theo. 2007. Global media discourse. A critical introduction. Abingdon: Routledge.

Marínez Lirola, Maria/Chovanec, Jan. 2012. The dream of a perfect body come true: Multimodality in cosmetic surgery advertising. In: Discourse & Society 23 (5), S. 487–507.

Markard, Morus. 2004. ‚Politisches Mandat' und wissenschaftliches Studium im Neoliberalismus. Bedeutungsanalytische Überlegungen. In: Ernst, Thomas u.a. (Hrsg.): Wissenschaft und Macht, S. 264–280. Münster: Westfälisches Dampfboot.

Martín Rojo, Luisa/Gómez Esteban, Conceptión. 2005. The Gender of Power: The Female Style in Labour Organizations. In: Lazar, Michelle M. (Hrsg.): Feminist critical discourse analysis. Gender, power and ideology in discourse, S. 61–89. Basingstoke: Palgrave Macmillan.

Mast, Claudia. 2013. Unternehmenskommunikation. Ein Leitfaden. 5., überarbeitete Auflage. Stuttgart: Lucius & Lucius.

Matuschek, Ingo/Henninger, Annette/Kleemann, Frank (Hrsg.). 2001. Neue Medien im Arbeitsalltag. Empirische Befunde, Gestaltungskonzepte, Theoretische Perspektiven. Opladen: Westdeutscher Verlag.

Matuschek, Ingo/Kleemann, Frank. 2015. Kundenkommunikation in Call Centern des Finanzdienstleistungssektors: Konversationsanalytische Zugänge zum Reden über Geld. In: Diaz-Bone, Rainer/Krell, Gertraude (Hrsg.): Diskurs und Ökonomie: Diskursanalytische Perspektiven auf Märkte und Organisationen. 2. Auflage, S. 207–236. Wiesbaden: Verlag für Sozialwissenschaften.

Mautner, Gerlinde. 2005a. The entrepreneurial university: A discursive profile of a higher education buzzword. In: Critical Discourse Studies 2 (2), S. 95–120.

Dies. 2005b. Time to get wired: Using web-based corpora in critical discourse analysis. In: Discourse & Society 16 (6), S. 809–828. Zitiert wird der Neuabdruck in: Wodak, Ruth (Hrsg.) (2013): Critical Discourse Analysis, Band 2, S. 253–274.

Dies. 2008. Analysing newspapers, magazines and other print media. In: Wodak, Ruth/ Krzyzanowski, Michal (Hrsg.): Qualitative discourse analysis in the social sciences, S. 30–53. Basingstoke: Palgrave Macmillan.

Dies. 2009. Checks and balances: how corpus linguistics can contribute to CDA. In: Wodak, Ruth/Meyer, Michael (Hrsg.): Methods of critical discourse analysis. 2. Auflage, S. 122–143. Los Angeles: Sage.

Dies. 2010. Language and the market society. Critical reflections on discourse and dominance. (= Routledge critical studies in discourse 2). New York: Routledge.

McCloskey, Deirdre N. 2015. Ökonomen leben in Metaphern. In: Diaz-Bone, Rainer/Krell, Gertraude (Hrsg.): Diskurs und Ökonomie: Diskursanalytische Perspektiven auf Märkte und Organisationen. 2. Auflage, S. 131–148. Wiesbaden: Verlag für Sozialwissenschaften.

Meckel, Miriam. 2001. Visualität und Virtualität. Zur medienkulturellen und medienpraktischen Bedeutung des Bildes. In: Knieper, Thomas/Müller, Marion G. (Hrsg.): Kommunikation visuell: Das Bild als Forschungsgegenstand – Grundlagen und Perspektiven, S. 25–36. Köln: Herbert von Halem.

Meier, Simon. 2013. Gesprächsideale. Normative Gesprächsreflexion im 20. Jahrhundert. Berlin: De Gruyter.

Meier, Stefan. 2008a. (Bild-)Diskurs im Netz. Konzept und Methode für eine semiotische Diskursanalyse im World Wide Web. Köln: H. von Halem.

Ders. 2008b. Von der Sichtbarkeit im Diskurs – Zur Methode diskursanalytischer Untersuchung multimodaler Kommunikation. In: Warnke, Ingo H./Spitzmüller, Jürgen (Hrsg.): Methoden der Diskurslinguistik. Sprachwissenschaftliche Zugänge zur transtextuellen Ebene. (= Linguistik – Impulse & Tendenzen 31), S. 263–286. Berlin: De Gruyter.

Meier, Stefan/Sommer, Vivien. 2013. Der Fall Demjanjuk im Netz. Intrumentarien zur Analyse von Online-Diskursen am Beispiel einer erinnerungskulturellen Debatte. In: Viehöver, Willy/Keller, Reiner/Schneider, Werner (Hrsg.): Diskurs, Sprache, Wissen. Interdis-

ziplinäre Beiträge zum Verhältnis von Sprache und Wissen in der Diskursforschung, S. 119–143. Wiesbaden: Springer VS.
Messaris, Paul. 1997. Visual persuasion. The role of images in advertising. Thousand Oaks: Sage.
Mönnich, Annette/Jaskolski, Ernst W. (Hrsg.). 1999. Kooperation in der Kommunikation. Festschrift für Elmar Bartsch. (= Sprache und Sprechen 35). Basel: Reinhard.
Müller, Marion G. 2003. Grundlagen der visuellen Kommunikation. Theorieansätze und Analysemethoden. Konstanz: UVK.
Mumby, Dennis K./Mease, Jennifer. 2011. Organizational Discourse. In: Van Dijk, Teun A. (Hrsg.): Discourse Studies, 2. Auflage, S. 283–302. London: Sage.
Niederhauser, Jürg. 1997. Das Schreiben populärwissenschaftlicher Texte als Transfer wissenschaftlicher Texte. In: Jakobs, Eva-Maria/Knorr, Dagmar (Hrsg.): Schreiben in den Wissenschaften, S. 107–122. Frankfurt am Main: Peter Lang.
Niehr, Thomas. 2014. Einführung in die linguistische Diskursanalyse. Darmstadt: Wissenschaftliche Buchgesellschaft.
Nussbaumer, Markus. 2009. Über den Nutzen der Spracharbeit im Prozess der Rechtsetzung. In: Felder, Ekkehard/Müller, Marcus (Hrsg.): Wissen durch Sprache. Theorie, Praxis und Erkenntnisinteresse des Forschungsnetzwerkes „Sprache und Wissen". (= Sprache und Wissen 3), S. 479–502. Berlin: De Gruyter.
Nuzzo, Regina. 2014. Der Fluch des p-Werts. In: Spektrum der Wissenschaft 9, S. 52–56.
Ortner, Heike. 2011. Text – Bild – Emotion. Emotionslinguistische Analyse von Text-Bild-Zusammenhängen in den Medien. In: Hug, Theo/Kriwak, Andreas (Hrsg.): Visuelle Kompetenz. Beiträge des interfakultären Forums Innsbruck Media Studies, S. 151–169. Innsbruck: Innsbruck university press.
Palm, Kerstin. 2004. Disziplinen-Trouble. Oder: Vorschläge der Gender Studies für eine Wissenschafts- und Machtkritik. In: Ernst, Thomas u.a. (Hrsg.): Wissenschaft und Macht, S. 42–57. Münster: Westfälisches Dampfboot.
Perrin, Daniel. 2011. Medienlinguistik. 2., überarbeitete Auflage. Konstanz: UVK.
Peter, Daniel/Nagel, Erik/Frischherz, Bruno/Muff, Pius. 2011. M^3 – Der Managementansatz der Hochschule Luzern – Wirtschaft. Luzern: HSLU-W.
Pörksen, Uwe. 1997. Weltmarkt der Bilder. Eine Philosophie der Visiotype. Stuttgart: Klett-Cotta.
Pollack, Alexander. 2008. Analysing TV Documentaries. In: Wodak, Ruth/Krzyzanowski, Michal (Hrsg.): Qualitative discourse analysis in the social sciences, S. 77–95. Basingstoke: Palgrave Macmillan.
Posch, Claudia/Stopfner, Maria/Kienpointner, Manfred. 2013. German Postwar Discourse of the Extreme and Populist Right. In: Wodak, Ruth/Richardson, John E. (Hrsg.): Analysing Fascist Discourse. European Fascism in Talk and Text, S. 97–121. London: Routledge.
Potter, Jonathan. 1997. Representing Reality. Discourse, rhetoric and social construction. Reprint. London: Sage.
Ders. 2006. Diskursive Psychologie und Diskursanalyse. In: Keller, Reiner/Hirseland, Andreas/Schneider, Werner/Viehöver, Willy (Hrsg.): Handbuch Sozialwissenschaftliche Diskursanalyse. Band 1: Theorien und Methoden, S. 315–338. Wiesbaden: Verlag für Sozialwissenschaften.
Przyborski, Aglaja/Wohlrab-Sahr, Monika. 2013. Qualitative Sozialforschung. Ein Arbeitsbuch. 4. Auflage. Oldenburg: Oldenburg Wissenschaftsverlag.
Redder, Angelika. 2008. Functional Pragmatics. In: Antos, Gerd/Ventola, Eija (Hrsg.): Handbook of Interpersonal Communication. (= Handbook of Applied Linguistics 2), S. 133–178. Berlin: De Gruyter.

Reed, Michael. 2003. The Agency/Structure Dilemma in Organization Theory: Open Doors and Brick Walls. In: Tsoukas, Haridimos/Knudsen, Christian (Hrsg.): The Oxford handbook of organization theory, S. 289–309. Oxford: Oxford University Press.

Reisigl, Martin. 2006. Grundzüge der Wiener Kritischen Diskursanalyse. In: Keller, Reiner/Hirseland, Andreas/Schneider, Werner/Viehöver, Willy (Hrsg.): Handbuch Sozialwissenschaftliche Diskursanalyse. Band 1: Theorien und Methoden, S. 459–497. Wiesbaden: Verlag für Sozialwissenschaften.

Ders. 2008. Analysing Political Rhetoric. In: Wodak, Ruth/Krzyzanowski, Michal (Hrsg.): Qualitative discourse analysis in the social sciences, S. 96–120. Basingstoke: Palgrave Macmillan.

Ders. 2013. Die Stellung der historischen Diskurssemantik in der linguistischen Diskursforschung. In: Busse, Dietrich/Teubert, Wolfgang (Hrsg.): Linguistische Diskursanalyse: neue Perspektiven, S. 243–272. Wiesbaden: Springer VS.

Reisigl, Martin/Wodak, Ruth. 2009. The Discourse-Historical Approach. In: Wodak, Ruth/Meyer, Michael (Hrsg.): Methods of critical discourse analysis. 2. Auflage, S. 87–121. London: Sage.

Reyez, Antonio. 2011. Strategies of legitimization in political discourse: From words to actions. In: Discourse & Society 22 (6), S. 781–807.

Roth, Kersten Sven. 2012. Diskurspragmatik. Was Text- und Diskurslinguistik von der Discourse Analysis lernen können. In: Grucza, Franciszek (Hrsg.): Akten des XII. internationalen Germanistenkongresses Warschau 2010, S. 121–126. Frankfurt am Main: Peter Lang.

Ders. 2013a. Diskurspragmatik. Zur Analyse kollektiven Wissens anhand teilnahmeorientierter Diskursrealisationen. In: Kilian, Jörg/Niehr, Thomas (Hrsg.): Politik als sprachlich gebundenes Wissen. Politische Sprache im lebenslangen Lernen und politischen Handeln, S. 271–287. Bremen: Hempen.

Ders. 2013b. Qualitativ-diskurspragmatische Vorwissensanalyse. Angewandte Diskurslinguistik im institutionellen Wissenstransfer aus Politik, Wirtschaft und Wissenschaft. In: Roth, Kersten Sven/Spiegel, Carmen (Hrsg.): Angewandte Diskurslinguistik. Felder, Probleme, Perspektiven. (= Diskursmuster 2), S. 89–108. Berlin: Akademie-Verlag.

Roth, Kersten Sven/Spiegel, Carmen (Hrsg.) 2013a. Angewandte Diskurslinguistik. Felder, Probleme, Perspektiven. (= Diskursmuster 2). Berlin: Akademie-Verlag.

Roth, Kersten Sven/Spiegel, Carmen. 2013b. Umrisse einer Angewandten Diskurslinguistik. In: Dies. (Hrsg.): Angewandte Diskurslinguistik. Felder, Probleme, Perspektiven. (= Diskursmuster 2), S. 7–15. Berlin: Akademie-Verlag.

Sachs-Hombach, Klaus. 2012. Bilder in der Wissenschaft. In: Liebsch, Dimitri/Mössner, Nicola (Hrsg.): Bilder in der Wissenschaft, S. 31–42. Köln: H. von Halem.

Sarasin, Philipp. 2003. Geschichtswissenschaft und Diskursanalyse. Frankfurt am Main: Suhrkamp.

Ders. 2005. Michel Foucault zur Einführung. Hamburg: Junius Verlag.

Ders. 2006. Diskurstheorie und Geschichtswissenschaft. In: Keller, Reiner/Hirseland, Andreas/Schneider, Werner/Viehöver, Willy (Hrsg.): Handbuch Sozialwissenschaftliche Diskursanalyse. Band 1: Theorien und Methoden, S. 55–82. Wiesbaden: Verlag für Sozialwissenschaften.

Sarewitz, Daniel. 2013. Wissenschaftler – Hände weg von der Politik. In: Spektrum der Wissenschaft 9, S. 110–112.

Scarvaglieri, Claudio/Zech, Claudia. 2013. ‚Ganz normale Jugendliche, allerdings meist mit Migrationshintergrund'. Eine funktional-semantische Analyse von ‚Migrationshintergrund'. In: Zeitschrift für Angewandte Linguistik 58, S. 201–228.

Scharloth, Joachim/Eugster, David/Bubenhofer Noah. 2013. Das Wuchern der Rhizome. In: Busse, Dietrich/Teubert, Wolfgang (Hrsg.): Linguistische Diskursanalyse: neue Perspektiven, S. 345–380. Wiesbaden: Springer VS.

Scherer, Carmen. 2006. Korpuslinguistik. Heidelberg: Universitätsverlag Winter.

Schierl, Thomas. 2001. Schöner – schneller – besser? Die Bildkommunikation der Printwerbung unter veränderten Bedingungen. In: Knieper, Thomas/Müller, Marion G. (Hrsg.): Kommunikation visuell: Das Bild als Forschungsgegenstand – Grundlagen und Perspektiven, S. 193–211. Köln: Herbert von Halem.

Schiewe, Jürgen. 1998. Die Macht der Sprache. Eine Geschichte der Sprachkritik von der Antike bis zur Gegenwart. München: Beck.

Schleichert, Hubert. 2005. Wie man mit Fundamentalisten diskutiert, ohne den Verstand zu verlieren. Anleitung zum subversiven Denken. München: Beck.

Schlottmann, Antje/Miggelbrink Judith. 2009. Visuelle Geographien – ein Editorial. In: Social Geography 4, S. 13–24.

Schmitt, Reinhold/Heidtmann, Daniela. 2002. Die interaktive Konstitution von Hierarchie in Arbeitsgruppen. In: Becker-Mrotzek, Michael/Fiehler, Reinhard (Hrsg.): Unternehmenskommunikation. (= Forum für Fachsprachen-Forschung 58), S. 179–208. Tübingen: Narr.

Schmitz, Michael. 2011. Sehflächenforschung. Eine Einführung. In: Diekmannshenke, Hajo/ Klemm, Michael/Stöckl, Hartmut (Hrsg.): Bildlinguistik. Theorien – Methoden – Fallbeispiele. (= Philologische Studien und Quellen 228), S. 23–42. Berlin: Erich Schmidt.

Schmitz, Ulrich (2007). Sehlesen. Text-Bild-Gestalten in massenmedialer Kommunikation. In: Roth, Kersten Sven/Spitzmüller, Jürgen (Hrsg.): Textdesign und Textwirkung in der massenmedialen Kommunikation, S. 93–109. Konstanz: UVK.

Scholz, Klaus. 2012. Bilder in Wissenschaften, Design und Technik – Grundlegende Formen und Funktionen. In: Liebsch, Dimitri/Mössner, Nicola (Hrsg.): Bilder in der Wissenschaft, S. 43–57. Köln: H. von Halem.

Schönherr, Beatrix. 1997. Syntax – Prosodie – nonverbale Kommunikation. Empirische Untersuchungen zur Interaktion sprachlicher und parasprachlicher Ausdrucksmittel im Gespräch. (= Reihe Germanistische Linguistik 182). Tübingen: Niemeyer.

Schwitalla, Johannes. 2001. Lächelndes Sprechen und Lachen als Kontextualisierungsverfahren. In: Adamzik, Kirsten/Christen, Helen (Hrsg.): Sprachkontakt, Sprachvergleich, Sprachvariation. Festschrift für Gottfried Kolde zum 65. Geburtstag, S. 325–344. Tübingen: Niemeyer.

Schweppenhäuser, Gerhard. 2010. Kritische Theorie. Stuttgart: Reclam.

Scollon, Ron/Wong Scollon, Suzie. 2005. Lighting the stove: Why habitus isn't enough for Critical Discourse Analysis. In: Wodak, Ruth/Chilton, Paul (Hrsg.): A new agenda in (critical) discourse analysis. Theory, methodology and interdisciplinarity. (= Discourse approaches to politics, society and culture 13), S. 101–117. Amsterdam: J. Benjamins.

Scott, Alan. 2003. Organisation zwischen bürokratischer und charismatischer Revolution. In: Weiskopf, Richard (Hrsg.): Menschenregierungskünste. Anwendungen poststrukturalistischer Analyse auf Management und Organisation, S. 304–318. Wiesbaden: Westdeutscher Verlag.

Searle, John R. 2015. Was ist eine Institution? In: Diaz-Bone, Rainer/Krell, Gertraude (Hrsg.): Diskurs und Ökonomie: Diskursanalytische Perspektiven auf Märkte und Organisationen. 2. Auflage, S. 105–130. Wiesbaden: Verlag für Sozialwissenschaften.

Seier, Andrea. 1999. Kategorien der Entzifferung: Macht und Diskurs als Analyseraster. In: Bublitz, Hannelore u.a. (Hrsg.): Das Wuchern der Diskurse. Perspektiven der Diskursanalyse Foucaults, S. 75–86. Frankfurt am Main: Campus.

Sieben, Barbara. 2015. Der linguistic turn in der Managementforschung. In: Diaz-Bone, Rainer/Krell, Gertraude (Hrsg.): Diskurs und Ökonomie: Diskursanalytische Perspektiven auf Märkte und Organisationen. 2. Auflage, S. 49–78. Wiesbaden: Verlag für Sozialwissenschaften.

Sieber, Peter. 2008. Kriterien der Textbewertung am Beispiel Parlando. In: Janich, Nina (Hrsg.): Textlinguistik – 15 Einführungen, S. 271–289. Tübingen: Narr.

Soeffner, Hans-Georg. 2010. Symbolische Formung. Eine Soziologie des Symbols und des Rituals. Weilerswist: Velbrück Wissenschaft.

Soulages, Marc. 2013. L'ordre du discours publicitaire. In: Semen 36 (Novembre), S. 39–52.

Spiegel, Carmen/Spranz-Fogasy, Thomas. 2003. Zur Methodologie der Handlungsstrukturanalyse von Gesprächen. In: Iványui, Zsuzsanna/Kertész, András (Hrsg.): Gesprächsforschung. Tendenzen und Pespektiven. (= Debrecener Arbeiten zur Linguistik 10), S. 243–258. Frankfurt am Main: Peter Lang.

Spieß, Constanze. 2008. Linguistische Diskursanalyse als Mehrebenenanalyse – ein Vorschlag zur mehrdimensionalen Beschreibung von Diskursen aus forschungspraktischer Perspektive. In: Warnke, Ingo H./Spitzmüller, Jürgen (Hrsg.): Methoden der Diskurslinguistik. Sprachwissenschaftliche Zugänge zur transtextuellen Ebene. (= Linguistik – Impulse & Tendenzen 31), S. 237–260. Berlin: De Gruyter.

Dies. 2013a. Sprachliche Dynamiken im Bioethikdiskurs. Zum Zusammenspiel von Theorie, Methode und Empirie bei der Analyse öffentlich-politischer Diskurse. In: Busse, Dietrich/Teubert, Wolfgang (Hrsg.): Linguistische Diskursanalyse: neue Perspektiven, S. 312–344. Wiesbaden: Springer VS.

Dies. 2013b. Texte, Diskurse und Dispositive. Zur theoretisch-methodischen Modellierung eines Analyserahmens am Beispiel der Kategorie Schlüsseltext. In: Roth, Kersten Sven/Spiegel, Carmen (Hrsg.): Angewandte Diskurslinguistik. Felder, Probleme, Perspektiven. (= Diskursmuster 2), S. 17–42. Berlin: Akademie-Verlag.

Spilker, Niels. 2014. Die Freiheit im Lichte der Kennzahl – Drohung und Verheißung in der gouvernementalen Programmatik der ‚Bildungsautonomie'. In: Hartz, Ronald u.a. (Hrsg.): Organisationsforschung nach Foucault. Macht – Diskurs – Widerstand, S. 169–189. Bielefeld: Transcript.

Spitzmüller, Jürgen/Warnke, Ingo H. 2011. Diskurslinguistik. Eine Einführung in Theorien und Methoden der transtextuellen Sprachanalyse. Berlin: De Gruyter.

Spranz-Fogasy, Thomas. 1997. Interaktionsprofile. Die Herausbildung individueller Handlungstypik in Gesprächen. Opladen: Westdeutscher Verlag.

Spranz-Fogasy, Thomas/Lindtner, Heide. 2009. Fragen und Verstehen. Wissenskonstitution im Gespräch zwischen Arzt und Patient. In: Felder, Ekkehard/Müller, Marcus (Hrsg.): Wissen durch Sprache. Theorie, Praxis und Erkenntnisinteresse des Forschungsnetzwerkes „Sprache und Wissen". (= Sprache und Wissen 3), S. 141–170. Berlin: De Gruyter.

Stocchetti, Matteo. 2011. Images: Who gets what, when and how?. In: Stocchetti, Matteo/Kukkonen, Karin (Hrsg.): Critical media analysis. An introduction for media professionals, S. 11–37. Amsterdam: J. Benjamins.

Stocchetti, Matteo/Kukkonen, Karin (Hrsg.). 2011a. Critical media analysis. An introduction for media professionals. Frankfurt am Main: Peter Lang.

Stocchetti, Matteo/Kukkonen, Karin. 2011b. Introduction. In: Dies. (Hrsg.): Images in Use: Towards the Critical Analysis of Visual Communication, S. 1–7. Amsterdam: J. Benjamins.

Stöckl, Hartmut. 2004. Die Sprache im Bild – das Bild in der Sprache. Zur Verknüpfung von Sprache und Bild im massenmedialen Text. Konzepte, Theorien, Analysemethoden. (= Linguistik – Impulse & Tendenzen 3). Berlin: De Gruyter.

Ders. 2006. Zeichen, Text und Sinn – Theorie und Praxis der multimodalen Textanalyse. In: Eckkrammer, Eva Martha/Held, Gudrun (Hrsg.): Textsemiotik. Studien zu multimodalen Texten, S. 11–37. Frankfurt am Main: Peter Lang.

Ders. 2008. Werbetypographie. Formen und Funktionen. In: Bendel, Sylvia/Held, Gudrun (Hrsg.): Werbung – grenzenlos. Multimodale Werbetexte im interkulturellen Vergleich (= Sprache im Kontext 31), S. 13–36. Frankfurt am Main: Peter Lang.

Ders. 2011. Sprache-Bild-Texte lesen. Bausteine zur Methodik einer Grundkompetenz. In: Diekmannshenke, Hajo/Klemm, Michael/Stöckl, Hartmut (Hrsg.): Bildlinguistik. Theorien – Methoden – Fallbeispiele. (= Philologische Studien und Quellen 228), S. 45–70. Berlin: Erich Schmidt.

Stötzel, Georg/Wengeler, Martin (Hrsg.). 1995. Kontroverse Begriffe. Geschichte des öffentlichen Sprachgebrauchs in der Bundesrepublik Deutschland. (= Sprache, Politik, Öffentlichkeit 4). Berlin: De Gruyter.

Tiefer, Leonore. 2006. Female Sexual Dysfunction: A Case Study of Disease Mongering and Activist Resistance. In: PLoS Med 3 (4). Online (12.8.2014): http://www.plosmedicine.org/article/info%3Adoi%2F10.1371%2Fjournal.pmed.0030178.

Tiittula, Liisa. 2000. Formen der Gesprächssteuerung. In: Brinker, Klaus/Antos, Gerd/ Heinemann, Wolfgang/Sager, Sven (Hrsg.): Text- und Gesprächslinguistik. Handbücher zur Sprach- und Kommunikationswissenschaft 16, S. 1361–1374. Berlin: De Gruyter.

Titscher, Stefan/Wodak, Ruth/Meyer, Michael/Vetter Eva. 1998. Methoden der Textanalyse. Leitfaden und Überblick. Opladen: Westdeutscher Verlag.

Townley, Barbara. 2003. Epistemische Grundlagen des modernen Managements und abstrakte Managementsysteme. In: Weiskopf, Richard (Hrsg.): Menschenregierungskünste. Anwendungen poststrukturalistischer Analyse auf Management und Organisation, S. 37–64. Wiesbaden: Westdeutscher Verlag.

Traue, Boris. 2013. Visuelle Diskursanalyse: Ein programmatischer Vorschlag zur Untersuchung von Sicht- und Sagbarkeiten im Medienwandel. In: Zeitschrift für Diskursforschung 2 (1): 117–136. Online (24.11.2014): http://www.academia.edu/6522719/ Visuelle_Diskursanalyse._Ein_programmatischer_Vorschlag_zur_Untersuchung_von_Sicht-_und_Sagbarkeiten_im_Medienwandel

Ueding, Gert/Steinbrink, Bernd. 2005. Grundriss der Rhetorik: Geschichte – Technik – Methode. 4., aktualisierte Auflage. Stuttgart: Metzler.

Ullrich, Peter. 2008. Diskursanalyse, Diskursforschung, Diskurstheorie. Ein- und Überblick. In: Freikamp, Ulrike u.a. (Hrsg.): Kritik mit Methode? Forschungsmethoden und Gesellschaftskritik, S. 19–32. Berlin: K. Dietz.

Vahs, Dietmar. 2012. Organisation. Ein Lehr- und Managementbuch. 8., überarb. und erweit. Auflage. Stuttgart: Schäffer-Poeschel.

Van Dijk, Teun A. 2001. Critical Discourse Analysis. In: Schiffrin, Deborah/Tannen, Deborah/Hamilton, Heidi E. (Hrsg.): The Handbook of Discourse Analysis, S. 352–371. Malden: Blackwell.

Ders. 2006. Discourse and manipulation. In: Discourse & Society 17 (3), S. 359–383.

Ders. 2009. Critical Discourse Studies: a sociocognitive approach. In: Wodak, Ruth/Meyer, Michael (Hrsg.): Methods of critical discourse analysis. 2. Auflage, S. 62–86. London: Sage.

Ders. (Hrsg.). 2011a. Discourse studies. A multidisciplinary introduction. 2. Auflage. London: Sage.

Ders. 2011b. Discourse and Ideology. In: Ders. (Hrsg.): Discourse Studies, 2. Auflage, S. 379–407. London: Sage.

Van Leeuwen, Theo. 2001. Semiotics and iconography. In: Van Leeuwen, Theo/Jewitt, Carey (Hrsg.): Handbook of Visual Analysis, S. 92–118. London: Sage.

Ders. 2005. Three models of interdisciplinarity. In: Wodak, Ruth/Chilton, Paul (Hrsg.): A new agenda in (critical) discourse analysis. Theory, methodology and interdisciplinarity. (= Discourse approaches to politics, society and culture 13), S. 3–18. Amsterdam: J. Benjamins.

Ders. 2008. Discourse and practice. New tools for critical discourse analysis. Oxford: Oxford University Press.

Ders. 2009. Discourse as the recontextualization of social practice: a guide. In: Wodak, Ruth/Meyer, Michael (Hrsg.): Methods of critical discourse analysis. 2. Auflage, S. 144–161. London: Sage.

Van Leeuwen, Theo/Kress, Gunther. 2011. Discourse Semiotics. In: Van Dijk, Teun A. (Hrsg.): Discourse Studies, 2. Auflage, S. 107–125. London: Sage.

Van Leeuwen, Theo/Jewitt, Carey (Hrsg.). 2001. Handbook of Visual Analysis. London: Sage.

Verhaeghe, Paul. 2013. Und ich? Identität in einer durchökonomisierten Gesellschaft. München: Antje Kunstmann.

Viehöver, Willy/Keller, Reiner/Schneider, Werner (Hrsg.). 2013. Diskurs, Sprache, Wissen. Interdisziplinäre Beiträge zum Verhältnis von Sprache und Wissen in der Diskursforschung. Wiesbaden: Springer VS.

Vogel, Friedemann. 2012. Das LDA-Toolkit. Korpuslinguistisches Analyseinstrument für kontrastive Diskurs- und Imageanalysen in Forschung und Lehre. In: Zeitschrift für Angewandte Linguistik 57, S. 129–165.

Warnke, Ingo H. (Hrsg.). 2007a. Diskurslinguistik nach Foucault. Theorie und Gegenstände. (= Linguistik – Impulse & Tendenzen 25). Berlin: De Gruyter.

Ders. 2007b. Diskurslinguistik nach Foucault – Dimensionen einer Sprachwissenschaft jenseits textueller Grenzen. In: Ders. (Hrsg.): Diskurslinguistik nach Foucault. (= Linguistik – Impulse & Tendenzen 25), S. 3–24. Berlin: De Gruyter.

Ders. 2008. Text und Diskurslinguistik. In: Janich, Nina (Hrsg.): Textlinguistik. 15 Einführungen, S. 35–54. Tübingen: Narr.

Ders. 2009. Die sprachliche Konstituierung von geteiltem Wissen in Diskursen. In: Felder, Ekkehard/Müller, Marcus (Hrsg.): Wissen durch Sprache. Theorie, Praxis und Erkenntnisinteresse des Forschungsnetzwerkes „Sprache und Wissen“. (= Sprache und Wissen 3), S. 113–140. Berlin: De Gruyter.

Ders. 2013. Diskurs als Praxis und Arrangement – Zum Status von Konstruktion und Repräsentation in der Diskurslinguistik. In: Viehöver, Willy/Keller, Reiner/Schneider, Werner (Hrsg.): Diskurs, Sprache, Wissen. Interdisziplinäre Beiträge zum Verhältnis von Sprache und Wissen in der Diskursforschung, S. 97–117. Wiesbaden: Springer VS.

Warnke, Ingo H./Spitzmüller, Jürgen (Hrsg.). 2008a. Methoden der Diskurslinguistik. Sprachwissenschaftliche Zugänge zur transtextuellen Ebene. (= Linguistik – Impulse & Tendenzen 31). Berlin: De Gruyter.

Warnke, Ingo H./Spitzmüller, Jürgen. 2008b. Methoden und Methodologie der Diskurslinguistik – Grundlagen und Verfahren einer Sprachwissenschaft jenseits textueller Grenzen. In: Dies. (Hrsg.): Methoden der Diskurslinguistik. Sprachwissenschaftliche Zugänge zur transtextuellen Ebene, S. 3–54. Berlin: De Gruyter.

Weber, Max. 2009. Wirtschaft und Gesellschaft. Grundriss der verstehenden Soziologie. 5. rev. Auflage. Tübingen: Mohr (Paul Siebeck).

Weik, Elke. 2003. Kritik?! Poststrukturalistische Gedanken zu einem alten Problem in neuem Gewand. In: Weiskopf, Richard (Hrsg.): Menschenregierungskünste. Anwendungen

poststrukturalistischer Analyse auf Management und Organisation, S. 91–107. Wiesbaden: Westdeutscher Verlag.
Weischer, Christoph. 2007. Sozialforschung. Konstanz: UVK.
Wengeler, Martin. 2007. Topos und Diskurs – Möglichkeiten und Grenzen der topologischen Analyse gesellschaftlicher Debatten. In: Warnke, Ingo H. (Hrsg.): Diskurslinguistik nach Foucault. (= Linguistik – Impulse & Tendenzen 25), S. 165–186. Berlin: De Gruyter.
Ders. 2013a. Argumentationsmuster und die Heterogenität gesellschaftlichen Wissens. Ein linguistischer Ansatz zur Analyse kollektiven Wissens am Beispiel des Migrationsdiskurses. In: Viehöver, Willy/Keller, Reiner/Schneider, Werner (Hrsg.): Diskurs, Sprache, Wissen. Interdisziplinäre Beiträge zum Verhältnis von Sprache und Wissen in der Diskursforschung, S. 145–166. Wiesbaden: Springer VS.
Ders. 2013b. Historische Diskurssemantik als Analyse von Argumentationstopoi. In: Busse, Dietrich/Teubert, Wolfgang (Hrsg.): Linguistische Diskursanalyse: neue Perspektiven, S. 189–216. Wiesbaden: Springer VS.
Ders. 2013c. Historische Diskurssemantik. Das Beispiel Wirtschaftskrisen. In: Roth, Kersten Sven/Spiegel, Carmen (Hrsg.): Angewandte Diskurslinguistik. Felder, Probleme, Perspektiven. (= Diskursmuster 2), S. 43–60. Berlin: Akademie-Verlag.
Willmott, Hugh. 2003. Organization Theory as a Critical Science? Forms of Analysis and ‚New Organizational Forms'. In: Tsoukas, Haridimos/Knudsen, Christian (Hrsg.): The Oxford handbook of organization theory, S. 88–112. Oxford: Oxford University Press.
Wilson, John. 2001. Political Discourse. In: Schiffrin, Deborah/Tannen, Deborah/Hamilton, Heidi E. (Hrsg.): The Handbook of Discourse Analysis, S. 398–415. Malden: Blackwell.
Wodak, Ruth. 2011. Disenchantment with politics and the salience of images. In: Stocchetti, Matteo/Kukkonen, Karin (Hrsg.): Images in Use: Towards the Critical Analysis of Visual Communication, S. 69–88. Amsterdam: J. Benjamins.
Wodak, Ruth/Chilton, Paul (Hrsg.). 2005. A new agenda in (critical) discourse analysis. Theory, methodology and interdisciplinarity. (= Discourse approaches to politics, society and culture 13). Amsterdam: J. Benjamins.
Wodak, Ruth/Krzyzanowski, Michal (Hrsg.). 2008. Qualitative discourse analysis in the social sciences. Basingstoke: Palgrave Macmillan.
Wodak, Ruth/Meyer, Michael (Hrsg.). 2009a. Methods of critical discourse analysis. 2. Auflage. Los Angeles: Sage.
Wodak, Ruth/Meyer, Michael. 2009b. Critical Discourse Analysis: History, Agenda, Theory and Methodology. In: Dies. (Hrsg.): Methods of Critical Discourse Analysis, S. 1–33. London: Sage.
Wodak, Ruth/Reisigl, Martin. 2001. Discourse and Racism. In: Schiffrin, Deborah/Tannen, Deborah/Hamilton, Heidi E. (Hrsg.): The Handbook of Discourse Analysis, S. 372–397. Malden: Blackwell.
Wolf, Claudia Maria. 2006. Bildsprache und Medienbilder. Die visuelle Darstellungslogik von Nachrichtenmagazinen. Wiesbaden: Verlag für Sozialwissenschaften.
Wolf, Ricarda. 1999. Soziale Positionierung im Gespräch. In: Deutsche Sprache 27, S. 69–94.
Wrana, Daniel/Ziem, Alexander/ Reisigl, Martin/Angermüller, Johannes (Hrsg.). 2014. DiskursNetz. Wörterbuch der interdisziplinären Diskursforschung. Berlin: Suhrkamp.
Ziem, Alexander. 2009. Frames im Einsatz. Aspekte anaphorischer, tropischer und multimodaler Bedeutungskonstitution im politischen Kontext. In: Felder, Ekkehard/ Müller, Marcus (Hrsg.): Wissen durch Sprache. Theorie, Praxis und Erkenntnisinteresse des Forschungsnetzwerkes „Sprache und Wissen". (= Sprache und Wissen 3), S. 207–244. Berlin: De Gruyter.

Ders. 2013. Wozu Kognitive Semantik? In: Busse, Dietrich/Teubert, Wolfgang (Hrsg.): Linguistische Diskursanalyse: neue Perspektiven, S. 217–240. Wiesbaden: Springer VS.
Zimmermann, Klaus. 2008. Kritische Diskursanalyse: engagierte, voreingenommene oder angewandte Linguistik? In: Ahrenholz, Bernt/Dittmar, Norbert (Hrsg.): Empirische Forschung und Theoriebildung. Beiträge aus Soziolinguistik, Gesprochene-Sprache- und Zweitsprachenerwerbsforschung. Festschrift für Norbert Dittmar zum 65. Geburtstag, S. 43–58. Frankfurt am Main: Lang.

书中彩色插图

（图像出处见文中注释）

7.1 方法论前言：图像、图像类型和图像分析

图9b：图画

图10a：插画（农场里的一天）

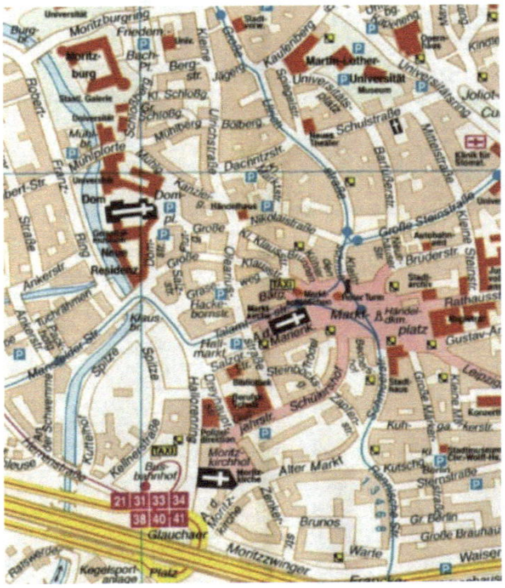

图11a：城市地图

图13：象形图

7.2 内容和景别：图像呈现了什么？

图14：格哈特·德雷克塞尔（Gerhard Drexel）

图15：卡尔-埃里温·豪布（Karl-Erivan W. Haub）

图16：P上市公司管理层照片

图19a：《每日导报》，2013年9月21日

图19b：《东南瑞士报》，2013年9月21日

7.3 视角：观察者站在哪里?

图21：R公司商务报告（2011：5）。
来源：© *Foto Karg*，经R公司许可转载。

7.4 构图：元素是如何排列的?

图25：R公司商务报告（2011：19）

7.5 情态：物体如何被呈现?

图27：P公司的年度报告（2012：13）

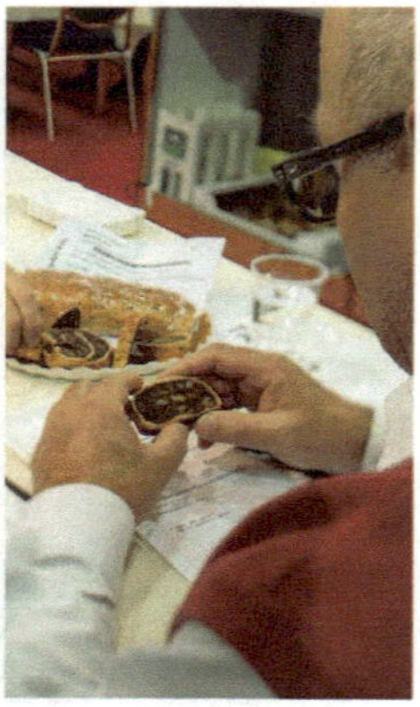

图28：P公司年度报告（2012：7）

实操练习19：

自主学习使天赋生继续发展